「예수님의 눈으로」 시리즈

하느님 아버지께서 저에게 말씀하신다!
5

「예수님의 눈으로」 시리즈

하느님 아버지께서 저에게 말씀하신다!

앨런 에임스의 영적 기록 ⑤

† 앨런 에임스 지음 · 정성호 옮김

가톨릭
크리스챤

1966년 10월 14일에
교황 바오로 6세께서 승인하신
전교회칙 A.A.S. 58, 1186에 의하면
교회의 가르침에 상반되지 않고 윤리에 어긋나지 않는 한,
개인적 발현에 의한 메시지를
책으로 출판할 수 있다고 규정하고 있다.
앨런 에임스와 출판사는
이 책의 내용에 대한 교황청의 최종 판결을
기꺼이 받아들이고
그에 순명할 것이다.

Our Father Speaks 5
by C. Alan Ames
ⓒ C. Alan Ames 1996
ⓒ Catholic Christian Publishing Co. 1200 Seoul Korea

추천의 말

오스트레일리아 퍼르스 교구 히키 대주교(1995. 7. 13)

　　나는 앨런 에임스를 잘 알고 있으며, 그 동안 우리 교구의 여러 곳에서 자기 회개의 경험에 대해 강연해 왔다는 사실을 분명하게 증언합니다. 앨런 에임스가 하는 말이나, 그가 쓴 글은 교회의 가르침에 어긋남이 없으며 단순하고 건전합니다.

　　나는 우리 교구의 디킨슨 신부를 그의 영적 지도자로 지명합니다.

오스트레일리아 아미데일 교구 케네디 대주교(1997. 5. 1)

　　나는 『앨런 에임스가 받은 메시지』와 『예수님의 눈으로』를 처음부터 끝까지 대단히 감명 깊게 읽었다. 그의 책 속에 펼쳐지는 이야기와 정경들을 읽어 가노라면 많은 것을 묵상하게 되고, 기도하고 싶은 마음과 새로운 삶을 시작하고 싶은 마음이 간절해진다.

　　주님께서는 제자들과 생활하실 때의 정경을 앨런 에임스에게 보여 주시며, 우리가 어떻게 살아 가야 하며 어떻게 사랑해야 하는지를 가르쳐 주신다. 그의 글에서는 가톨릭 교회가 가르치는 신앙과 도덕에 어긋나는 점을 발견할 수 없었다.

　　그의 철저한 신앙생활을 보았거나, 그의 글을 읽은 많은 사람들이 참된 신앙생활을 시작하였고, 심지어는 타종교인들이 가톨릭으로 개종하기도 하였다.

　　그의 영적 지도자이신 퍼르스 교구의 히키 대주교께서 강력히 추천하시듯이, 나도 이 책을 신자들에게 적극적으로 추천한다. 또한 그의 강연을 들을 기회가 있으면 많은 사람들이 들어 보기를 바라며, 그가 쓴 이 책도 깊이 묵상하며 읽기를 바란다.

오스트레일리아 퍼르스 교구 성모 마리아 성당 디킨슨 신부

　　　　　　　　　　　　　　(1996년 성모 승천 대축일에)

　　1994년도에, 오스트레일리아 퍼르스 교구 히키 대주교님께서 나를 에임스씨의 영적 지도신부로 임명하셨다.

　　그후 지금까지 에임스씨의 영적 지도자이며 그의 고해신부로서 그를 가까이 접촉하고 관찰해 왔다. 그는 언제나 주님과 항상 밀접한 관계를 유지하고 있으며, 때로는 악마의 맹렬한 공격을 받기도 한다.

　　거룩하신 천주 성삼과 성모 마리아와 천사들과 성인 성녀들이 그를 도구로 쓰신다는 것은 의심할 여지가 없다. 그의 겸손함과, 특히 교회의 지도자들에 대한 사랑과 순명의 덕을 보면, 그가 하느님의 참된 종이라는 것을 분명히 알 수 있다. 신학이나 성서학을 배운 적이 없음에도 불구하고, 그가 쓴 글 속에는 순수한 가톨릭의 정통 가르침이 담겨져 있음을 볼 수 있다. 성체와 성모님과 교황에 대한 그의 깊은 사랑은, 그가 참된

신앙인임을 증명해 준다.

하느님께서 왜 나를 그의 지도자로 선택하셨는지는 알 수 없으나, 그와 가까이 지낼 수 있는 은총을 주신 주님께 감사드릴 뿐이다.

주님의 뜻을 받아들이며 주님께 가까이 가고 싶은 모든 사람들에게 이 책을 권한다.

성 로사리오 성당 드그랜디스 신부

나는 이 책을 읽고 나서 너무나 감동하여 브라질 출판사에 의뢰하여 이 책을 포르투갈어로 출판하기로 하였다.

브라질 사람들이 이 책을 읽고 내가 이 책에서 얻은 것을 그들도 얻을 수 있기를 바란다.

조지타운 대학교, 예수회 먹솔리 신부

이 책은 예수님께서 제자들과 함께 예루살렘을 향해 가시면서 일어난 이야기들이 연속으로 실려 있다. 그분들이 매일 무엇을 드셨고, 어디서 주무셨으며, 무슨 이야기를 하셨는지를 자세히 알려 준다. 예수님께서는 만나는 사람들의 마음과 생각을 읽으셨고 그들의 영혼을 들여다 보셨다. 사람들의 장래를 내다보시며 말씀하실 때나 제자들의 질문에 대답하실 때, 당신의 신성(神性)을 보여 주셨다.

길을 가면서 제자들은 예수님과 함께 지내는 것이 행복하다고 자주 말했다. 예수님께서도 제자들을 사랑하시고 있으며, 그들과 함께 지내는 것이 행복하다고 항상 말씀하셨다. 그리고 함께 있다는 기쁨을 노래하며, 예수님과 제자들은 자주 시편을 읊었다.

　독자들이 이 책을 읽어가다 보면 예수님과 함께 있으면 왜 행복해지는 지를 알 수 있게 될 것이다. 제자들은 예수님께서 미래를 내다 보시고, 그들의 마음과 다른 사람들의 마음을 읽으시는 것을 보았다. 그리고 제자들은 예수님의 말씀을 듣고 예수님의 표양을 봄으로써, 사랑의 계명을 어떻게 지키며 살아가야 하는지를 배웠다. 서로 사랑하고, 만나는 사람마다 사랑하며, 그들을 못살게 구는 로마 군인들조차도 사랑하라고 예수님께서 말씀하고 계신다는 것을 제자들은 배웠다.

　로마 군인들이 감춰두고 겉으로 나타내 보이지는 않았지만, 그들의 가슴 깊은 곳에는 사랑을 간직하고 있다고 예수님께서 말씀하시는 것을 제자들은 들었다. 한 로마 군인이 처음으로 사람을 죽이라는 명령을 받았을 때, 살인하기를 거부했던 사실을 예수님께서 들어 내 보이셨다.

　이 책을 읽고 있으면 예수님께서 어떻게 느끼시고 무엇을 생각하셨지를 알게 된다. 예수님의 기쁨과 슬픔, 그리고 천주 성부와의 일치가 하느님 당신의 지혜와 인간의 지식에 비추어 나타났던 것이다.

　이 책에 적힌 예수님의 자세한 생활과 사건들이 사실일까? 예수님의 생활에 대해 복음과 교회의 가르침과 교회 전통을 통해 내가 배워 온 것을 비추어 볼 때, 나는 이 책에 있는 모든 이야기가 "사실"이라고 대답할 수 있다.

　예수님을 좀더 진지하게 잘 알고 싶고, 예수님을 열정적으로 사랑하고 싶고, 예수님을 좀더 가까이 따르고 싶은 모든 사람들에게 이 책을 추천한다.

미국 101 재단 로잘리 터톤 박사

"예수님께서 하신 일은 이 밖에도 많이 있다. 그래서 그것들을 낱낱이 기록하면, 그렇게 기록된 책들을 온 세상이라도 다 담아 내지 못하리라고 나는 생각한다."(요한 21, 25)라고 성서에 적혀 있다.

현세대에 들어와서는 성녀 에머리츠, 스웨덴의 성녀 브리짓다, 바이즈 원장수녀, 루이스 피카레타, 성녀 애그레다, 마리아 발또르따 등이 우리에게 예수님의 생애와 성인들의 생애를 보여 주었다. 그리고 또 다시 예수님께서는 앨런 에임스를 통하여 당신의 생애를 보여 주시고 가르쳐 주시니 우리는 참으로 축복 받은 시대에 살고 있다 하겠다.

때가 되면 교회가 이 발현의 신빙성에 대해 판결을 내릴 것이다. 이 일에 대한 교회의 인가 여부를 우리가 미리 결론 내려서는 안 된다. 다만 지금 이 책이 좋은 영적 서적으로서 우리의 마음과 생각을 하느님께로 끌어올려 주고, 거룩하게 사는 길을 밝혀 주고 있다는 사실이다.

우리가 무엇을 하는 사람이든지 간에 이 세상을 사는 동안 우리의 진정한 의무는, 나날이 점점 더 거룩한 생활(성가정)을 하면서, 하느님의 도구가 되어 우리 자신을 구원하고, 다른 사람의 구원을 도와 주는 것이다.

그것을 목적으로 이 책을 발간하며, 독자들의 영신생활에 이 책이 도움이 되기를 바란다.

서 문

　　이 서문을 쓰면서, 전세계의 수많은 신학자와 성직자와 평신도가 이미 증언한 것 외에 내가 무슨 말을 더 할 수 있겠는가? 앨런 에임스가 말하거나 쓰거나 한 메시지의 표현은 신학적으로나 성서적으로 매우 건전하다는 것이 우리들의 공통된 의견이다.

　　"그러므로 너희는 그들이 맺은 열매로 그들을 알아볼 수 있다."
(마태오 7 : 20)

　　앨런 에임스는 그의 개인적인 행위에 의해서,
　　내적인 평온과 평화의 증거에 의해서,
　　하느님께 대한 끊임없는 사랑에 의해서,
　　교황과 대주교와 영적 지도 신부에 대한 순명에 의해서
　　그리고 한결같은 정통성에 의해서
　　하느님 아버지 안에 영적으로 깊이 뿌리를 내린 열매의 증인이 되고 있다. 그러므로 이 책은 하느님 아버지의 영광 안에서 기록된 것이다. 나는 확신을 갖고 독자들에게 이 책을 권하는 바이다.

　　　　　1999년 8월 13일　　　　　성모 마리아 대성당
　　　　　　　　　　　　　　　　　　제럴드 디킨슨 신부

머 리 말

C. 앨런 에임스

　　자비로우신 하느님 아버지께서 제 인생에 들어오실 때까지는 저는 죄악으로 가득 차고 이기심으로 가득찬 인생이었습니다. 저는 아직까지도 저 같은 존재에게 당신의 아들인 우리 주 예수 그리스도를 통해서 구원의 기회를 마련해 주신 하느님 아버지의 깊으신 사랑에 의해서 압도당하고 있습니다.

　　지나간 과거를 되돌아보는 일은 참으로 가슴 아픈 일입니다. 제가 저지른 온갖 나쁜 짓을 생각하고, 그런 나쁜 짓에 의해서 제가 얼마나 하느님을 마음 아프게 했는가를 다시 되돌아 보는 것은 말입니다.

　　그리고 아일랜드 태생의 독실한 가톨릭 신자였던 어머니의 마음을 깊이 상하게 했을 것임에 틀림 없는 저의 부족한 신앙에 대해서 생각해 봅니다.

　　또한 어렸을 때, 하느님의 집인 줄은 전혀 생각지도 않은 채 성당에서 물건을 훔쳤던 것을 생각합니다.

　　저는 교만과 이기심으로 가득찬 생활을 해 오면서 신체적으로나 감정적으로 많은 해를 입힌 사람들에 대해서도 생각합니다.

저를 죄악과 절망 속으로 깊이 더 깊이 몰아 넣었던 여러 가지 중독 상태에 대해서도 생각합니다.

그리고 아내와 자녀들을 얼마나 못되게 대해 왔으며, 얼마나 빈번히 그들의 요구를 무시해 버리고, 오로지 제 자신만을 생각해 왔는지에 대해서도 생각해 봅니다.

지난 날을 생각해 볼 때, 그리고 그 과거의 고통이 제 내부에서 되살아날 때, 저는 또한 하느님 아버지께서 저를 감싸안아 주시는 부드럽고 평화로 가득찬 사랑을 동시에 느낍니다.

그리고 "나는 너를 사랑한다. 나의 아들아! 나는 너를 위해 여기에 있으며, 내 안에서 보다 나은 생활(성가정)을 하도록 도와주기 위해 여기에 있다."는 하느님 아버지의 말씀이 제 영혼을 위로해 주심을 느낍니다.

또한 이것은 진실이며, 비단 저 한 사람만이 아니라 모든 사람을 위한 것임을 알고 있사오니 저는 마음이 놓입니다.

하느님 아버지께서는 저를 변화시키려고 처음에는 천사를 보내신 것을 기억합니다. 실제로 저는 그 천사의 말을 믿으려고 하지 않았지만, 그런데도 사랑스런 하느님 아버지께서는 결코 저를 포기하지 않으셨습니다. 그 다음에 아빌라의 성녀 데레사를 보내 주셨습니다. 성녀 데레사는 매우 엄격하고 직접적이기는 하지만 사랑스런 태도를 가지고, 제가 살아가야 할 길을 깨우쳐 주었습니다. 그 뒤 계속해서 성인들이 줄을 잇다 시피하여 저를 찾아와서, 하느님 아버지께서 저와 모든 사람에게 살아가기를 원하시는 길을 가르치기 시작했습니다.

저를 찾아왔던 세 분의 성인들은 성 스데파노와 성 안드

레아와 성 마태오였습니다. 그 분들은 성녀 데레사와 함께 기도와 성서와 7성사의 중요성과, 그리고 하느님의 십계명에 대한 순명의 중요성을 설명해 주었습니다.

몇 개월이 지난 뒤, 성모 마리아가 모습을 나타내기 시작하여 저에게 말했습니다. 하느님께서 어떻게 모든 사람의 어머니로 임명하셨으며, 자신의 임무는 사람들이 하느님의 완전한 사랑, 곧 성부와 성자와 성령의 완전한 사랑을 알도록 도와주는 것이라고 설명했습니다.

성모 마리아는 저에게, 하느님 어버지께서는 이 세상의 모든 자녀들에게 많은 선물을 주시기를 원하고 계시다고 말했습니다. 그래야만 이 세상에서 행복해질 수가 있으며, 내세의 하늘 나라에서 하느님 아버지와 함께 영원한 기쁨을 누릴 수 있음을 알려주었습니다. 성모 마리아는 저에게, 하느님 아버지께서 어떻게 모든 사람을 똑같이 만드시고 모든 사람을 똑같이 사랑하시는가를 보여 주고, 만일 저희들이 하느님 아버지를 사랑한다면, 그와 똑같은 방법으로 모든 사람을 사랑하도록 노력해야 한다고 설명했습니다.

그리고 위대하신 사랑의 하느님 아버지께서는 당신의 아들인 예수 그리스도를 저에게 보내시어 나타나게 하시고 말씀하게 하셨습니다. 저는 곧 우리 주 하느님 예수 그리스도와 사랑에 빠졌으며, 그 분의 말씀 한 마디 한 마디가 하느님의 진리에 대하여 새로운 이해를 하도록 제 영혼을 활짝 열어 주셨습니다. 그리고 예수 그리스도께서 저를 너무나도 사랑하셔서 이런 식으로 저에게 찾아오신 사실을 도저히 믿을 수가 없었습니다.

왜냐 하면, 저는 너무나도 많은 죄를 지었으며, 이런 일이 일어나기에는 가장 적합치 않은 사람이기 때문입니다.

주님께서는 제가 지금까지 전혀 체험해 보지 못한 방법으로, 너무나도 다정하고 너무나도 사랑스럽고 너무나도 친절하게 저를 대해 주셨습니다. 주님께서는 저를 형제라고 부르시고 때로는 친구라고 불렀습니다. 그리고 주님께서 제 안에 계시다는 것을 알았으며, 저는 주님을 절대로 잃고 싶지가 않았습니다. 곧, 저는 다시는 주님에게서 떠나기를 원치 않았으며, 죄를 지음으로써 주님을 더 이상 마음 아프게 해 드리고 싶지 않았습니다.

주 예수 그리스도께서는 제가 지금까지 하느님으로부터 얼마나 멀리 떨어져 있었는가를 보여 주시기 시작했으며, 그것이 인생에서 저에게 얼마나 큰 대가를 치루게 해 주었는가도 보여 주셨습니다. 그러나 제가 지금까지 나쁜 짓을 얼마나 많이 행해 왔든 상관 없이 만일 제가 용서를 구하고 변하기 위해 최선을 다 한다면, 하느님께서는 저를 너무나도 사랑하시기 때문에 용서해 주시고, 당신 안에서 선한 생활을 할 수 있도록 저를 도와주실 것이라는 것을 보여 주셨습니다. 예수님과 함께 성령께서 찾아오셔서, 제가 도저히 생각지도 못한 방식으로 저를 기쁨으로 가득 채워 주셨습니다.

그리고 다정하고 자상하고 사랑스런 하느님 아버지께서 저에게 말씀하셨습니다. "나는 너의 아버지다, 나를 압바(아버지)라고 불러라." 그 때 저는 하느님 아버지께서 제 안에 계시고 제 주위에 계시다는 것을 느꼈습니다. 하느님 아버지께서는 저를 가족으로 맞아들이셔서, 저는 희망과 흥분을 느끼면서 하느님 아버지의 환영의 손길을 받아들였습니다. 하느님 아버지께서는, 만일 제가 당신을 더욱 사랑하기를 원한다면 어떻게 살아야 하는가에 대하여 인도하시고, 지시하시는 많은 메시지를 저에게 내려 주셨습니다.

지금 저는 제가 행하는 모든 일로 하느님을 기쁘게 해 드리고 싶은 욕망으로 불타고 있습니다. 때때로 저의 마음은 하느님의 은총에 의해 사랑으로 충만해서 당장이라도 터져 버릴것만 같습니다. 저는 종종 하느님 아버지와 주 예수 그리스도와 성령께 한층 더 깊이 하느님을 사랑할 수 있도록 제 마음을 보다 크게 열어 달라고 기도드리곤 합니다. 이따끔 사랑과 평화와 기쁨과 행복과 희망과 마음의 평온이 정점에 도달할 때가 있는데, 자비로우신 하느님께서 저를 당신의 사랑의 환희 속으로 끌어 올려 주십니다.

하느님 아버지께서는 당신의 사랑을 모든 사람에게 똑같이 나누어 주신다고 저에게 되풀이해서 말씀하셨습니다. 그러므로 만일 다른 사람들이 하느님께서 저에게 주신 도움의 말씀을 함께 나누고, 제가 노력하고 또 노력한다면, 많은 사람들이 하느님과의 관계를 더욱 깊이해 가는 방법을 발견할 수 있을 것이라고 말씀하셨습니다. 그래서 그 분의 격려를 받아가면서 저는, 하느님 아버지께서 내려 주신 많은 메시지를 모아 이 책에 기록해 놓았습니다.

이 메시지를 읽어 가면서 여러분은 어떤 말씀은 성서의 인용구이고, 어떤 말씀은 그렇지 않다는 것을 알게 될 것입니다.

왜냐 하면, 처음에는 주님께서 어떤 인용구도 말씀하시지 않았기 때문입니다. 그러나 1995년 12월이후부터는 주님께서 그렇게 말씀하시기 시작하셨습니다.

성서의 인용구를 말씀하셨을 때, 그것은 전체 중 한두 행이나 어떤 경우에는 한두 마디에 지나지 않는 것도 있었습니다. 어떤 때는 성서의 다른 부분에서 따온 두세 행을 합쳐서 인용구를 만들기도 했습니다. 처음에는 그 인용구를 예루살렘 성서와 불가타 영역 성서에서 취했으나, 나중에는 혼란을 피하기 위해서 영적 지도 신부(제럴드 디킨슨 신부인데, 1994년에 오스트레일리아 천주교회 버르스 교구 교구장 히키 대주교님께서 저의 영적 지도 신부로 임명하셨습니다)와 저는 인용구를 위해 『뉴 아메리칸 성서』만을 사용하기로 결정했습니다.

저는 하느님 아버지의 이러한 말씀을 읽는 분들이 모든 사람 안에서 하느님 아버지의 사랑을 발견할 수 있기를 희망합니다. 그 말씀에 대해서 묵상을 할 때, 또한 여러 차례 되풀이해서 읽을 때, 저는 하느님 아버지께 끌려들어가는 것을 느끼고, 종종 이전과는 완전히 다른 각도에서 말씀을 이해하곤 합니다. 한 줄이든 몇페이지에 걸친 메시지이든 상관 없이, 모든 말씀의 아름다움과 단순함과 심오함이 책장으로부터 뛰쳐 나와서 제 영혼 자체를 어루만져 주는 것 같았습니다. 저는 이 책을 읽는 사람은 누구나 우선 성령께, 하느님 아버지의 말씀의 신비를 이해하게 해 달라고 기도할 것을 권합니다. 그래야만 하느님 아버지와 보다 가까운 관계, 곧 아버지와 자녀의 관계를 이루어 주시기 때문입니다.

저는 영혼의 깊은 곳으로부터 기도를 드립니다. 이 책 안에서 하느님 아버지께서 저에게 내려 주신 것을 함께 나누게 될 여러분 역시 하느님 아버지의 경이롭고 영광스럽고, 생명을 주시는 사랑의 체험을 할 수가 있게 되기를 기도합니다. 하느님 아버지의 사랑은 반드시 다른 사람들과 함께 나누어 가져야 한다는 지식을 갖도록 기도합니다. 다른 사람들과 함께 살아야 하고, 그리고 성령의 힘에 의해서 그러한 일을 행(行)할 수 있도록 선물을 내려 주시기를 기도합니다.
　　　압바, 아버지! 이 죄많은 저를 사랑하시는 데에 감사드립니다. 그리고 하느님 아버지께서 저와 많은 다른 사람들에게 어떻게 하면 당신을 더 많이 사랑할 수 있는가를 가르쳐 주시기를 기도합니다. 아멘.

† † †

하느님 아버지의 머리말

††† 1999년 5월 19일

　　사람들이 내 말씀을 읽을 때, 종종 모든 말씀의 참된 의미에 대해 묵상(默想)하는 것을 잊어 버리고 건성으로 흘낏 훑어 보기만 한다. 각 문장이 이야기하고 있는 것에 대해 시간을 들여 깊이 생각을 하고, 개인 생활에서 그 말씀이 의미하는 것이 무엇인가를 숙고(熟考)하는 것이 얼마나 중요한 지 모른다…….
　　사람들은 반드시 나의 성령에게, 내가 인류에게 주는 말씀을 보다 깊이 이해하도록 이끌어 달라고 간청해야 한다. 그래야만 그 말씀이 자신의 삶에서 살아날 수가 있는 것이다. 내 말씀은 살아 있는 말씀이다. 하지만 사람들은 내가 말하는 것을 행동으로 옮기지 않음으로써 살아 있는 나의 말씀을 죽은 말씀으로 만들 수 있는 것이다.
　　내가 인류에게 주는 것은 모두 사랑으로 주는 것이다. 사람들은 내가 사랑으로 주는 것을 받아들일 필요가 있으며, 그리고 내가 주는 것을 사랑 안에서 행동으로 옮길 필요가 있다. 사람들은 종종 그것을 읽고 이해하고 있다고 생각하지만, 내가 요구하는 것을 거의 행하지 않거나 전혀 행하지 않는다. 이것은 전혀 이해하지 못한 것이나 다름이 없는 것이다!
　　인류의 역사를 통해서 나는 인간들에게 인도하는 말씀을

전해 왔으나, 인간들은 빈번히 귀를 기울이지 않았고, 그 결과는 모든 사람이 보고 있는 바와 같다. 온세상에 고통과 시련과 죄악만이 충만해 있다. 곧 사랑과 평화와 희망만이 충만해 있어야 할 그 곳에 말이다. 사람들은 하늘에 있는 아버지인 내 말씀에 귀를 기울일 필요가 있으며, 내가 주고 있는 충고를 따라야 할 필요가 있다. 그렇게만 한다면 인생은 즐거운 것이 될 것이다.

왜냐 하면, 나는 이 세상을 애당초 그렇게 되도록 창조했기 때문이다.

나의 말씀, 나의 충고, 나의 도움은 모든 사람을 위한 것이며, 모든 사람을 위한 메시지도 역시 마찬가지이다. 그것은 다른 사람들보다 우선해서 너희의 하느님인 나를 사랑하라는 것이며, 내가 너희를 나의 아들 예수를 통해서 사랑한 것과 같이 서로를 사랑하라는 것이다. 이것은 매우 분명한 명령이다! 그런데도 아직 많은 사람에게는 이 명령이 교만과 이기심의 구름 뒤에 숨어 있는 것처럼 보인다. 때때로 그 구름이 메시지를 완전히 가려 버려서, 눈에 보이는 것은 죄악의 안개 뿐이다.

다시 한 번 이 세상에 있는 나의 자녀들에게 말하노니, 이 사랑의 말씀을 따르고, 착하고 행복하고 충만한 인생을 살아가기를 바란다.

다시 한 번 이 세상에 있는 나의 자녀들에게 말하노니, 나는 너희를 사랑하고, 나와 함께 영원히 살기를 바란다.

다시 한 번 나의 자녀들에게 거듭 말하노니, 너희를 창조해냈으며, 너희에게 무엇이 최선의 길인가를 알고 있는 너희 하느님 아버지의 말씀에 귀를 기울여라.

귀를 기울여라!
사랑하는 나의 자녀들아, 귀를 기울여다오.

(집회서 42 : 18 ── 그분께서는 깊은 바다와 사람의 마음까지 헤아리시고 그 술책을 꿰뚫어 보신다. 사실 지존하신 분께서는 온갖 통찰력을 갖추시고 시대의 징표를 살피신다.)

✝✝✝ 1995년 5월 14일

　십자가 바로 아래에 서 있던 것은 주님의 어머니 뿐만 아니라, 온 인류가 서 있었다.
　왜냐 하면 나의 아들이 생명을 내놓았을 때, 온 인류에게 사랑을 베풀었기 때문이다.
　십자가 바로 아래에서 눈물을 흘린 것은 주님의 어머니 뿐만 아니라, 하늘의 모든이가 울었다.
　왜냐 하면 나의 아들이 고통을 당했을 때, 하늘의 모든이가 함께 고통을 당했기 때문이다.
　십자가 아래에서는 그 세대의 죄만 사해진 것이 아니라, 모든 세대의 죄가 사해졌다. 그러나 십자가 아래로 지금은 자진해서 회개를 하고 용서를 구하기 위해 찾아오는 사람이 거의 없다.
　지금은 십자가 아래에 서서 모두가 예수의 자비를 나누어 가질 필요가 있다. 십자가 아래에서 지금은 모두가 예수의 성스러운 사랑의 보호를 구할 필요가 있다.

††† 1995년 5월 15일

　　모든 백성의 아버지, 모든 인간의 아버지, 아버지 중의 아버지! 모든 것의 창조주, 창조자 중의 창조자, 사랑의 창조자! 자비의 하느님, 희망의 하느님, 영원한 행복의 하느님!

††† 1995년 5월 15일

　　모든 사람의 내면의 깊은 곳, 그들의 영혼 자체의 깊은 곳에는 모든 사람이 그렇게 존재하도록 창조된 참된 자아(自我)가 있다. 많은 사람들은 그들의 참된 자아를 무시하거나 숨기려고 한다. 왜냐 하면, 너무 두려워서 그것을 자유로이 풀어 놓을 수가 없기 때문이다.
　　그들은 두려워한다. 왜냐 하면 고통, 아픔, 자신감의 결여, 믿음의 부족, 불안감, 곤혹스러움 그리고 참된 자아가 빛을 발하는 것을 가로막고 있는 다른 수많은 것들 때문이다.
　　대부분의 사람들은 이해를 하지 못하고 있다. 만약 자신의 참된 자아의 빛을 발하게 한다면, 그 밖의 모든 것은 빛을 잃고 사라져 버린다는 사실을 모르고 있다. 모든 장애물과 모든 고통과 모든 것은 사랑의 순수한 정신을 남기기 위해서 사라져 간다.
　　이러한 것을 행하는 데 필요한 힘은 모든 사람에게 주어져 있다. 그 힘은 성령과 하나인 나의 아들 예수 그리스도를 통하여 발견할 수 있다.

일단 인간이 이런 사실을 깨닫고 받아들인다면, 내면의 자아는 천국에 있는 하느님 아버지를 자유로이 찾아갈 것이다.

††† 1995년 5월 16일

대부분의 사람은 진리를 구하고 있지만, 비록 바로 자신 앞에 진리가 있더라도 그것을 보지 못할 뿐이다. 대부분의 사람은 진리를 열심히 찾고는 있지만, 감겨진 눈을 가지고 찾고 있을 뿐이다. 만일 그들이 감겨진 눈을 뜨기만 한다면 진리, 오직 하나 뿐인 진리, 하느님의 아들 예수 그리스도가 진리라는 것을 곧 알게 될 것이다.

일단 그것을 알게 되면, 그때 그들은 진리인 참된 사랑을 알게 될 것이다.

††† 1995년 5월 19일

나의 아들의 생명은 내가 인류에게 주는 선물이고, 그리고 인류가 나에게 주는 선물이기도 하다. 이것은 아무도 완전하게는 이해할 수 없는 성스러운 신비인데, 많은 사람들이 이해를 하려고 노력하고 있다.

나의 친구들은 이 신비를 보고 거기에서 사랑을 본다. 나의 원수들은 이 신비를 보고 얼마나 바보스러운 말이냐고 말한다. 나의 자녀들은 이 신비를 보고 아버지의 손을 발견한다. 나의 원수들은 이 신비를 보고 아무 것도 발견하지 못한다.

나의 제자들은 이 신비를 보고 아름다움을 발견한다. 나의 원수들은 이 신비를 보고 어리석음만을 발견한다.

나에게 속해 있는 사람들은 하느님 아버지의 손으로 베풀어주시는 아름다운 사랑을 안다. 나를 부인하는 사람들은 이 신비를 보고 자신의 어리석음에 대해서는 아무 것도 모른 채 믿지 않는 이유를 생각해낸다.

†††　1995년 5월 20일

나의 자녀들 중에는 어린이들처럼 순수한 사랑으로 사랑하는 사람들이 있다. 나의 자녀들 중에는 어린이들처럼 순수한 인생을 살고 있는 사람들이 있다. 나의 자녀들 중에는 어린이들처럼 항상 기쁨에 넘쳐 있는 사람들이 있다.

이 사람들은 인생을 어떻게 살아야 하는가를 보여주는 사람들이고, 이 사람들은 사랑을 어떻게 해야 하는가를 보여주는 사람들이고, 그리고 이 사람들은 모두 그렇게 되기 위해 노력하고 있는 사람들이다.

†††　1995년 5월 20일

자녀들은 부모에게 많은 요구를 한다. 자녀들을 사랑하고 있는 부모는 자녀들의 요구를 모두 들어주려고 노력한다. 그러나 때때로 자녀들에게 겸손을 가르쳐주기 위해 그런 요구를 들어주지 않는 것이 더 좋을 경우가 있다.
모든 요구를 들어주게 되면 이기적인 자녀를 만들기 쉬우며, 결국에 가서는 그들 자신과 부모들에게 상처를 입히게 된다.

††† 1995년 5월 24일

이 세상으로 하여금, 나의 사랑에 눈뜨게 하여라. 이 세상으로 하여금, 나의 자비에 눈뜨게 하여라. 이 세상으로 하여금, 나의 용서에 눈뜨게 하여라.
이 세상으로 하여금, 자비를 사랑하고 인류가 용서를 받을 수 있도록 하기 위해 모든 것을 바친 나의 아들 예수 그리스도에게 눈뜨게 하여라.

††† 1995년 5월 25일

천국으로 가는 길을 따라 가면, 같은 길을 가기는 하지만 각자 다른 여행을 하는 수많은 선량한 영혼들을 만나게 될 것이다. 많은 사람들이 넘어지거나 비틀거리며 걷는 것을 보게 될 것이다. 어떤 사람은 길가에 드러누운 채 몸을 일으키지 못하고, 어떤 사람은 길에 놓여 있는 덫에 걸려 있다.
그들을 위해서 굳세어져야 한다. 그들을 도와 일으켜주

고, 덫으로부터 해방시켜주고 그리고 그들을 나에게로 인도해야 한다.

많은 장애물이 남을 도와주는 것을 방해하려고 안간힘을 쓰는 것을 발견하게 될 것이다. 때때로 도와주려고 하는 바로 그 사람들이 방해하려고 할 것이다. 이것은 지칠 대로 지친 사람이 "제발 나를 내버려 두시오. 편안히 죽게 말이오." 하고 말하는 것과 같다. 너는 그가 저항을 하더라도 죽는 것을 그대로 내버려 둘 수는 없다는 것을 알고 있다. 너는 그들 모두를 도와주어야 한다. 설사 가장 무서운 적수라 하더라도 그들을 부정해서는 안 된다.

나의 자녀들을 도와주는 것을 통해서만 너는 천국에 이르는 네 자신의 길을 발견하게 될 것이다. 그런 의미에서 실제로는 그들은 동시에 너를 도와주고 있는 것이다.

†††   1995년 5월 25일

예수의 사랑을 맛보는 것은 가장 맛있는 포도주를 맛보는 것과 같아서 너는 더 많이 원하게 될 것이다.

그러나 포도주하고는 달리 예수의 사랑은 결코 떨어질 줄을 몰라서, 네가 더 많이 원하면 원할수록 더 많이 손에 넣게 될 것이다.

† † †

††† 1995년 5월 26일

　남들이 우울해하고 있는 것을 보거든 그들을 도와주어라. 남들이 필요에 쫓기고 있는 것을 보거든 그들에게 베풀어라. 남들이 고통을 받고 있는 것을 보거든 그들을 위로해주어라.
　이런 일을 행함으로써 너는 하느님의 사랑을 나타내게 되고, 이런 일을 행함으로써 참된 그리스도교 신자가 어떻게 살아야 하는가를 보여주게 된다.

††† 1995년 5월 26일

　꽃잎은 꽃에서 떨어져 흙 위에 떨어진다. 그 꽃잎이 썩으면, 꽃을 위한 훌륭한 비료가 된다. 이것이 네가 나누어 갖는 사랑이 너를 위한 비료가 되는 이유이다.
　왜냐 하면, 사랑은 네가 사랑하는 사람들에 의해서 너에게 되돌려지기 때문이다.
　꽃잎은 흙과 섞여서 자신이 떨어져 나온 것에 영양분을 제공해준다.
　그것은 사랑도 마찬가지여서, 네가 사랑을 나누어 가져서 다른 사람의 사랑과 뒤섞일 때, 그 사랑이 되돌아와서 네 영혼에 영양분을 제공해주는 것이다.

†††

††† 1995년 5월 29일

　　성공은 기쁨과 행복을 가져다줄 수 있지만, 또한 겸손을 명심해야 한다. 겸손 없는 성공은 실패지만, 겸손을 수반한 성공은 승리이다.

††† 1995년 6월 1일

　　내가 네 앞에 마련해 놓은 길을 따라 걷는 것은 믿음이 없으면 힘들다.
　　믿음이 있다면, 네 발걸음은 안내를 받게 되고, 네 손은 부축을 받게 되어, 네 마음은 활짝 열려질 것이다.
　　신뢰하고, 믿고 그리고 사랑 안에서 나를 향해 씩씩하게 걸어 오너라.

††† 1995년 6월 1일

　　믿음과 사랑과 희망을 가진 사람은 영혼이 눈부시게 빛난다. 예수를 믿고, 예수를 사랑하고, 예수에게 희망을 갖는 사람의 기도는 받아들여질 것이다.

† † †

✝✝✝　1995년 6월 1일

　　사랑의 눈을 가지고 보면, 인생은 선물이 될 것이다.
　　한편 미움의 눈을 가지고 보면, 무거운 짐이 될 것이다.

✝✝✝　1995년 6월 6일

　　아버지를 사랑하고 있는 아들은 부모에게 더 할 수 없이 귀엽다. 아버지를 사랑하고 있는 아들은 가족에게 더 할 수 없이 귀엽다. 그리고 아버지를 사랑하고 있는 아들은 아버지를 알고 사랑하는 사람들에게 더 할 수 없이 귀엽다.
　　나를 사랑하기 때문에 너는 나에게 더 할 수 없이 귀엽다. 나를 사랑하기 때문에 너는 나의 가족에게 더 할 수 없이 귀엽다. 나를 사랑하기 때문에 너는 나를 사랑하고 있는 이 세상의 자녀들에게 더 할 수 없이 귀여운 존재가 된다.

✝✝✝　1995년 6월 8일

　　사랑은 네가 몰두할 때 너무나도 완벽한 것이 된다. 사랑은 네가 받아들일 때 너무나도 특별한 것이 된다. 사랑은 네가 독특한 방법으로 받아들일 때, 너무나도 개인적인 것이 된다.
　　사랑은 예수이며, 예수는 특별하고도 개인적인 방법으로 인류와 완벽한 사랑에 **빠져** 있다.

††† 1995년 6월 9일

　　하느님의 사랑을 네 마음에 품고 있으면, 너는 모든 사람을 사랑하게 된다. 예수의 사랑으로 네 자신을 가득 채우면, 너는 모든 사람을 도와주기를 원하게 된다.
　　성령에게 네 자신을 열면, 너는 모든 사람에게 성령을 가져다주려고 노력하게 된다. 모든 사람에게 성령을 가져다주고, 하느님의 사랑을 보여주고, 모든 사람에게 예수의 사랑과 평화를 전해주어라.

††† 1995년 6월 13일

　　모든 선물은 인류의 향상을 위한 것이다. 모든 선물은 나에게 자녀들을 데려 오기 위한 것이다.
　　모든 선물은 내 자녀들이 영적으로 더욱 성장하도록 도와서 천국의 집으로 가도록 도와주는 사람들을 위한 것이다.

††† 1995년 6월 14일

　　믿음 중의 믿음, 힘 중의 힘, 사랑 중의 사랑은 나의 아들 예수 안에서 발견된다. 진리 중의 진리, 빛 중의 빛, 은총 중의 은총은 나의 아들 예수를 통하여 발견된다.
　　희망 중의 희망, 기쁨 중의 기쁨, 생명 중의 생명은 나의 아들 예수와 함께 발견된다.

✝✝✝　1995년 6월 15일

　　하느님을 발견하는 길은 예수이다. 왜냐 하면, 예수는 하느님이기 때문이다.
　　행복을 발견하는 길은 예수이다. 왜냐 하면, 예수는 행복이기 때문이다.
　　영원한 생명을 발견하는 길은 예수이다. 왜냐 하면, 예수는 영원한 생명이기 때문이다.
　　유일한 길은 예수이며, 모든 길은 예수이다.

✝✝✝　1995년 6월 16일

　　사랑의 하루는 살아가는 데 최고의 날이다. 기쁨의 하루는 소유하는 데 최고의 날이다. 진리의 하루는 존재하는 데 최고의 날이다.
　　이러한 날은 네가 나의 아들 예수와 함께 살아 간다면, 매일 찾아오게 될 것이다.
　　왜냐 하면, 예수는 진리요 기쁨이기 때문이다. 이런 것은 사랑의 존재로부터 나오는데 예수는 곧 사랑이기 때문이다.

✝✝✝

††† 1995년 6월 16일

　　인내는 평화를 가져다주고, 평화는 위안을 가져다준다. 다른 사람들에게는 인내로 대하고, 하느님의 평화를 보여주고 그리고 필요한 사람들에게는 위안을 가져다주어라.

††† 1995년 11월 14일

　　참된 행복에 이르는 길은 기도를 하는 것이다. 참된 행복에 이르는 길은 사랑을 하는 것이다.
　　참된 행복에 이르는 길은 기도하는 것을 사랑하고, 사랑을 위해 기도하는 것이다.

††† 1995년 11월 15일

　　네 가슴 속에서 활활 타오르고 있는 불빛으로 다른 사람들을 비춰주어라. 네 영혼 안에서 자라고 있는 사랑을 다른 사람들과 나누어 가져라. 네 마음 속에서 타오르고 있는 불로 다른 사람들에게도 불을 질러라.
　　하느님의 빛이 네가 가진 사랑을 창조하고, 세상에 있는 네 가족들과 나누어 갖도록 성령의 불로 너를 가득 채운다.

† † †

††† 1995년 11월 16일

　　나의 아들 예수가 인류를 위해 살다가 죽었을 때, 아들은 내가 내린 계명을 재확인했다. 그리고 자신의 생명을 내주었을 때, 비록 하느님의 모든 힘을 쓸 수도 있었지만 저항을 하지 않았다.
　　나의 아들 예수는 자신을 욕하고 구타하고, 마지막에는 십자가에 못밖은 자들을 죽이거나 해치지 않았다. 이것은 나의 계명, 즉 "살인하지 말라!"를 재확인한 것이다.
　　예수가 한 행동은, 비록 죽음에 이르더라도 하느님에 대한 완전한 믿음이 중요하다는 것을 인류에게 보여주는 것이었다. 예수가 한 행동은 앞으로 다가올 영원한 생명의 중요성을 보여주는 것이었으며, 이 세상에서의 생명은 그 영원한 생명에의 디딤돌이라는 것을 보여주는 것이었다.
　　초대 교회의 신자들은 이것을 알고 있었기 때문에, 구타를 당하고 죽임을 당하더라도 반항을 하지 않았다. 그들은 내세에 대한 하느님의 약속을 굳게 믿었으며, 그것을 위해 모든 것을 바칠 준비가 되어 있었다.
　　오늘 날의 사람들은 만일 하느님을 완전히 믿는다면, 천국이라는 보상을 받게 된다는 것을 이해해야 할 것이다.

††† 1995년 11월 16일

　　우정 안에서 너는 나의 사랑을 다른 사람들에게 전파하여

라. 사랑 안에서 너는 다른 사람들의 친구가 되어라.
예수 안에서 친구가 되고, 먼저 모든 사람에 대한 사랑이 되어라.

†††　1995년 11월 17일

예수의 제자가 되려면, 비록 어려운 때를 맞이하더라도 항상 사랑을 해야 한다. 예수의 제자가 되려면, 예수가 사랑이기 때문에 사랑이 되어야 한다.
예수의 제자가 되려면, 예수의 사랑을 위해 살아야 하고, 그 사랑을 다른 사람들에게 나누어주어야 한다.

†††　1995년 11월 18일

아름다운 영혼은 사람의 육신 안에서, 본래 창조된 목적대로 사랑으로 발전되어 나아가기를 기다리면서 거처하고 있다. 만일 어떤 사람으로부터 죄의 얼룩이를 깨끗이 닦아내 버리면, 너는 그 밑바닥에서 아름다운 영혼을 발견하게 될 것이다.
모든 영혼은 창조될 때부터 아름다운 것이었다. 그 영혼을 어떻게 발전시켜 나아가느냐는 전적으로 네가 어떻게 사느냐에 달려 있다.

† † †

✝✝✝ 1995년 11월 19일

　　자신의 생명을 내놓으면서 나의 아들 예수는 가장 위대한 사랑의 행동을 보여주었다.
　　예수는 나를 너무나 사랑했기 때문에 숨을 거두면서도 나에게 자신을 바쳤다. 예수는 인류를 위해 고통과 수난을 통해서 자신을 나에게 바침으로써 완전한 사랑을 보여주었다.
　　얼마나 많은 사람들이 아주 조그만 문제 때문에 하느님을 포기하고 있지 않은가?
　　이런 사람들은 나의 아들 예수가 참고 견디어낸 일을 기억해내고, 그 인내를 통해서 모든 사람을 계속 사랑했다는 것을 기억해야 할 것이다.
　　따라서 사람들은 자신의 고통을 나의 아들 예수를 통해서 나에게 바치고, 자기 자신을 기다리고 있는 은총을 받아야 할 것이다.

✝✝✝ 1995년 11월 19일

　　친구가 찾을 때에는 대답을 하여라. 친구가 찾을 때에는 거기에 있어라. 친구가 찾을 때에는 베풀어라.
　　모든 사람은 네 친구니까, 언제나 부르는 소리에 대답을 하고 베풀기 위해 거기에 있어라.

✝ ✝ ✝

††† 1995년 11월 20일

　　영성체에 의해서 나의 아들 예수와 한 몸이 됨으로써 하느님과 함께 있는 데서 오는 평화를 찾아라.

††† 1995년 11월 20일

　　말씀에 귀를 기울이고 그것을 따르라. 네 마음의 소리에 귀를 기울이고 그것을 따르라.
　　주 예수 그리스도에게 귀를 기울이고 예수를 따르라.
　　말씀인 예수를 마음 안에 받아들이고 그 분을 따르라.

††† 1995년 11월 22일

　　사람들이 나에게 자기 자신의 사랑을 바치면, 나는 마음을 활짝 열어서 선물로 그들을 가득 채워준다. 사람들이 내 선물을 받아들이면, 내 성심은 그들의 사랑으로 가득 차게 된다.
　　사람들이 내 선물을 다른 사람들에게 주면, 나의 사랑으로 다른 사람들을 가득 채운다. 그리고 그것이 나에게 선물로 다시 돌아온다. 이 얼마나 거룩한 신비인가!

† † †

✝✝✝　1995년 11월 23일

　　나의 아들은 오로지 사랑으로 찾아가지만, 많은 사람들은 그를 거부한다. 나의 아들은 비난하기 위해서가 아니라 오로지 용서하기 위해서 찾아가지만, 많은 사람들을 그에게서 고개를 돌려 버린다.
　　나의 아들 예수는 오로지 친구로서 찾아가지만, 많은 사람들은 그를 두려워한다.
　　더구나 사랑과 용서와 우정을 베풀어주는 데도 툇짜를 놓는 것은 참으로 이상한 일이다. 더군다나 증오와 탐욕과 분노를 베풀어주면 그들은 환영하니 말이다.

✝✝✝　1995년 11월 24일

　　사랑── 오로지 사랑만으로도,
　　믿음── 오로지 믿음만으로도,
　　신뢰── 오로지 신뢰만으로도, 모든 것이 가능하다.

✝✝✝　1995년 11월 24일

　　네가 필요로하는 것을 전부 줄 것이라고 하느님을 신뢰하는 것은 참된 사랑을 나타내는 것이다. 네 생명을 다 바쳐 하느님을 신뢰하는 것은 참된 사랑을 나타내는 것이다.

네 인생에 필요한 것을 준다는 약속을 모두 충족시켜줄 것이라고 하느님을 신뢰하는 것은 네가 진실로 하느님을 사랑한다는 것을 나타내는 것이다.

††† 1995년 11월 29일

네 마음 속에 나의 사랑을 받아들이고, 그 사랑으로 네 삶 전체를 에워싼다면, 그 어떤 것도 너에게 해를 끼칠 수 없다는 것을 알게 될 것이다.
만일 나의 사랑을 신뢰하지 않는다면, 너는 항상 두려워하고 걱정을 하고 불안해할 것이다. 그러니까 신뢰하고, 믿고, 사랑하여라.……그러면 마음의 평화를 얻을 수 있을 것이다.

††† 1995년 11월 30일

다른 사람들을 이해하는 것은 어려운 일이다.
그냥 그들을 사랑하도록 하여라.

††† 1995년 11월 30일

참된 자아를 뒤덮고 있는 딱딱한 표피 밑에 모든 사람들은 부드러움과 상냥함과 친절함을 갖고 있다.

그 두꺼운 표피를 벗겨 버리고 그 아름다움을 해방시켜 주면, 너무나도 감미로워서 인생의 모든 순간이 기쁨으로 변하고, 만나는 사람은 모두 친구가 될 것이다.

✝✝✝　1995년 12월 1일

　　나의 사랑 안에서 휴식을 취하면 평화가 찾아온다. 나의 성심 안에서 휴식을 취하면 사랑이 찾아온다. 나의 품 안에서 휴식을 취하면 평온이 찾아온다.
　　나의 사랑, 나의 성심, 나의 늘 사랑하는 품인 예수는 나의 모든 자녀들을 사랑으로 감싸기 위해 모두를 기다리고 있다.

✝✝✝　1995년 12월 3일

　　네 마음을 활짝 열어서 네 사랑을 보여 주어라. 네 마음을 활짝 열어서 진리를 보여주어라.
　　네 마음을 활짝 열어서 하느님의 사랑이 얼마나 진실된가를 보여주어라.

✝✝✝　1995년 12월 6일

　　네 자신을 하느님께 바치는 것은 사랑에 몰두하는 것을

뜻한다. 네 자신을 하느님께 바치는 것은 부족한 사람들에게 베푸는 것을 뜻한다.

네 자신을 하느님께 바치는 것은 거절의 두려움을 아랑곳하지 않고 주는 것을 뜻한다.

이것이 하느님의 방식이다.

✝✝✝　1995년 12월 6일

어린 양(예수)이 죽임을 당하자 집이 한 채 세워졌다. 어린 양이 죽임을 당하자 악이 패배를 당했다.

어린 양이 죽임을 당하자 천국 문이 열렸다.

✝✝✝　1995년 12월 6일

만약 다리를 이용하면, 강을 건너가기가 매우 쉬울 것이다. 그러나 강물을 걸어서 건너가려고 한다면, 무척 곤란할 것이다.

나의 아들 예수는 천국에 이르는 다리다. 네가 만일 예수와 함께 걸어 간다면, 그 길은 훨씬 쉬울 것이다.

네가 만일 혼자 걸어 간다면, 세상을 뒤덮고 있는 악의 홍수에 의해 떠내려 가게 될 것이다.

✝ ✝ ✝

††† 1995년 12월 6일

평화와 사랑과 희망. 기쁨과 행복과 진리.
예수, 예수, 예수!

††† 1995년 12월 6일

　물고기가 물의 흐름을 따라서 헤엄쳐 가면, 보다 손쉽게 헤엄칠 수 있을 것이다.
　새가 바람을 타고 난다면, 아주 높은 고도까지 날아 오를 수 있을 것이다.
　꽃은 햇빛을 잔뜩 쬐면, 하늘 꼭대기까지라도 뻗어 올라 갈 수 있을 것이다.
　하느님의 자녀들이 하늘 나라에 보다 쉽게 올라 가기 위해서는, 나의 아들 예수에게 손을 내밀고, 성령으로 충만해야만 한다.

††† 1995년 12월 7일

　남을 사랑하는 것은 기쁨을 가져다준다. 남을 칭찬하는 것은 행복을 가져다준다.
　남과 함께 나누는 것은 희망을 가져다준다.

✝✝✝   1995년 12월 7일

　　순결함, 순수함 그리고 감미로움. 수태로부터의 순결함(무염 시태). 전 생애를 통한 순수함.
　　하느님에 대한 그녀의 사랑의 감미로움……. 나의 딸, 나의 마리아!

✝✝✝   1995년 12월 10일

　　나는 모든 사람에게 나의 사랑을 나누어주었다. 이 세상에서 가장 죄많은 사람에게도 똑같이 나누어주었다. 나의 사랑은 모든 사람의 마음과 영혼 안에 있다.
　　그러나 종종 나의 사랑이 거부를 당한다. 나의 사랑이 표면에 나타나기 어렵게 자꾸만 밑으로 밑으로 짓누른다. 많은 사람들이 나의 사랑을 무시하거나 부인하기 위해 끊임 없이 발버둥치고 있는 것처럼 보인다. 그것은 악을 받아들이고 선을 부인하는 발버둥이다.
　　그러므로 많은 사람들이 영혼의 병, 육신의 병 그리고 마음의 병에 시달리고 있는 것은 조금도 놀랄 일이 아니다. 만일 네 인생을 발버둥치는 데 낭비하고 있다면, 스트레스가 견딜 수 없을 정도로 커지고, 바로 그것 때문에 많은 문제가 발생하게 된다. 많은 병에 대한 해결책은 이러한 발버둥치기를 종식시키는 것으로부터 시작되며, 나의 사랑이 자연스럽게 너를 감싸고, 너를 인도하고, 너를 지켜 보도록 해야 한다.

왜 자신에게 좋은 것을 싫다고 하면서 발버둥을 치느냐? 사람들이 나의 사랑을 받아들이고, 나로 하여금 그들의 삶을 가득 채우게 하면, 그 때는 영적으로나 정서적으로나 그리고 육체적으로 새롭고 건전한 인생이 시작될 것이다.

✝✝✝ 1995년 12월 11일

　　피로를 느낄 때는 회복할 수 있는 시간을 가져라. 몸이 아파오는 것을 느꼈을 때는 휴식 시간을 가져라. 몹시 지쳤을 때는 에너지를 회복할 수 있는 시간을 가져라.
　　만일 그렇게 하지 않으면, 호전되는 것이 아니라 오히려 악화될 뿐이다.

✝✝✝ 1995년 12월 11일

　　하느님의 말씀을 기억하여라. 하느님의 사랑을 기억하여라. 하느님의 사랑에 귀를 기울이고, 너 자신을 하느님의 사랑으로 감싸야 한다는 것을 기억하여라.

✝✝✝ 1995년 12월 12일

　　도와주기 위해 뻗는 손길을 받아들여라. 사랑하기 위해주는 마음을 기꺼이 받아들여라.
　　어머니는 항상 길을 인도하고 부둥켜안기 위해 사랑의 손을 내민다.

††† 　1995년 12월 13일

　　이 세상의 자녀들을 볼 때, 나는 사랑으로, 아버지의 사랑으로 바라본다. 나는 나의 사랑을 자녀들과 나누어 갖기를 바라고, 나의 영원한 기쁨의 집에서 나와 함께 살게 되기를 원한다. 이러한 모든 일이 일어나기 위해서는 나의 자녀들이 나의 사랑을 받아들이기만 하면 된다.
　　일단 자녀들이 나의 사랑을 받아들이기만 하면, 참된 삶이 어떤 것인가를 알게 될 것이다.

††† 　1995년 12월 13일

　　나의 모든 자녀들 안에는 사랑을 받고 사랑을 주고 싶어하는 갈망이 있다. 그 갈망이 자기 자신이나 남들에 의해서 거부당할 때, 그 거부의 아픔 속에서 죄악이 싹틀 수가 있다. 그것은 미움과 보복과 이기주의와 탐욕 같은 죄악일 수가 있다.
　　이런 사랑이 거부당할 때, 종종 교만이 그 추한 머리를 드러내어 사람을 더욱 깊고 깊은 죄악, 즉 "아무도 나에게 관심을 가져주지 않으니까, 나는 나 외에 아무에게도 관심을 갖지 않을 것이다."라는 말로 자주 정당화되는 죄악 속으로 이끌어 간다. 이런 자기 정당화는 종종 은폐되는데, 그것을 은폐하기 위해 여러 가지 이유를 내세우지만, 진짜 이유는 이런 사랑의 거부이다.

만일 모두가 사랑받고, 자신의 사랑을 표현할 수 있다면, 그 때는 남이 자기를 원치 않는다고 느끼는 아픔이나 사랑받지 못한다는 아픔은 사라져 버릴 것이다.

나의 자녀들이 반드시 알아야 할 것은, 누구이든 어떤 직업을 갖고 있든 간에 나는 자녀들을 사랑하고, 자녀들의 사랑을 원하고 있다는 사실이다.

만일 자녀들이 나의 사랑을 받아들이고 나에게 사랑을 준다면, 그러한 아픔이 자취를 감추고 오로지 기쁨만이 자신의 마음을 가득 채우는 것을 발견하게 될 것이다.

†††　1995년 12월 14일

애통해하는 사람의 슬픔을 보면, 나의 사랑을 평화와 위안을 가져다주는 방법이라고 생각하여라.

나의 사랑을 몸을 의지하는 커다란 바위라고 생각하여라.

†††　1995년 12월 14일

용서는 사랑에서 나온다. 좌절은 이기심에서 나온다.

††† 1995년 12월 14일

  기도는 너무나도 많은 것일 수가 있다. 곧 기도는 사랑의 표현이고, 믿음의 표현이고, 희망의 표현일 수가 있는 것이다.
  기도는 너무나도 적은 것일 수가 있다. 곧 기도는 불편스럽고, 의무적이고, 귀찮은 것일 수가 있는 것이다.
  기도는 사랑과 믿음과 희망으로 가득 차 있을 때 응답을 받을 수 있다. 왜냐 하면, 네가 진실로 하느님의 뜻을 받아들이기 때문이다.

††† 1995년 12월 14일

  나의 자녀들의 마음을 대부분 뒤덮고 있는 표피 밑에는 사랑의 아름다운 꽃이 있다. 그 꽃들이 몸을 드러내서 나의 사랑과 합쳐지면, 그 꽃들은 가장 달콤한 향기, 사랑의 향기를 발산한다.

††† 1995년 12월 16일

  마음으로부터 도와주는 친구가 참된 친구이다. 네가 최고가 되기를 바라는 친구가 참된 친구이다. 너의 감정을 이해해 주고 배려해주는 친구가 참된 친구이다.
  모든 사람의 친구가 되어라. 그리고 내 이름으로 그들의 마음을 열어주어라.

††† 1995년 12월 16일

　　예수와 마리아의 두 마음은 하나가 된다. 예수와 마리아의 두 사랑은 하나가 된다. 예수와 마리아의 두 희망은 하나가 된다.
　　예수 안에서 하나가 된 하느님의 사랑을 모든 사람에게 전하여라.

††† 1995년 12월 17일

　　우정 속에서 기도하는 것은 참된 사랑을 보여준다. 친구와 함께 기도하는 것은 참된 사랑을 보여준다. 대중 속에서 기도를 하는 것은 참된 사랑을 보여준다.
　　대중 속에서 친구와 함께 기도를 하면, 너는 나에 대한 사랑과, 형제와 자매와의 참된 우정을 보여준다.

††† 1995년 12월 18일

　　항상 진실하여라. 항상 마음을 열어 놓아라.
　　항상 나의 자녀로 있어라.

††† 1995년 12월 18일

　　네 마음 안에서 나의 사랑을 찾아라. 네 마음 안에서 나의 평화를 찾아라.
　　네 마음 안에서 다른 사람들에게 줄 나의 사랑과 평화를 찾아라.

††† 1995년 12월 20일

　　기쁨의 시절, 행복의 시절, 사랑의 시절, 내 아들의 탄생일.
　　얼마나 많은 사람들이 이 시절의 기적을 모르고 있는가? 얼마나 많은 사람들이 불행한가? 얼마나 많은 사람들이 사랑을 알지 못하는가?
　　기쁨과 행복과 함께 내 사랑을 모든 사람에게 전하여라. 그리하여 그들도 역시 하느님의 사랑의 기적을 알게 하여라.

††† 1995년 12월 21일

　　자발적으로 주는 도움은 특별한 보물이다. 회개한 영혼이 주는 후원은 특별한 은총이다. 변화된 마음이 주는 힘은 특별한 선물이다.
　　다른 사람들을 도와주고, 절실히 필요로 할 때 후원을 하여라. 그들이 마음을 바꾸어 영혼을 하느님께 바치도록 힘이 되어주어라.

††† 1995년 12월 21일

　　사랑은 모든 사람을 사랑하는 것을 의미한다. 사랑은 모든 사람을 용서해주는 것을 의미한다.
　　사랑은 아무런 조건이 없는 것을 의미한다.

††† 1995년 12월 21일

　　모든 사람 앞에 평화와 기쁨과 행복이 주어져 있다.
　　이것은 내가 항상 내려주는 사랑의 선물이다.

††† 1995년 12월 21일

　　사람들 사이에서 언제나 위대한 예언가와 위대한 성인과 하느님의 위대한 종이 나타났다. 이것이 인류에게 보여주는 것은, 내가 신분이나 지위에 상관 없이 그 사람을 선택한다는 사실이다.
　　나는 나의 뜻을 완벽하게 따를 사람만을 선택한다. 이것은 또한 나에게 마음을 활짝 여는 사람은 누구나 나의 참된 종이 될 수 있다는 것을 나타내준다.

†††   1995년 12월 29일

    네 모든 희망과 열망을 나의 아들의 손에 맡기면 실현될 것이다. 사랑으로 구하면 네 기도는 응답받을 것이며, 겸손으로 구하면 네 삶이 충만해질 것이다.

†††   1995년 12월 29일

    명부가 천국에 보관되어 있다. 이 명부에는 나에게 속해 있는 모든 사람들의 이름이 적혀 있다.
    이 명부에는 하느님이 선택한 이름들과, 그 응답으로 하느님을 선택한 사람들의 이름이 올라 있다.
    이 명부를 들쳐볼 때마다 내 마음은 기쁨으로 가득 찬다. 그 기쁨은 자녀들이 나를 사랑하고 있다는 것을 알고 있는 아버지로서의 기쁨이다.

†††   1995년 12월 29일

    한 처음에 나는 있었다. 나는 항상 있다. 그리고 나는 영원히 있을 것이다.

이것은 인류가 결코 이해할 수 없는 신비이고, 믿음으로 받아들여야 하는 신비이다. 그러나 너무나 많은 사람들이 이해를 하지 못하기 때문에, 그것을 믿기를 거부하고 있다.

너무나 많은 사람들이 보기를 거부하고 있다. 너무나 많은 사람들이 신뢰하기를 거부하고 있다.

모든 것은 나의 사랑에서 나왔다. 이것은 진리이다. 그러나 얼마나 많은 사람이 그것을 믿고 있는가?

모든 것은 나의 사랑에 의해서 창조되었다. 그러나 얼마나 많은 사람이 그것을 받아들이고 있는가?

모든 것은 나의 뜻으로 형성되었다. 그러나 얼마나 많은 사람이 그것을 알고 있는가?

나는 시작이다. 나는 항상 있고, 나는 영원을 통해서 있을 것이다.

††† 1995년 12월 29일

부드러운 바람이 네 얼굴을 상냥하게 어루만지며 불어 지나가는 것을 느끼는 것처럼, 나의 사랑이 네 영혼을 상냥하게 어루만지는 것을 느껴라. 사랑하는 사람의 포옹의 포근함을 느끼는 것처럼, 나의 사랑이 네 영혼을 애무하는 것을 느껴라.

사랑 안에 있을 때의 기쁨을 느끼는 것처럼, 나의 사랑이 네 영혼을 가득 채우는 것을 느껴라.

†††

††† 　1996년 1월 2일

　　신뢰하는 것은 중요하다. 왜냐 하면, 신뢰 속에서는 모든 것이 가능하기 때문이다.
　　믿는 것은 중요하다. 왜냐 하면, 참된 믿음을 가져야만 모든 것을 하느님에게 바칠 수 있기 때문이다.
　　자신이 믿고 있는 것이 진실이라는 것을 믿는 것은 하느님에 대한 사랑의 가장 중요한 측면이다. 왜냐 하면, 그것이 없다면 그것이 무슨 사랑이겠는가?

††† 　1996년 1월 2일

　　네가 두려움과 의심과 걱정을 하는 것은 인간적이다. 인간은 이런 식으로 느낀다.
　　그러나 하느님의 자녀는 이러한 감정들을 모두 극복한다.

††† 　1996년 1월 7일

　　나의 자녀는 모든 사람을 사랑한다. 나의 자녀는 모든 사람에게 봉사한다.
　　── 나의 자녀는 모든 사람을 도와준다.
　　네가 다른 사람들을 도와줌으로써, 네가 나에게 봉사하고, 하느님을 사랑한다는 것을 다른 사람들에게 보여주게 된다.

(에페소 2 : 10 —— 우리는 하느님의 작품입니다. 우리는 선행을 하도록 그리스도 예수님 안에서 창조되었습니다. 하느님께서는 우리가 선행을 하며 살아가도록 그 선행을 미리 준비하셨습니다.)

✝✝✝　1996년 1월 10일

사랑을 함께 나누는 것은 네가 그들을 믿는다는 것을 뜻한다. 너는 나의 사랑을 함께 나누고 있으니 나를 믿어라.

✝✝✝　1996년 1월 11일

하느님의 평화는 예수를 따르는 사람들의 마음 속 깊은 곳에 군림한다. 때때로 이러한 평화가 악의 소란과 그 사람의 인간성에 의해서 깨지곤 한다.
　이런 경우, 만일 그 사람이 기도와 7성사를 통해서 예수에게 의지하면, 하느님의 평화가 되돌아올 것이고, 그와 함께 하느님의 사랑이 악에 대한 방패가 될 것이다.

✝✝✝　1996년 1월 11일

십자가 위의 고통 속에 매달려 있는 나의 아들 예수를

보자, 내 가슴이 슬픔으로 가득 찼다. 이 세상에 오로지 사랑과 용서를 가져다준 나의 아들이 어떤 대접을 받았는가를 생각하니, 내 가슴으로부터 눈물이 솟구쳐 올랐다.

하느님의 아들이 욕을 먹고, 거부당하고, 구타를 당하고, 죽임을 당하는 것을 보고, 인간이 얼마나 많은 용서를 받을 필요가 있는가를 확인하게 되었고, 예수에 의한 구원이 필요한 이유를 확인하게 되었다.

(마태오 20 : 30 —— 주님, 다윗의 자손이시여, 저희에게 자비를 베풀어 주십시오.)

✝✝✝ 1996년 1월 11일

의심의 순간에는 십자가에 못박힌 예수를 생각하여라. 그러면 예수를 십자가에 못박히게 한 것이 바로 인간의 의심이었다는 것을 알게 될 것이다. 유혹의 순간에는 십자가에 못박힌 예수를 생각하여라. 그러면 예수를 십자가에 못박히게 한 것이 바로 인간의 나약함이었다는 것을 알게 될 것이다.

사랑의 순간에는 십자가에 못박힌 예수를 생각하여라. 그러면 예수를 십자가에 못박히게 한 것이 바로 인간에 대한 하느님의 사랑이었다는 것을 알게 될 것이다.

(루가 23 : 34 —— 아버지, 저들을 용서해 주십시오. 저들은 자기들이 무슨 일을 하는지 모릅니다.)

✝✝✝   1996년 1월 11일

　　아버지와 함께 하루를 보내는 것이 나의 가슴에 기쁨을 가져다준다. 아버지에게 네 사랑을 보여주는 것이 나의 성심에 행복을 가져다준다. 아버지에게 복종을 나타내는 것이 네 마음에 평화를 가져다주고, 너를 나의 성령으로 가득 채워준다.

✝✝✝   1996년 1월 15일

　　구별하는 것은 매우 어려운 작업이지만, 그러나 마음의 목소리에 따르라.
　　불안감, 고통 그리고 불쾌감 같은 것은 하느님으로부터 나오는 것이 아니다.
　　하느님으로부터는 오로지 평화와 평안만 나온다.

✝✝✝   1996년 1월 16일

　　나에 대한 사랑을 표현하면, 네 마음은 기쁨을 느끼게 될 것이다. 그 기쁨을 모든 사람이 느낄 수 있을 것이다.
　　그들도 역시 나에 대한 사랑을 보여주기만 한다면 말이다.

✝✝✝

††† 1996년 1월 16일

—— 주는 사랑이, 더 큰 사랑이다.

††† 1996년 1월 16일

네 마음 안에서 사랑이 자라고 있을 때, 만나는 사람들에게 사랑을 전하면, 그 사랑이 네 주변에서 무성하게 자라날 것이다.

††† 1996년 1월 16일

천국으로 통하는 길이 있다. 그것은 예수의 길이다. 천국으로부터 멀어져 가는 수많은 길이 있다. 그것은 악의 길이다.
때때로 어떤 길이 올바른 길인지 구별하기가 곤란해지곤 한다. 너무나도 많은 함정과 거짓말이 진리의 길로부터 사람들을 속여서 다른 곳으로 데려 가기 위해 이용되고 있기 때문이다.
만일 겸손과 사랑으로 생명의 길을 따라 걷고, 네가 하느님의 자녀라는 것을 알고, 예수의 말씀을 진리라고 인정하면, 너는 하늘 나라에 도달할 수 있을 것이다.

† † †

††† 1996년 1월 18일

　　내 사랑의 빛 속에서는 오로지 선만이 살아갈 수 있다.
내 사랑의 빛 속에서는 오로지 진리만 존재할 수 있다.
　　내 사랑의 빛 속에서는 오로지 기쁨만 발견할 수 있다.

　　(요한 12 : 36 ── 빛이 너희 곁에 있는 동안에 그 빛을 믿어, 빛의 자녀가 되어라.)

††† 1996년 1월 18일

　　사랑의 기쁨, 사랑의 평화, 사랑의 희망.
　　예수가 바로 사랑이다.
　　사랑,
　　완전한 사랑.
　　사랑,
　　영광스러운 사랑.
　　사랑,
　　참된 사랑.
　　예수가 바로 사랑이다.
　　사랑의 주님, 바로 사랑인 주님.
　　바로 하느님인 주님…… 예수.

† † †

††† 1996년 1월 19일

새는 하느님을 믿고 자유롭게 날아 다니고 있다.
── 새처럼 되어라.

††† 1996년 1월 19일

나는 존재한다. 나는 존재해 왔다. 나는 존재할 것이다.
지금, 영원히, 항상……
하느님.

††† 1996년 1월 20일

믿음 안에서는 모든 것이 가능하다.
믿음을 가지면 모든 것이 될 수 있다.
사랑 안에서 믿음이 더욱 강해진다.
겸손 안에서 사랑은 진실되게 된다.
서약 안에서 모든 것이 주어진다.
봉사 안에서 모든 것이 받아들여진다.

†††

††† 1996년 1월 20일

네가 나의 일을 행할 때에는 믿어라.
네가 나의 일을 행할 때에는 믿음을 가져라.
네가 나의 일을 행할 때에는 겸손하여라.
네가 나의 일을 행할 때에는 사랑을 보여주어라.
네가 나의 일을 행할 때에는 나에 대한 서약과 봉사를 나타내 보여주어라.

††† 1996년 1월 20일

네가 나의 일을 행할 때는 얼마나 기쁜 지 모른다. 나에게는 그것을 지켜보는 기쁨이 있고, 너에게는 그것을 베푸는 기쁨이 있다.

††† 1996년 1월 20일

믿음을 가져라.
그러면 곤궁에 처해 있는 사람들을 보살피는 하느님의 사랑을 볼 수 있을 것이다.

†††

††† 1996년 1월 20일

나의 일은 거기에 있으니…… 그것을 행하여라.
나의 사랑은 거기에 있으니…… 그것을 함께 나누어라.
나의 성심은 열려 있으니…… 구하여라.

††† 1996년 1월 21일

영혼을 구원하는 기쁨, 희망을 가져다주는 사랑.
하느님의 자비.

††† 1996년 1월 21일

겸손, 사랑 그리고 진리…… 이 모든 것은 하느님으로부터 나오며 모두 너를 위한 것이다.

††† 1996년 1월 22일

나의 친구는 네 친구이고, 나의 가족은 네 가족이며,
나의 교회는 네 교회이다.
나의 교회를 통하여 나의 우정을 모든 사람에게 전하여라. 그리고 그들로 하여금 내 가족의 일원이 되게 하여라.

††† 1996년 1월 22일

　　그들이 하느님을 찾으러 와서 나는 그들을 가득 채워주었다. 그들이 지금 나를 발견했으나 계속해서, 계속해서 찾는 것이 중요하다.
　　왜냐 하면, 더 이상 찾을 것이 없다고 생각해서는 안 되기 때문이다.

††† 1996년 1월 22일

　　어린이들 안에서 순수한 사랑을 보아라. 모든 사람이 그것을 가져야 한다. 어린이들 안에서 완전한 믿음을 보아라. 모든 사람이 그것을 가져야 한다.
　　어린이들 안에서 미래를 위한 희망을 보아라. 모든 사람이 그것을 가져야 한다.

††† 1996년 1월 23일

　　마음 속으로부터 우러나오는 기도는 나의 성심에 받아들여진다.
　　기도를 가지고 고민할 때, 만일 그 기도가 마음 속으로부터 우러나온 것이라면, 그것은 좋은 기도니까 무가치한 것이라고는 생각하지 말아라.

✝✝✝　1996년 1월 25일

　　모든 순간이 하나의 기도이다. 모든 생각이 하나의 선물이다. 모든 행동이 하느님을 영광되게 한다.
　　네 생활을 이런 식으로 이해하고, 모든 사람이 너에게서 나의 사랑을 보게 하여라.

✝✝✝　1996년 1월 25일

　　모든 사람 안에서 나의 사랑을 보고, 그리고 기도와 희망으로 나의 사랑을 밖으로 끌어내어라. 모든 사람 안에서 무엇이 될 수 있는가를 보고, 그들을 위해 기도하여라.
　　모든 사람 안에서 네가 사랑하고 있는 형제나 자매를 보고, 그들을 위한 기도로 마음을 활짝 열어라.
　　이런 식으로 너는 그들이 내 안에서 참된 자아가 되도록 도와줄 수 있다.

✝✝✝　1996년 1월 25일

　　기도는 마음을 열어준다. 그리고 성령이 그 마음을 가득 채워주어서 마음은 하느님의 것이 된다.

✝ ✝ ✝

††† 1996년 1월 25일

태양의 광선이 생명에 필요한 빛과 따스함을 공급해주듯이, 나의 아들 예수의 빛이 네 영혼을 밝혀주고 네 마음을 따스하게 해주도록 하여라.

††† 1996년 1월 25일

황금 옥좌에 나는 영광 속에 앉아 있다……. 그 영광은 곧 하느님이다. 황금 옥좌에 나는 기쁨 속에 앉아 있다……. 그 기쁨은 곧 사랑이다. 황금 옥좌에 나는 앉아서 나의 자녀들이 내 사랑을 함께 나누기를 기다리고 있다. 그 사랑은 그들을 기쁨으로 가득 채우고, 그들에게 나의 영광을 가져다줄 것이다.

††† 1996년 1월 25일

그 사람이 선한가 악한가, 죄를 짓는가 짓지 않는가는 모든 사람에게 달려 있다. 모든 사람은 자유선택권을 갖고 있다. 따라서 그들이 성장하느냐 쇠퇴하느냐는 것은 그 선택에 의해서 결정된다.
　　매일, 매순간 선택을 해야 한다. 그것은 선한 것과 악한 것에 대한 선택이다. 그 중간의 선택은 없다. 결정을 내려야 할 선택이 너무나도 많기 때문에, 많은 사람들이 이따금 잘못된 선택을 하는 것은 별로 놀랄 일이 아니다. 그리고 많은 사람들이 혼란을 일으키는 것도 무리가 아니다.

만약 모든 사람이 스스로 결정을 내릴 수 있을 정도로 성숙해질 때까지, 일상 생활을 안전하게 인도해줄 부모를 완전히 믿는 자녀가 된다면, 만약 모든 사람이 나를 부모로 받아들이고, 나로 하여금 그들이 결정해야 할 선택을 통해서 인도하게 해준다면, 그들은 올바른 선택을 했다는 것을 알게 될 것이다.

그리고 평화롭고, 기쁨이 넘치는 영원한 삶으로 자신을 이끌어 간다는 것을 알게 될 것이다.

††† 1996년 1월 28일

악마의 덫에 걸리기가 쉽다. 그러므로 절망에 빠지기 전에 기도로 막아야 한다.

††† 1996년 1월 28일

한 송이의 꽃을 보아라. 그리고 그 아름다움을 보아라. 그것은 어디로부터 온 것일까? 어떻게 꽃은 그처럼 영광스럽게 피어날 수가 있을까?

동물을 보아라. 그리고 동물이 생명에서 느끼는 기쁨을 보고, 하느님에 대한 완벽한 믿음을 보아라. 어떻게 동물은 그것을 손에 넣을 수가 있었을까?

사람들을 보아라. 그리고 그들의 개성을 보고, 차이점과 유사점을 보아라. 어떻게 이런 일이 있을 수 있을까?

생명의 아름다움은 하나의 선물이다. 그것이 나의 사랑 안에서 자유로이 성장하게 될 때, 기쁨이 되는 선물이다.

하느님을 믿으면, 그 실존을 위해 모든 것이 공급되어 인생은 즐길 수 있는 영광스러운 보물이 된다. 이런 믿음을 가지면 서로 사랑하게 되고, 서로의 차이점을 받아들이고, 서로를 같은 가족의 일원으로, 하느님의 가족으로 보게 된다.

††† 1996년 1월 31일

믿음은 힘을, 나의 사랑 안의 힘을 가져다준다. 믿음은 희망을, 나의 사랑 안의 희망을 가져다준다. 믿음은 기쁨을, 나의 사랑 안의 기쁨을 가져다준다.

나의 사랑이 네 희망에 응답을 하고, 너를 기쁨으로 가득 채워줄 것이라는 것을 믿어라.

††† 1996년 1월 31일

믿음 안에서, 희망 안에서, 신뢰 안에서, 사랑 안에서 그리고 하느님 안에서 모든 것은 가능해진다.

† † †

††† 1996년 2월 4일

　　남들을 도와주겠다고 제안하는 것은 어느 때이고 해야 한다. 제안할 때, 너는 반드시 사랑을 나타내 보여야 한다.
　　그것을 받아들일 때, 그들은 너의 소망과 또한 너의 필요에 대해 존경을 나타내 보여야 한다.

††† 1996년 2월 5일

　　그것은 네 마음 안에 있고, 그것은 네 영혼 안에 있으며, 그것은 바로 네 존재 안에 있다…….
　　그것은 무엇인가? 나의 사랑이다. 왜냐 하면, 그것은 너를 창조한 나의 사랑으로부터 나온 것이기 때문이다.
　　이것을 진실로 이해할 때, 그리고 네가 사랑으로 창조되었다는 것을 알 때가, 바로 네가 내 안에서 네 운명을 달성할 때이다.

††† 1996년 2월 6일

　　하루의 시작은 놀라운 선물의 시작이고 영원한 여명이다. 매일은 내가 인류에게 주는 놀라운 선물이다.
　　매일은 나에게 오는 걸음의 시작이 될 수 있으며, 영원한 사랑으로 인도해 갈 수 있다.

††† 1996년 2월 6일

인간의 마음은 내 안에서 강해지거나 혹은 자아 안에서 강해질 수 있다. 첫 번째 것은 기쁨으로 인도해주고, 두 번째 것은 슬픔으로 인도해준다.

(잠언 7 : 1-2 —— 내 아들아, 내 말을 지키고 내 계명을 마음에 간직하여라. 내 계명을 지켜라. 네가 살리라. 내 가르침을 네 눈동자처럼 지켜라.)

††† 1996년 2월 7일

구세주인 나의 아들 예수는 언제나 네 기도를 들어주고, 네 기도를 사랑으로 나에게 전달한다.

††† 1996년 2월 7일

네가 나와 함께 보내는 시간은 네가 성장하는 시간이다. 너는 이것을 보거나 이해하지 못할 지도 모르고, 네가 발버둥치고 있거나 실패를 했다고 느낄 지도 모르지만, 자신이 성장하고 있다는 것을 알게 된다.
왜냐 하면, 그런 느낌을 알아채는 것이 성장의 한 부분이기 때문이다.

††† 1996년 2월 8일

　　묵주 기도는 사랑으로 가득 차고, 생명으로 가득 차고, 용서로 가득 차고, 하느님으로 가득 찬 것이다.

　　(이사야 8 : 3 —— 나는 여예언자를 가까이하였다. 그러자 그 여자가 잉태하여 아들을 낳았는데, 그때에 주님께서 나에게 분부하셨다. '그의 이름을 마헤르-샬랄-하스-바스라 불러라.')

††† 1996년 2월 8일

　　네 어머니와 함께 드리는 사랑의 기도. 나의 아들 예수의 생명의 기도. 하느님 안에서 자신의 마음을 활짝 열고, 이 아름다운 기도의 진리를 보는 사람들에게 생명을 가져다주는 용서하는 사랑의 기도.
　　그 기도가 바로 묵주 기도다.

††† 1996년 2월 8일

　　또 다른 의문이 네 마음 속에 떠오르거나, 무슨 일이 일어날 지도 모른다는 걱정이 생기거나, 미래에 대한 불안감이 떠오르면, 그냥 믿어라……
　　나를 믿어라!

(이사야 50 : 10 ── 주님의 이름을 신뢰하고 자기 하느님께 의지할지어다.)

††† 1996년 2월 8일

── 믿음은 힘을, 사랑의 힘을 가져다준다.

††† 1996년 2월 11일

가령 우물 속을 내려다 보더라도, 너는 그 밑바닥을 볼 수는 없을 지도 모른다. 그러나 그 밑바닥이 거기에 있다는 것은 알게 될 것이다.
나의 사랑도 그와 같다. 너는 나의 사랑을 볼 수는 없을 지도 모르지만, 거기에 있다는 것은 알게 될 것이다.

††† 1996년 2월 11일

너 자신을 나의 사랑으로 감싸거라. 그리고는 다른 사람들을 그 따스함과 평화 속으로 데리고 들어오너라.
함께 나누는 사랑은 참된 사랑이다. 자신을 위해 남겨 놓은 사랑은 불안정한 사랑이다.
나의 사랑을 함께 나누고, 나의 안전을 너의 가족 모두에게 전파하여라.

††† 1996년 2월 12일

그날 중 가장 더울 때에는 휴식을 취하여라. 나의 사랑이 뜨거울 때에는 마음에 평화를 누려라. 일시적인 격정에 사로잡힐 때에는 감정을 갈아앉혀라. 싸움이 백열화할 때에는 강해져라.
화(火)가 머리 끝까지 날 때에는 용서하여라. 시련이 극에 달할 때에는 극복하여라. 완강하게 거부할 때에는 사랑하여라.

(마태오 11 : 29 ── 나는 마음이 온유하고 겸손하니 내 멍에를 메고 나에게 배워라. 그러면 너희가 안식을 얻을 것이다.)

††† 1996년 2월 15일

네 마음 안에서 사랑을 찾아라. 네 마음 안에서 평화를 찾아라. 네 마음 안에서 나를 찾아라.
네 영혼 안에서 하느님의 사랑을 보아라. 네 영혼 안에서 하느님의 평화를 보아라. 네 영혼 안에서 나를 보아라.
네 정신 안에 나의 사랑을 담으라. 네 정신 안에 나의 평화를 담으라. 네 정신 안에 나의 성령을 담으라.
네 마음과 영혼은 나의 성령으로 가득 채워졌을 때, 많은 사람들의 마음에 불을, 하느님의 불을 붙이게 될 것이다.

††† 1996년 2월 18일

다른 사람들의 감정을 이해하려면 사랑이 필요하다. 그리고 그들의 요구에 응하려면 사랑이 필요하다……. 그 사랑이 되어라.

††† 1996년 2월 20일

성공은 네가 얼마나 많은 돈을 벌어들이느냐를 의미하는 것이 아니라, 얼마나 많은 영혼을 구원했느냐를 의미하는 것이다.

††† 1996년 2월 23일

어느 날, 한 사람이 내 앞으로 다가와서 온 인류를 용서해줄 것을 부탁했다.
그는 속죄를 하기 위해 자신의 몸과 피를 바쳤다. 그는 자신을 바쳤다.
이 사람은, 온 인류에게 남을 위하여 자기 자신을 희생하는 것은 네가 형제와 자매에게 줄 수 있는 가장 큰 사랑의 행위라는 것을 보여주었다.

그렇다. 이 사람은 하느님이었으며 지금도 하느님인 예수이다. 예수는 사랑 안에서의 희생만큼 위대한 것은 없다는 것을 보여주었다.

이 메시지는 종종 무시되고 거부당하고 있지만, 진리의 메시지다. 인류는 지금 서로를 위해 희생할 필요가 있다. 곧 사랑 안에서의 희생, 베푸는 속에서의 희생 그리고 희망 안에서의 희생을 할 필요가 있다.

그래야만 인류가 지금까지 숨겨 온 참된 사랑이 찬란하게 빛을 발할 것이고, 평화가 이 세상에 돌아올 것이다.

††† 1996년 2월 25일

평화 안에서 사랑을 찾아라.
왜냐 하면, 평화가 있는 곳에 사랑이 있기 때문이다.
희망 안에서 사랑을 찾아라.
왜냐 하면, 희망이 있는 곳에 사랑이 있기 때문이다.
진리 안에서 사랑을 찾아라.
왜냐 하면, 진리가 있는 곳에 사랑이 있기 때문이다.
나의 아들 예수는 사랑 안에서 찾을 수 있는 평화이며, 진리이며 희망이다.
왜냐 하면, 예수는 사랑이기 때문이다.

†††

††† 1996년 2월 25일

　　근심꺼리는 뒤에 남겨 두고, 나의 사랑을 구하여라. 걱정꺼리는 그것이 속해 있는 곳에 남겨 두고, 나의 성심을 구하여라. 두려움을 멀리 떨어진 곳에 남겨 두고, 나의 선물을 구하여라.

　　7성사를 통해서 나의 사랑을 찾아라. 7성사를 통해서 나의 성심으로 들어오라.

　　그리고 7성사를 통해서 나의 선물을 찾아라.

　　(요한 14 : 1 ── 너희 마음이 산란해지는 일이 없도록 하여라. 하느님을 믿고 또 나를 믿어라.)

††† 1996년 2월 25일

　　천국에서 아버지와 함께 있으려면 예수를 따르라. 나의 아들 예수는 성심으로 너를 인도하여 나에게로 데리고 올 것이다.

††† 1996년 2월 25일

　　모든 사물에서 창조의 아름다움을 보는 것은 선물이다. 존재하고 있는 모든 것에서 나의 손을 보는 것은 은총이다.

창조물을 통하여 사랑의 일치, 하느님과의 일치를 보는 것은 나의 사랑을 이해하도록 너를 친절하게 이끌어 주는 선물이다.

✝✝✝　1996년 2월 26일

나의 아들 예수는 죄인들을 용서하기 위해 왔고, 길 잃은 사람들을 인도하기 위해 왔으며 그리고 하느님의 사랑을 보여 주기 위해 왔다.

나의 아들 예수를 본받으려면, 너는 똑같이 해야 한다. 즉 용서하고, 인도하고, 사랑해야 한다.

이렇게 그대로 행하면, 네 안에서 예수의 빛을 볼 수 있을 것이다.

✝✝✝　1996년 2월 26일

하느님을 위해 일하는 사람은 동료를 위해 일하는 것과 같다. 왜냐 하면, 하느님의 일을 행하면 그것은 남을 도와주고, 사랑하는 것을 뜻하기 때문이다.

때때로 사람들은 나를 사랑하고 나의 일을 한다고 공언하고 있지만, 그들은 동료를 사랑으로 대하지 않고 마음을 매정하게 닫아 버린다.

내가 요구하는 것처럼 사랑하지 않고 돕지를 않는다면,

그들이 어떻게 나의 일을 행하고, 나를 진실로 사랑할 수 있겠느냐?

(신명기 5 : 32 —— 그러므로 너희는, 주 너희 하느님께서 너희에게 명하신대로 그것들을 명심하여 실천해야 한다. 너희는 오른쪽으로도 왼쪽으로도 벗어나서는 안 된다.)

††† 1996년 2월 26일

네 마음 안에 항상 형제와 자매를 담아 두어라. 그렇게 하면, 네 마음이 나에게로 열릴 것이다.

††† 1996년 2월 28일

나의 성심 안에서 평화를 찾아라. 나의 성심 안에서 사랑을 찾아라. 나의 성심 안에서 희망을 찾아라.
나의 성심은 나의 아들 예수를 통하여 너에게 열려 있다.

††† 1996년 2월 29일

나의 백성들은 길을 잃었다. 나의 백성들은 혼란에 빠졌다. 나의 백성들은 나쁜 길로 들어섰다.

나의 아들 예수를 통해서 그들은 길을 찾을 수 있고, 혼란에서 벗어날 수 있으며, 옳은 길을 찾을 수 있을 것이다.

(에제키엘 18 : 31 —— 너희가 지은 모든 죄악을 떨쳐버리고, 새 마음과 새 영을 갖추어라.)

†††　1996년 3월 1일

7성사를 통해서 너에게 힘을 주는 주 예수를 찬미하여라. 7성사를 통해서 너에게 선물을 주는 성령을 찬미하여라.
　나의 아들 예수를 통해서 너에게 사랑을 주고, 성령의 선물을 통해서 사랑을 키워준 하느님 아버지를 찬미하여라.

†††　1996년 3월 1일

피로를 느꼈을 때는 휴식을 취하여라. 길을 잃었다고 느꼈을 때는 기도하여라.
　공허하다고 느꼈을 때는 성사를 받으라.
　피로와 공허감과 길을 잃었다는 느낌은 기도와 성사를 통해서 얻는 나의 힘을 네가 필요로 하고 있다는 징후이다.

† † †

††† 1996년 3월 6일

 네 기도는 묵주 기도에서 사랑의 사슬이 된다. 네 기도는 묵주 기도에서 꽃다발이 된다.
 네 기도는 나의 딸, 마리아의 기도와 합쳐져서 나에게 바치는 아름다운 사랑의 노래가 된다.

††† 1996년 3월 6일

 결코 서두르지 말고 천천히 하여라. 결코 두려워하지 말고 침착하여라. 결코 걱정하지 말고 믿어라.

††† 1996년 3월 7일

 한 남자가 어느 날, 한 여자를 보고 말했다. "나는 네 주인이다. 너는 나보다 열등한 존재다!" 그 순간부터 남자들은 그 말을 믿게 되었다.
 그 때부터 여자들은 남자들보다 열등한 존재로 취급을 받게 되었다. 이것은 얼마나 교만하고 건방진 짓인가!
 나는 여자를 창조했는데, 인생에서 동반자가 되도록 남자와 동등하게 만들었다. 그런데 어떻게 남자들은 여자들을 자신들보다 못한 존재로 대우를 할 수 있는가? 이것은 죄악이다. 곧 교만의 죄이고, 나의 창조물을 세상에서 올바른 지위에 올려 놓는 것을 거부한 죄이다. 그리고 여자는 남자 밑에 존재하는 것이 아니라, 남자 옆에 서 있는 존재이다.

✝✝✝　1996년 3월 7일

　　교회 안에는 서로 다른 역할이 있는데, 어떤 역할은 남자를 위한 것이고, 어떤 역할은 여자를 위한 것이다. 나는 일부 남자들을 나의 사제로 임명하고, 일부 여자들은 수녀로 임명하여 신부들의 봉사를 도와주도록 하였다.
　　두 역할은 서로 다르지만, 모두 똑같이 중요하다.
　　만약 내가 요구하는 대로 성직자 모두가 겸손해지면 교회는 강해질 수 있지만, 성직자 일부가 교만과 이기심을 갖게 되면 교회는 약해질 수 밖에 없을 것이다.
　　오늘날의 많은 경우, 교만이 앞서서 어떻게 하면 출세를 할 수 있을까, 또는 자신의 역할이 아닌 것을 차지할 수 있을까를 생각하고 있다.
　　만약 이런 길을 따라 간다면, 교회는 약해진다. 만약 이런 길을 거부하면, 교회는 강해질 것이다.
　　나의 성직자들아, 자신의 마음 속을 들여다 보아라. 그리고 나를 따를 것인지, 아니면 네 교만을 따를 것인지를 생각해 보아라.

　　(잠언 14 : 8 ── 영리한 이의 지혜는 갈 길을 깨닫게 하지만 우둔한 자의 미련함은 속임수일 따름이다.)

†††　1996년 3월 7일

　　나의 사랑은 너를 완전히 둘러싸고 있다. 나의 사랑은 너를 가득 채우려고 기다리고 있다. 나의 사랑은 너를 위해 있다.

†††　1996년 3월 7일

　　하느님 아버지는 사랑하기 때문에 베푼다.
　　나의 아들 예수는 사랑하기 때문에 자기 자신을 바쳤다.
　　성령은 사랑하기 때문에 찾아온다.
　　하나의 사랑, 하나의 하느님, 하나의 진리!

†††　1996년 3월 7일

　　사랑의 샘물이 십자가 위에 있는 내 아들 예수의 옆구리에서 흘러 나왔다. 사랑의 샘물이 온세상 위로 흘러 내리고 모든 사람 주위로 흐르고 있다. 사람들이 겸손하게 이 선물을 받아들이면 깨끗이 씻어주고, 사랑으로 가득 채워준다.

　　(다니엘 7 : 14 ── 그에게 통치권과 영광과 나라가 주어져 모든 민족과 나라, 말이 다른 종족이 그를 섬기게 되었다.)

† † †

††† 1996년 3월 8일

　　기도 중에 너는 네 앞에 있는 예수의 생명을 발견한다.
　　기도 중에 너는 예수의 사랑을 느낀다.
　　기도 중에 너는 예수 안에서 하느님의 영광을 본다.

　　기도는 놀라운 선물이다.
　　기도는 특별한 은총이다.
　　기도는 사랑의 영광스런 징표이다.

　　(마르코 11 : 24 ── 그러므로 내가 너희에게 말한다. 너희가 기도하며 청하는 것이 무엇이든 그것을 이미 받은 줄로 믿어라. 그러면 너희에게 그대로 이루어질 것이다.)

††† 1996년 3월 11일

　　기도 중에 발견하는 기쁨은 내가 너에게 주는 은총이다. 기도 중에 함께 나누는 사랑은 내가 너에게 주는 선물이다.
　　기도 중에 발견하는 생명은 하느님을 위한 생명이다.
　　그것은 하느님의 은총과 하느님의 선물로서 모든 사람에게 베풀어주는 생명이다.

† † †

✝✝✝   1996년 3월 11일

　　도와주기를 원하는 것은 칭찬할 만한 일이다. 도움을 제의하는 것은 참된 사랑이다.
　　도움을 주는 것은 하나의 기도이다.

✝✝✝   1996년 3월 12일

　　오늘 마음으로부터 기도를 하기 위해 네 영혼을 열어라. 오늘 성령으로 너를 가득 채워주는 기도를 하기 위해 네 마음을 열어라. 오늘 기도하고, 기도하고 또 기도하여라!

　　1996년 3월 13일

　　나의 사랑은 모든 사람을 똑같이 에워싸고 있다. 그러나 대부분의 사람은 그것을 알아채지 못한다. 모든 사람은 나의 사랑에 의해서 존재하고 있다. 그러나 대부분의 사람은 이것을 이해하지 못한다.
　　나의 사랑은 모든 것 안에, 그리고 어느 곳에나 있지만, 많은 사람은 그것을 믿지 않는다. 만약 그것을 믿는다면, 식물과 동물 그리고 동료를 현재와 같이 대하지는 않을 것이다.

✝ ✝ ✝

††† 1996년 3월 13일

올바른 사람은 모든 사람과 함께 나눈다. 올바른 사람은 모든 사람을 용서한다. 올바른 사람은 모든 사람을 사랑한다.
나의 아들 예수는 올바른 사람이어서, 자신의 사랑을 모든 사람과 함께 나누고, 모든 사람에게 용서를 베푼다.

(집회서 11 : 17 —— 주님의 선물은 경건한 이들 곁에 머물고 그분의 호의는 항구하게 성공으로 이끈다.)

††† 1996년 3월 13일

인류는 너무나도 오랜 동안 죄악 속에서 살아 왔다.
이제 변화될 때가 되었다. 이제 미움이 아니라 사랑을 할 때가 되었다. 지금 이 당장에!

††† 1996년 3월 14일

매일 네 앞에 있는 나의 사랑을 보아라. 매순간 네 안에서 나의 사랑을 느껴라. 매발자국마다 너를 인도하는 나의 사랑을 느껴라. 나의 사랑은 나의 아들 예수이다.

††††

††† 1996년 3월 17일

하느님을 찬미하면서 네 인생을 보내라. 하느님에게 감사하면서 네 인생을 보내라. 하느님의 사랑 속에서 영원한 인생을 보내라.

††† 1996년 3월 17일

모든 사람은 성인이 될 수 있도록 창조되었으나, 그것을 받아들이거나 거부하는 것은 그 개인에게 달려 있다.
어떤 사람들은 생활 속에서 그것을 완벽하게 받아들여서 세상에서 성인이 되지만, 다른 사람들은 발버둥치거나 성인이 되는 데 좀 더 많은 시간이 걸린다.

(시편 116 : 18 —— 주님께 나의 서원들을 채워드리리, 그분의 모든 백성 앞에서.)

††† 1996년 3월 18일

네 생명을 나에게 선물로 바치면 네 생명은 완전해진다.

†††

††† 1996년 3월 18일

　　아무런 보상도 바라지 않고 도와주는 친구가 참된 친구이다. 사랑 때문에 도와주는 친구가 용감한 친구이다.
　　하느님의 영광을 위하여 도와주는 친구가 영원한 친구가 될 것이다.

††† 1996년 3월 20일

　　감사하는 마음으로 기도를 하여라.
　　사랑 안에서 기도를 하여라. 내 안에서 기도를 하여라.

††† 1996년 3월 20일

　　사랑의 집, 희망의 집, 하느님의 집, 기도하는 집.

††† 1996년 3월 20일

　　아무 것도 하지 않고 있는 순간에 나를 생각하는 것은 좋은 일이다.
　　왜냐 하면, 그렇게 하면 그 순간이 네 마음과 영혼에 소중한 사랑의 순간이 되기 때문이다.

✝✝✝　1996년 3월 20일

　　네 인생에서 나의 사랑을 보아라.
　　네 인생에서 나의 사랑을 살아라.
　　네 인생에서 나의 사랑을 함께 나누어라. 그러면 너는 다른 사람들을 나에게 인도하는 어둠 속의 빛이 될 것이다.

✝✝✝　1996년 3월 20일

　　나의 아들 예수는 매순간마다 인류에게 성심을 베풀고 있다. 나의 아들 예수는 매순간마다 인류에게 희생을 베풀고 있다. 나의 아들 예수는 매순간마다 인류에게 용서를 베풀고 있다.
　　매순간은 사랑의 순간이다. 매순간은 용서의 순간이다.
　　매순간은 자비의 순간이다.
　　매순간을 포착하여 그것을 예수가 너에게 주는 선물로 받아들이도록 하여라.

✝✝✝　1996년 3월 21일

　　네가 나의 일을 행하면, 너는 사랑으로 충만해진다. 네가 나의 일을 행하면, 너는 나의 사랑을 함께 한다. 네가 나의 일을 행하면, 너는 사랑이 된다.

††† 1996년 3월 21일

네가 필요로하는 힘은 7성사와 기도 안에서 찾을 수 있다…….
——이것을 항상 명심하도록 하여라.

††† 1996년 3월 22일

십자가 위에 매달린 것은 하느님의 사랑이었다. 거부당하고, 욕을 먹고, 모멸을 당하고, 십자가에 못박힌 것은 하느님의 사랑이었다.
그러나 그 때조차도 사랑은 남아 있었다. 그 사랑은 모든 사람에게 베풀어주었다.
그 사랑은 곧 하느님의 용서이다. 그 사랑은 결코 죽지 않는다. 그 사랑은 항상 존재하고 있다.

(예레미야 51 : 17 —— 사람은 누구나 어리석고 지식이 부족하다. 대장장이는 누구나 우상 탓에 수치를 당한다. 사실 그가 부어 만든 상은 가짜라서 그 안에 숨결이 없기 때문이다.)

††† 1996년 3월 24일

나의 아들 예수를 따르면 너는 천국에 도달할 것이다. 나의 아들 예수를 따르면 너는 나에게 기쁨을 가져다줄 것이다.
　　나의 아들 예수를 따르면 너는 내 가족의 일원이 될 것이다. 천국에서 너는 내 가족의 일원으로서 모든 기쁨 중에서 가장 큰 기쁨을 발견하게 될 것이다.

†††　1996년 3월 24일

　　자식들은 부모의 말을 종종 무시하지만, 그것이 중요한 사안일 때는 부모를 찾고 부모의 말에 귀를 기울인다.
　　이것은 신뢰와 사랑의 징표이다. 어떤 사람들은 그것을 나타내는 데, 때로는 곤란을 느낀다.

†††　1996년 3월 24일

　　나의 아들 예수는 사랑하고, 보호해 주고, 인도하기 위해서 네 옆에 항상 함께 있다. 나의 아들 예수는 네 힘을 굳세게 하고, 격려하고, 결정하는 것을 도와주기 위해서 네 옆에 항상 함께 있다.
　　나의 아들 예수는 너를 지켜보고, 도와주고, 악이 도망치고 숨도록 하기 위해서 네 옆에 항상 함께 있다.

　　(시편 107 : 1 ── 주님께 감사드려라. 선하신 분이시니 그분의 자애는 영원하시니.)

††† 1996년 3월 24일

　　나의 딸 마리아는 ……완벽한 베품, 완벽한 사랑, 하느님 안에서 완벽하다.
　　나의 딸 마리아는 ……하느님의 사랑, 인간의 사랑, 모든 사람의 사랑이다.
　　나의 딸 마리아는 ……하느님의 어머니, 인간의 어머니, 자비의 어머니이다.

††† 1996년 3월 24일

　　사랑의 두 성심은 예수와 마리아이다. 베품의 두 성심은 예수와 마리아이다. 평화의 두 성심은 예수와 마리아이다.

　　(스바니야 3 : 14 ── 딸 시온아, 환성을 올려라.)
　　(2 고린토 13 : 11 ── 서로 뜻을 같이하고 평화롭게 사십시오. 그러면 사랑과 평화의 하느님께서 여러분과 함께 계실 것입니다.)

††† 1996년 3월 27일

　　나를 위해서 일하면, 모든 보상 중에서 가장 큰 보상, 곧 천국에서의 내 사랑을 받게 될 것이다.

††† 1996년 3월 27일

사랑 안에서 7성사의 선물을 받아라. 그리고 사랑 안에서 네 선물을 나누어 가져라.

††† 1996년 3월 31일

아버지의 사랑은 그분의 가족 모두를 위한 사랑이다.
아버지의 희망은 그분의 모든 자녀를 위한 희망이다.
아버지의 보살핌은 그분의 모든 자녀를 도와주려는 보살핌과 모든 자녀의 미래에 대한 희망이다.

††† 1996년 3월 31일

네 마음 안에서 겸손을 찾아라. 네 마음 안에서 사랑을 찾아라. 네 마음 안에서 나를 찾아라.

††† 1996년 3월 31일

예수를 사랑하여라. 성령을 사랑하여라. 네 아버지인 나를 사랑하여라. 그리고 너를 가득 채우고 있는 사랑의 삼위일체(천주 성삼)를 찾아라.

✝✝✝　1996년 3월 31일

　　성령의 열매가 모든 사람이 볼 수 있도록 놓여 있다. 성령의 선물이 모든 사람이 가질 수 있도록 놓여 있다. 성령의 종이 겸손하게 서 있다.

　　(시편 78 : 7 —— 이들이 하느님께 신뢰를 두고 하느님의 업적을 잊지 않으며 그분의 계명을 지키어,)

✝✝✝　1996년 3월 31일

　　함께 나누는 사랑은 강화된 사랑이 된다. 베푼 사랑은 보충된 사랑이 된다. 바친 사랑은 살아 있는 사랑이 된다.

　　(아가 2 : 2 —— 아가씨들 사이에 있는 나의 애인은 가시덤불 사이의 백합꽃 같구나.)

✝✝✝　1996년 3월 31일

　　다른 사람의 필요를 생각한다면, 너는 열린 마음으로 생각하는 것이다. 자기 자신의 필요를 생각한다면, 너는 닫힌 마음으로 생각하는 것이다.
　　네 마음을 다른 사람들에게 열어 놓는다면, 네 마음과 내가 하나가 된다.

††† 1996년 4월 1일

　　네 어머니 마리아는 네 인생의 모든 순간에 너와 함께 하고 있다……. 지켜보고, 보살펴주고, 도와주고, 사랑하고 그리고 너를 내 성심 속으로 더욱 깊이 인도해주면서…….
　　마리아의 손을 잡고, 예수와 성령과 아버지인 나에게로 이르는 길을 찾아라.

††† 1996년 4월 3일

　　완벽하게 나누어라. 완벽하게 베풀어라. 완벽하게 사랑하여라……. 그것이 나의 뜻을 행하는 것이다.

††† 1996년 4월 5일 (성 금요일)

　　이 날의 모든 순간은 ……슬픔의 순간이고 고통의 순간이다. 이 날의 일초 일초는 ……괴로움의 일초이고 학대의 일초이다. 나의 아들 예수가 살았던 이 날의 모든 순간은 그에게 슬픔의 순간이었으며, 육신과 영혼의 커다란 고통의 순간이었다.
　　나의 아들 예수가 학대를 당하고 죽임을 당했을 때, 모든 순간은 괴로움으로 가득 찬 채 지나갔다.
　순결하고 다감한 나의 아들 예수는 고통과 고난으로 가득 채워졌다. 나의 아들 예수는 세상 사람들에게 하느님을 일깨워 주고, 이 세상에서 필요한 것, 곧 용서의 필요에 응답해주었다.

††† 1996년 4월 5일

　하느님 아버지 자신이 아들 예수에게 중죄인의 형벌인 십자가의 죽음을 받아들이게 한 것은 많은 사람들에게 대단히 이상하게 생각되었을 것이다.
　만약 인류가 나의 아들 예수의 수난을 진실로 이해하고, 그대로 받아들일 수 있다면, 그들의 마음에서 죄악이 사라질 것이다.
　이 날 예수가 행한 것은, 온 인류의 죄를 성심으로 떠맡고, 죄의 대가를 지불한 것이다. 이런 식으로 예수는 온 인류의 죄값을 치루었던 것이다.
　예수는 온 인류의 고난을 자신의 것으로 받아들이고, 완전하고 겸손한 사랑으로 그것들이 속해 있던 곳으로 되돌려 보냈다.
　예수는 모든 사람을 대신하여 그 자리에 서서 모든 사람이 죄를 극복하게 만들었다. 이것을 수용하고 베풀어 준 용서를 받아들이느냐 마느냐는 전적으로 그 사람 자신에게 달려 있다.
　이런 선물을 거부함으로써, 많은 사람들은 일찍이 하느님이 내려준 가장 큰 선물, 곧 구원의 선물에 등을 돌렸다. 그리고 이 거부와 함께 영원한 파멸의 문을 열었다.
그리고 거기서 그들은 죄값을 치루지 않으면 안 되었다.

(시편 106 : 8 —— 그러나 그분께서는 당신 이름 때문에 그들을 구하셨으니 당신 위업을 알리시기 위함이었도다.)

††† 1996년 4월 5일

나의 아들 예수가 고통을 당한 것처럼 나도 고통을 당했다.
나의 아들 예수가 베푼 것처럼 나도 베풀었다.
나의 아들 예수가 바친 것처럼 나도 바쳤다.
예수는 나와 하나가 되고, 성령과 결합한 한 분이신 참 하느님이다.

††† 1996년 4월 5일

예수와 함께 걷는 것은 예수와 함께 나누는 것을 의미한다. 곧 이것은 예수의 사랑과 고통과 용서를 함께 나누는 것을 뜻한다.

† † †

††† 1996년 4월 5일

나의 아들 예수는 죄가 저질러질 때마다 고통을 느낀다. 모든 죄는 예수의 면류관의 가시가 되고, 모든 죄는 예수의 몸에 박히는 못이 된다.

††† 1996년 4월 6일

인류를 기다리고 있는 희망은 잠들어 있다. 인류를 기다리고 있는 기쁨은 쉬고 있다. 인류를 기다리고 있는 진리는 나의 품 안에서 평화롭게 누워 있다.
예수, 희망, 기쁨 그리고 진리가 인류를 잠에서 깨우고 해방시킬 것이다.

††† 1996년 4월 11일

십자가 위의 나의 아들 예수, 십자가 위의 나. 십자가 위의 나의 아들 예수, 십자가 위의 인류. 십자가 위의 나의 아들 예수, 그의 사랑을 통해서 하느님과 함께 인류와 결합한다.

(이사야 22 : 24 —— 그러면 그 가문의 온갖 것들 곧 새싹과 잎파리들, 온갖 작은 그릇과 대접에서 온갖 항아리들에 이르기까지 모두가 그에게 매달리리라.)

✝✝✝　1996년 4월 15일

　　사랑으로 걸어 나아가라.
　　왜냐 하면, 사랑은 귀를 기울이는 사람에게 평화를 가져다주기 때문이다.
　　희망으로 걸어 나아가라.
　　왜냐 하면, 희망은 귀를 기울이는 사람에게 기쁨을 가져다주기 때문이다.
　　하느님에게 걸어 나아가면, 귀를 기울이는 사람에게 희망을 가져다주고, 참된 평화를 가져다주는 내 사랑으로 가득 채워준다.
　　걸어 나아가서 필요한 곳이면 어디든지 가서 나의 사랑을 전하여라.
　　걸어 나아가서 혼란이 있는 곳이면 어디든지 가서 나의 평화를 전하여라.
　　걸어 나아가서 사람들이 있는 곳이면 어디든지 가서 나의 희망을 전하여라.
　　나를 위해 걸어 나아가서, 네가 나를 사랑하고 있다는 것을 이 세상에 보여주어라.

✝✝✝　1996년 4월 18일

　　믿는 것은 좋은 일이지만, 믿음 안에서 옳은 길을 걸어가야 하는 책임이 뒤따른다.

그렇지 않으면, 너는 마땅히 일어날 일을 가로막거나 지연시키게 되기 때문이다.

†††　1996년 4월 18일

함께 있을 때는 한 몸이 되어라. 헤어져 있을 때도 같은 상태를 유지하여라. 결합했을 때는 내 안에서 한 몸이 되어라.
함께 있을 때는 너는 한 몸이고, 헤어져 있을 때도 너는 한 몸이고, 결혼했을 때도 내 안에서 한 몸이다.

†††　1996년 4월 20일

나의 양손에 모든 사람에게 줄 것을 충분히 가지고 있다. 하지만 누가 그것을 믿겠느냐?
나의 성심 안에 모든 사람을 위한 사랑을 간직하고 있다. 하지만 누가 그것을 원하겠느냐?
나의 아들 예수를 통해서 모든 사람을 용서하였다. 하지만 누가 그것을 이해하겠느냐?
나는 모든 것을 베풀지만 되돌려 주기를 거의 요구하지 않는다. 오로지 내가 요구하는 것은 사랑 뿐이다.

†††

††† 1996년 4월 22일

　　어느 날, 어떤 사람이 물고기를 잡고 있었다. 그리고 조용히 앉아서 물 속을 응시하고 있던 그 사람은 물 속에서 사는 물고기에 대해 생각을 하기 시작했다. 물고기란 얼마나 놀라운 창조물인가!

　　그 사람은 물이 어떻게 물고기를 위해 저기에 있는가, 그리고 어떻게 물고기가 살아 남기 위해 필요한 것이 모두 물 속에 있는 것일까 하고 생각했다. 물고기와 물과 물고기의 먹이 사이에는 얼마나 오묘한 사슬 관계가 있는가! 거기에 있는 모든 것은 완벽한 조화를 이루고 있으며, 거기에 있는 모든 것은 그 이유에 대해서 걱정하는 일 없이, 거기에 영원히 계속 존재할 것이라는 사실을 단순히 받아들이고 있다.

　　그 사람은 어째서 인간은 창조물에 대해 믿음을 갖지 못하는 것일까 하고 의아하게 생각했다. 그리고 물고기를 위해 있는 것과 똑같이 모든 것이 인간을 위해 존재하고 있다는 것을 알게 되었다. 모든 것은 언제나 존재해 왔다.

　　다만 그 사람이 그것을 이전에는 미처 알아보지 못했을 뿐이다. 그리고 그 사람은 창조물은 정말로 놀라운 것이고, 필요한 모든 것을 공급하기 위해 설계된 방식에 놀라기 시작했다. 그리고 창조된 모든 것들이 협력하여 주어진 것들을 경신하고 보충 하도록 작용하고 있는 것에 놀랐다.

　　그리고 그 사람은 생각했다. 이런 창조물의 복잡한 시스템을 감안할 때, 이런 일이 일어나는 원인은 결코 우연일 수가 없다. 왜냐 하면, 모든 일에는 어떤 계획이 있는 것처럼 보이고,

모든 것이 계속 창조물을 살아 있도록 하기 위해 공동 노력을 하고 있는 것처럼 보이기 때문이었다.

만약 창조물이 그처럼 복잡하고, 또 계획된 것이라면, 누군가가 그것을 그렇게 만들었음에 틀림 없다고 그 사람은 생각했다.

모든 것이 조화와 평화 안에 존재하도록 만들어졌다면, 누가 그것을 만들었든 간에 자비심에 넘치고 친절한 존재임에 틀림 없다.

그리고나서 그 사람은, 그분은 틀림 없이 하느님일 것이라고 이해하기 시작했다. 그리고 창조주임에 틀림 없으며 우리에게 필요한 모든 것을 하느님이 공급해 주었다고 이해했다. 그 사람은 그 사실을 이전에는 전혀 몰랐다는 것이 믿기지 않았다. 왜냐 하면, 그것은 너무나도 명백한 사실이었기 때문이다.

인류는 어느 면에서 이 사람과 비슷하다. 그 사람은 너무나도 명백한 사실에 대해 눈을 감고 있었던 것이다. 그 사람은 하느님의 창조 계획에 대해 눈을 감고 있었으며, 하느님에 대해 눈을 감고 있었던 것이다.

어느 날, 인류의 눈이 열릴 것이고, 그때 어떻게 그토록 명백한 것을 무시했을까 하고 의아해할 것이다.

††† 1996년 4월 24일

내가 존재하고 있다는 것을 확신하여라. 내가 너와 함께 있다는 것을 확신하여라. 내가 존재한다는 것을 확신하여라.

††† 1996년 4월 29일

　삶을 사랑하여라, 그것은 선물이니까——.
　사랑을 생활하여라, 그것은 기쁨이니까——.
　만약 삶을 사랑 안에서 살 수 있다면, 내가 너에게 주는 선물인 참된 기쁨을 발견할 수 있을 것이다.

††† 1996년 5월 1일

　옛날에 힘이 세고 인생의 모든 난관을 극복할 수 있다고 자신하는 사람이 살고 있었다. 그는 자기 자신에 의존하고 살았기 때문에 다른 사람은 전혀 필요가 없었다.
　어느 날, 그는 병에 걸리게 되어 더 이상 자기 자신을 지탱할 수가 없었다. 몸이 쇠약해진 그는 다른 사람들이 필요하다는 것을 발견했다.
　한편, 자기 자신을 나약하기만 하다고 생각하는 사람이 있었다. 하느님이 그를 도와주지 않으면 아무 일도 할 수 없을 정도였다. 몸이 약한 그는 남들을 도와줄 수 있는 힘을 자신에게 달라고 하느님에게 호소하곤 했다.
　어느 날, 그 두 사람이 만났다. 그때 자신을 허약하다고 생각하는 사람은 상대방을 돕기 위해 할 수 있는 모든 것을 행했다. 그는 하느님에게 그러한 것을 행할 수 있는 힘과 동정심을 베풀어 달라고 호소했다. 그는 남을 돕는 데 필요한 힘을 내려줄 수 있는 것은 하느님 뿐이라는 것을 알고 있었기 때문이다.

　　평소에 강한 힘을 자랑하고 있던 사람은 제공된 도움을 받아들였다. 그리고 약한 사람이 얼마나 많은 일을 자신을 위해 해 주고, 또 얼마나 많은 도움을 주었는가를 알았을 때, 그리고 자기보다 약한 사람이 자신을 위해 끝까지 뒷바라지를 멈추지 않는 것을 보았을 때, 그는 도대체 그런 힘이 어디서 나오는지 궁금해졌다.

　　그는 나약한 사람에게 물었다. "어떻게 당신은 그렇게 많은 일을 할 수가 있습니까? 도대체 당신은 그 에너지를 어디에서 얻습니까?" 나약한 사람이 대답했다. "당신을 돕고 있는 힘을 가진 분은 내가 아닙니다. 그 분은 하느님이십니다. 그분은 남들과 나누어가질 선물로 그 힘을 나에게 주십니다."

　　"나는 옛날부터 어느 누구보다도 힘이 세다고 생각해 왔습니다." 하고 강한 사람이 말했다. "하지만 지금 나는 당신이 생명의 참된 힘을 갖고 있다는 것을 알았습니다. 그 힘은 하느님의 사랑 안에서 발견되는 힘입니다. 지금 당신이 얼마나 부러운 지 모릅니다."

　　"나를 부럽게 생각하지 마십시오." 하고 약한 사람이 대답했다. "당신은 하느님 쪽으로 돌아서기만 하면 됩니다. 그러면 그 분이 모든 사람을 위해 충분이 많이 가지고 계시다는 것을 알게 될 것입니다. 당신이 진실로 원하면, 하느님께서는 나에게 주신 것처럼 당신에게도 주실 것입니다."

　　(바룩 3 : 14 ── 현명함이 어디에 있고 힘이 어디에 있으며 지식이 어디에 있는지를 배워라. 그러면 장수와 생명이 어디에

있고 눈을 밝혀주는 빛과 평화가 어디에 있는지를 함께 깨달으리라.)

††† 1996년 5월 2일

예수는 너를 도와주기 위하여 기다리고, 강해지게 하기 위하여 기다리며, 사랑하기 위하여 기다리면서 항상 네 옆에 있다.
곤경에 처했을 때는 이것을 기억하고, 예수 안에서 평화를 찾도록 하여라.

††† 1996년 5월 2일

곤경에 처했을 때의 기도는 강한 기도이다.
비록 그렇게 생각되지 않더라도 참고 인내할 때의 기도는 강한 기도이다.

††† 1996년 5월 2일

성사 안에서 사랑을 찾아라. 성사 안에서 평화를 찾아라.
성사 안에서 나의 사랑 안에서 성장해가고 나의 평화로 충만해 있는 너 자신을 발견하여라.

††† 1996년 5월 2일

너는 미사에서 나의 아들 예수의 희생을 보아라.
너는 미사에서 나의 아들 예수의 선물을 보아라.
너는 미사에서 나의 아들 예수를 똑 바로 보아라.

(시편 95 : 6 —— 들어가 몸을 굽혀 경배드리세. 우리를 만드신 주님 앞에 무릎을 꿇으세.)

††† 1996년 5월 4일

    우정 안에서 모든 사람이 용서받는다. 우정 안에서 모든 사람이 이해받는다. 우정 안에서 모든 사람이 사랑받는다.

††† 1996년 5월 4일

용서와 사랑과 이해는 우정에서 나온다.
모든 사람의 친구가 되어라.

††† 1996년 5월 4일

모든 사람의 친구가 되는 사람은 하느님의 친구가 된다.

모든 사람을 용서하는 사람은 하느님한테 용서를 받는다.
다른 사람들을 이해하는 사람은 하느님이 용서해주고, 하느님이 친구라고 부를 것이다.

††† 1996년 5월 4일

새 날이 밝아온다, 하느님의 사랑의 날이. 새 날이 밝아온다, 하느님의 자비의 날이.
매일은 모든 사람을 위해 하느님의 자비로운 사랑이 기다리고 있는 새 날이다.

††† 1996년 5월 5일

기도하기가 어렵더라도 계속하면, 훌륭한 기도가 된다.
왜냐 하면, 그런 노력이 나에 대한 사랑을 보여주기 때문이다.

††† 1996년 5월 7일

끊임 없이 기도를 하여라. 7성사 안에서 힘을 찾아라. 그리고 남에게 베풀어라.

††† 1996년 5월 8일

—— 믿음은, 보상을 받게 된다.

††† 1996년 5월 8일

아무런 의심 없이 아버지가 요구하는 것을 무슨 일이든 하는 아들은 참된 아들이다. 아버지의 뜻을 끝까지 따르는 아들은 하늘 나라에서 보상을 받게 된다.
아버지를 너무나 사랑한 나머지, 요구하는 것은 무엇이든 다 주고, 그것을 끝까지 돌보는 아들은 하늘 나라의 특별한 곳에 가게 된다.

††† 1996년 5월 9일

근심하지 말고 믿으라. 의심하지 말고 믿으라. 초조해하지 말고 믿으라.

††† 1996년 5월 9일

기도하고, 기도하고 또 기도해서 네 힘을 찾아라. 사랑하고, 사랑하고 또 사랑해서 하늘로부터의 도움을 찾아라.

베풀고, 베풀고 또 베풀어서 삶의 길을 찾아라.

(지혜서 11 : 21 ── 당신께서는 언제든지 막강한 힘을 발휘하실 수 있습니다.)

†††   1996년 5월 9일

나의 사랑을 믿으면 네가 원하는 것을 모두 받을 수 있다. 나의 아들 예수는 나의 사랑이니까, 그를 믿으라.

†††   1996년 5월 9일

치유받기 위하여 기도하는 것은 나를 믿는 것을 의미한다. 믿고 신뢰하고 내 사랑의 기적을 보아라.

(시편 138 : 3 ── 제가 부르짖던 날 제게 응답하시고 저를 당당하게 만드시어 제 영혼에 힘이 솟았나이다.)

†††   1996년 5월 9일

기도 중에 하느님에 대한 너의 사랑을 기억하여라. 기도 중에 너에 대한 나의 사랑을 기억하여라.

기도 중에 나에 대한 사랑을 기억하고, 너의 사랑은 너에 대한 나의 사랑으로부터 나온다는 것을 알아라.

††† 1996년 5월 9일

성령은 네 기도에 응답하려고 곁에서 기다리고 있다. 성령은 모든 사람이 겸손한 사랑으로 요구하면 들어준다. 성령은 곁에 있으니까, 성령의 뜻을 항상 믿고 받아들여라.

††† 1996년 5월 12일

비록 아무리 어렵더라도, 비록 아무리 상황이 곤란하더라도 …… 항상 부드럽게, 상냥하게, 친절하게 사랑을 가지고 살아라. 이런 식으로 나에 대한 네 사랑을 보여주어라.

††† 1996년 5월 12일

네가 하느님의 사랑을 발견할 수 있는 곳이면 어디든 고향이다. 네가 예수의 이름으로 환영을 받는 곳이면 어디든 고향이다. 고향은 영원한 곳이다.

††ingroup † † †

††† 1996년 5월 14일

── 진리를, 항상 기억하여라.

††† 1996년 5월 14일

사랑의 잔을 마시는 것은 사랑을 나누는 것을 뜻한다. 용서의 빵을 먹는 것은 모든 사람을 용서해주는 것을 뜻한다.
성체 안의 몸과 피를 통하여 나의 아들 예수와 결합하면, 너는 하느님의 사랑과 용서로 가득 채워질 것이다. 그것이 바로 내가 너와 나누기를 열망하고 있는 것이다.

††† 1996년 5월 17일

── 항상 진실하고, 정직하고, 겸손하고 사랑하여라.

††† 1996년 5월 17일

어느 날, 어떤 사람이 들판에서 자라고 있는 백합꽃을 바라보며 앉아 있었다. 그 사람은 돌봐주는 사람이 아무도 없는데도 어떻게 그처럼 아름답게 피어 있을까 하고 의아하게 생각했다. 그 꽃들은 황야의 들판에서 야생으로 자라고 있었던 것이다. 그 사람은 하느님이 저 꽃들을 돌보아주고, 성장하여 아름답게 꽃을 피우는 데 필요한 모든 것을 공급해주고 있다는 것을 이해하지 못했다.

　　인간이 만일 마음을 활짝 열고, 필요로하는 모든 것을 내가 베풀어 줄 것이라는 것을 믿는다면, 인간의 경우도 마찬가지다. 나를 믿기만 한다면, 인간은 성장하여 본래 창조된 대로 아름다운 영혼을 꽃피울 수 있을 것이다.

†††　1996년 5월 19일

　　사랑에 대한 생각은 인간이 가져야 할 유일한 생각이다. 사랑의 말은 인간이 이야기해야 할 유일한 말이다.
　　사랑의 행동은 인간이 행해야 할 유일한 행동이다.
　　이것을 행할 때, 너는 이 세상에서 나의 빛, 나의 은총에 의해서 많은 사람을 구원하는 빛이 될 것이다.

†††　1996년 5월 20일

　　인생은 여행과 같아서, 그 길에는 목적지에 도달하는 것을 막기 위한 수많은 혼란과 함정이 기다리고 있다. 만약 네가 여행의 목적지에 정신을 집중하고, 나의 아들 예수가 마련해 준 인생의 지도를 갖고 있다면, 그런 혼란이 말끔히 사라져 버릴 것이고, 쉽게 목적지, 곧 천국을 찾을 수 있을 것이다.

✝✝✝   1996년 5월 20일

생명의 빵 안에서 예수를 찾아라. 예수 안에서 생명을 찾아라.
용서의 포도주 안에서 예수를 찾아라. 예수 안에서 용서를 찾아라.
성찬의 빵과 포도주 안에서 예수의 용서하는 사랑을 찾아라. 그러면 참된 생명을 얻게 될 것이다.

(루가 18 : 30 —— 현세에서 여러 곱절로 되받고 내세에서는 영원한 생명을 받을 것이다.)

✝✝✝   1996년 5월 25일

너 자신을 새롭게 하기 위해 나의 아들 예수의 성혈로 너 자신을 씻으라. 네 영혼을 살찌우기 위해 나의 아들 예수의 몸을 받아 먹으라.
네 마음의 평화를 찾기 위해 영성체로 나의 예수와 하나가 되어라.

✝✝✝   1996년 5월 26일 (성령 강림 대축일)

오늘, 하느님의 아들의 교회가 태어났다. 오늘, 성령으로 충만한 교회가 만들어졌다. 오늘, 예수의 어머니 도움에 의해서 사도들이 그리스도의 새로운 몸이 되었다.

오늘, 성령이 하느님의 완전한 사랑으로 사람들의 마음을 가득 채웠다.

사람들은 자신의 운명이 하느님의 손 안에 있다는 것과, 그리고 약속을 모두 지킬 것이라는 것을 하느님의 어머니 도움에 의해서 받아들여야 한다.

오늘, 모든 인간은 똑같은 도움을 받고 있다. 오늘, 성령이 하느님을 믿는 사람들의 마음과 영혼을 가득 채워주기 위해 기다리고 있다.

오늘, 예수는 자신의 삶 속에 예수를 받아들인 사람들에게 성령을 보내줌으로써 다시 한 번 약속을 지켰다.

(로마서 8 : 2 —— 그리스도 예수님 안에서 생명을 주시는 성령의 법이 그대를 죄와 죽음의 법에서 해방시켜 주었기 때문입니다.)

(요한 16 : 13 —— 그러나 그분 곧 진리의 영께서 오시면 너희를 모든 진리 안으로 이끌어 주실 것이다.)

(1 디모테오 2 : 6 —— 당신 자신을 모든 사람의 몸값으로 내어 주신 분이십니다. 이것이 제때에 드러난 증거입니다.)

††† 1996년 5월 26일

아내와 남편은 나의 눈으로 보면 한 몸이다. 가족은 사랑 안에서, 곧 나의 사랑 안에서 합쳐진다. 남자와 여자와 하느님의 유대는 결코 끊어져서는 안 된다.

　　(집회서 19 : 20 —— 온전한 지혜는 하느님을 경외함이니 온전한 지혜 안에 율법의 실천과 그분의 전능에 대한 지식이 들어 있다.)

††† 　1996년 5월 27일

　　—— 믿음이 커지면 커질수록 그 선물도 커진다.

††† 　1996년 5월 27일

　　인내와 평화와 기도, 기도 안에서 인내를 가져다주는 평화를 찾아라.

††† 　1996년 5월 31일

　　사랑을 하는 아들은 참된 아들이다. 용서를 하는 아들은 사랑스런 아들이다.
　　인간의 약점을 이해하고, 사랑으로 그 약점을 용서하는 아들은 나의 아들이다.

††† 1996년 5월 31일

나의 사랑, 나의 성심, 나의 아들 예수. 나의 기쁨, 나의 행복, 나의 아들 예수. 나의 용서, 나의 희망, 나의 아들 예수.
나의 아들 예수는 모든 사람을 성심의 깊은 곳으로부터 사랑하고, 용서를 받아들이는 사람들에게 기쁨과 행복을 가져다 주고, 하느님 안에서 보다 나은 미래의 희망을 가져다준다.

††† 1996년 6월 6일

믿고 기다리고, 그 다음에 받아들이는 것이 믿음의 증표이다. 사랑하고 공경하고, 그 다음에 행하는 것이 믿음의 증표이다. 베풀고 또 베풀고, 그 다음에 다시 베푸는 것이 믿음의 증표이다.

††† 1996년 6월 6일

인내를 나타내는 사람은 남을 위해 배려한다는 것을 나타내는 것이다. 이해를 나타내는 사람은 남을 위해 걱정한다는 것을 나타내는 것이다. 참을성있는 이해심을 나타내는 사람은 남을 사랑한다는 것을 나타내는 것이다.

†††

††† 1996년 6월 6일

사랑은 구석구석까지 비춘다. 사랑은 모든 것을 극복한다. 사랑은 승리를 거둔다. 사랑, 오직 사랑 뿐이다.

††† 1996년 6월 6일

봉사 안에서 사랑하여라. 봉사 안에서 살아라. 봉사 안에서 영원히 사랑으로 살아라.

††† 1996년 6월 6일

강물 속을 들여다보면, 연어들이 최종 목적지에 도달하기 위해 죽을 힘을 다 해서 헤엄쳐 올라 가는 것을 볼 수 있을 것이다. 그 목적지란 생명의 종착역을 의미하는 것이다. 그러나 또한 그들이 낳는 알들에게는 새로운 생명의 시작이기도 하다.

이 세상에서 인간이 얼마나 고군분투하고 있는가를 생각해 보아라. 그리고 고군분투하는 것은 너무나도 비슷하지만, 그 보상은 전혀 다르다. 최종 목적지에 도착했을 때, 죽음으로부터 어떻게 새로운 생명을 얻을 수 있는가를 생각해 보아라.

연어의 경우는, 그들이 죽고 새로운 연어가 태어난다. 인간의 경우는, 하느님과 함께하는 영원한 생명으로 다시 태어나기 위해 죽는다.

††† 1996년 6월 7일

나의 아들 예수는 인류를 볼 때, 모든 사람을 형제나 자매로 보고, 모든 영혼을 가족으로 보고, 모든 사람을 자녀로 본다.

나의 아들 예수가 갖고 있는 사랑은 모든 사람을 가득 채우고도 남는다.

††† 1996년 6월 7일

사랑으로 기다리는 것이 맹목적으로 서두는 것보다 훨씬 낫다. 모든 것은 기다리는 사람에게 찾아오는 법이다.

††† 1996년 6월 9일

하늘에 떠 있는 구름을 보고, 강과 바다에 있는 물을 보고, 이 세상에 있는 흙을 보아라. 서로 너무나도 다르지만, 모두 하나의 목적을 갖고 있으며, 모두 나에게서 나온 것이다. 땅 위에 사는 동물들을 보고, 하늘을 나는 새들을 보고, 바다 속의 물고기들을 보아라.

서로 너무나도 다르지만, 모두 하나의 목적을 갖고 있으며, 모두 나에게서 나온 것이다.

서로의 다른 점들을 보고, 서로에 대한 필요성을 보아라.

그리고 어떻게 서로를 도와주고 있는가를 보아라.

이것은 인간에게도 해당되는 이야기다.

서로 너무나도 다르지만, 모두 나에게서 나왔으며, 모두 서로를 지원하고 도와주기 위해 존재하는 것이다.

──이것이 바로 창조인 것이다.

††† 1996년 6월 10일

인간의 생각은 좋은 생각이거나 나쁜 생각일 수가 있다. 인간의 생각은 좋거나 나쁘게 영향을 받을 수가 있다. 인간의 생각은 좋은 것이 될 수도 나쁜 것이 될 수도 있다.

──그 선택은 인간의 몫이다.

악한 생각을 품었을 때는 악한 일이 일어난다. 선한 생각을 맞아들일 때는 선한 일이 일어난다. 간단한 선택이지만, 그 선택을 하기는 너무나도 어렵다.

악한 생각이 마음 속에 있을 때는 선한 것에 대해 생각하여라. 선한 생각이 마음 속에 있을 때는 그것에 따라 행동하여라.

선은 하느님으로부터 나온다. 악은 하느님을 거부한다. 하나의 분명한 선택을 하여라.

현명하게 선택하여라. 그리고 무엇을 선택했는지를 똑똑히 알아라.

† † †

††† 1996년 6월 11일

나는 존재하고, 나는 존재해 왔으며, 앞으로 항상 존재할 것이다. 이 말은 이해하기 곤란하겠지만, 그 속에는 하느님에 대한 특징이 잘 나타나 있다. 나는 지금 존재하고 있다. 나는 항상 존재해 왔다. 나는 영원히 존재할 것이다.
── 나는 현존한다. 나는 현존하고 있다. 나는 영원히 존재한다.
나는 한 처음에 존재했다. 나는 시작이다. 나는 끝이다. 나는 하느님이다.

(이사야 47 : 10 ── 너는 네 사악함으로 자신만만하여 '아무도 나를 보지 않는다.'고 말하였지만 너의 지혜와 너의 자신이 너를 현혹시켜 너는 마음속으로 '나뿐이다. 나 밖에는 없다.'고 생각하게 되었다.)

††† 1996년 6월 13일

생명의 길을 걷고 있을 때, 만나는 모든 사람도 같은 길을 걷고 있다는 것을 기억하여라.
그러나 때때로 지금까지 자신들을 올바른 길로, 곧 예수의 길로 인도해 온 지시를 따르지 않는 사람들이 있다.

† † †

††† 1996년 6월 17일

자녀들에 대해 걱정을 하는 것은 당연한 일이다.
왜냐 하면, 인간 존재의 일부이기 때문이다.
부모의 마음 속의 근심걱정은 사랑의 깊이를 나타낸다. 그것은 내가 한 처음에 인간에게 베푼 사랑이었다.

††† 1996년 6월 19일

나의 아들이 되려면 사랑하여라. 네 하느님인 나를 사랑하고, 네 이웃을 사랑하고, 내가 창조한 모든 사람을 사랑하여라.
이것을 진실로 사언행위로 행할 때, 너는 나의 가족이라는 것을 보여주게 된다.

††† 1996년 6월 24일

아침의 기도. 한낮의 기도. 밤의 기도.
──항상 기도하여라.
그러면 너는 더욱 성숙해질 것이다.

†††

††† 1996년 6월 28일

　나와 함께 걸을 때는 항상 겸손하여라. 나를 위해 이야기할 때는 항상 겸손하여라. 나를 위해 베풀 때는 항상 겸손하여라. ——항상 겸손하여라!
　겸손은 네가 나에게 바칠 수 있는 사랑의 선물이다. 겸손으로 너는 나를 진심으로 사랑하고 있다는 것을 보여주기 때문이다.

††† 1996년 6월 29일

　사랑을 나누고, 사랑을 베풀면 사랑이 자꾸만 커간다.

††† 1996년 6월 29일

　하느님과의 우정, 그것이야말로 유일한 참된 우정이다.

††† 1996년 6월 29일

　언제나 승리를 하는 것은 진리이다. 속임수는 결국에 가서는 탄로가 나고 만다. 속임수는 금세 들통이 나지 않을 지도 모르지만, 언젠가는 꼭 탄로가 나고 만다.

속임수는 선한 것을 나쁜 것으로 바꿔 놓는다. 속임수는 사람의 마음을 경직시킨다. 그리고 속임수는 고통을 가져다줄 뿐이다.

속임수로 살고 있는 모든 사람은 진리를 받아들여야 한다. 그렇지 않으면 그들은 영원히 길을 잃어버리게 될 것이다.

††† 1996년 6월 30일

앞길에 대해서 호기심을 갖는 것은 이해할 수 있는 일이다. 누가 호기심을 갖지 않겠는가? 앞길에 대해서 걱정을 하는 것은 불필요한 일이다.

왜냐 하면, 걱정은 아무 것도 바꿔 놓을 수가 없기 때문이다.

††† 1996년 6월 30일

영혼을 구원하는 것은 내가 베푸는 가장 큰 선물이다. 그리고 나는 그것을 나의 아들 예수를 통해서 베풀고 있다.

(2 마카베오 3 : 31 ── 그러자 헬리오도로스의 동료 몇이 급히 오니아스에게 가서, 거의 마지막 숨을 넘기며 죽어 가는 그의 목숨을 살려 주시도록 지극히 높으신 분께 간청하여 달라고 부탁하였다.)

††† 1996년 7월 1일

　　인간의 표층 밑에는 깊숙히 자리잡은 사랑, 곧 내가 인류에게 준 본래의 참된 사랑이 있다. 오늘날 이 사랑을 발견하는 것은 매우 어렵다.
　　왜냐 하면, 죄의 겹겹이 쌓인 층이 그것을 가려 버리고 변질시키기 때문이다.
　　때때로 죄가 극치를 이루어서 인류는 그것을 알아채지도 못한다.
　　이 표층이 더욱 더 커지면, 인간의 마음은 더욱 더 차거워지고, 죄를 점점 더 많이 받아들여서 표층은 점점 더 두터워진다.
　　만약 인류가 계속 바뀌지 않는다면, 어느 날엔가는 이 사랑을 수많은 죄의 층들이 완전히 뒤덮어 버리고 앙금이 껴서, 그 표층을 떼어내기가 더욱 곤란해질 것이다.
　　나의 아들 예수가 네 영혼을 깨끗이 씻어낼 기회를 주었으니, 그 사랑을 다시 한 번 빛나게 하여라.
　　자아, 이제부터는 모두 예수에게로, 사랑에게로 돌아서라. 그러면 그 사랑이 너를 영원히 살도록 돌봐줄 것이다.

　　　　(에제키엘 14 : 6 —— 주 하느님이 이렇게 말한다. 돌아오너라. 너희 우상들에게서 돌아서라. 너희의 그 모든 역겨운 것에서 얼굴을 돌려라.)

†††

††† 1996년 7월 4일

　도와주는 사람에게 감사하여라. 베풀어주는 사람에게 칭찬을 하여라. 그러나 하느님에게는 오로지 영광을 돌려드려라.

††† 1996년 7월 4일

　──하느님의 친구, 사랑의 친구, 영원한 친구.

††† 1996년 7월 5일

　진리는 악을 이겨낸다. 빛은 어둠을 이겨낸다. 희망은 절망을 이겨낸다.
　나는 나의 아들 예수를 통해서 희망을 가져다주는 진리이고, 예수는 성령과 함께 어둠 속을 환히 비쳐주는 빛이다.

††† 1996년 7월 7일

　겸손은 마음을 활짝 열고 나에게 완전히 순종하도록 너를 이끌어주는 덕행이다. 겸손하면 창조물 안에서의 참된 위치와 존재 이유를 이해할 수 있게 된다. 겸손은 하느님을 더욱 사랑하고, 네 형제와 자매를 나에게 더욱 가까이 오도록 도와준다.

겸손하면 너는 아무 것도 요구하지 않게 된다. 너도 알다시피, 내가 너에게 필요한 것을 주기 때문이다. 그리고 겸손하면, 내가 너에게 주는 것을 받아들이게 된다.
―― 겸손하여라. 그러면 더욱 강해질 것이다.

†††　1996년 7월 7일

아름다운 것을 보고 감탄하는 것은 내가 창조한 것을 감탄하는 것이다. 내가 모든 것을 창조하였으니, 모든 것에서 아름다움을 보아라.

†††　1996년 7월 7일

미리 판단하지 말아라. 판단을 내리기 전에, 그것이 무엇인지 알 때까지 항상 기다려라.

†††　1996년 7월 7일

희망 안에서 나의 아들 예수의 몸을 받아 먹어라. 사랑 안에서 나의 아들 예수의 피를 받아 마셔라. 나의 아들 예수와 한 몸이 되어, 희망 없이 찾아 헤매고 있는 사람들에게 나의 사랑을 가져다주어라.

나의 사랑은 예수이고, 예수는 유일한 희망이다. 예수를 모든 사람에게 가져다주어라.

†††　1996년 7월 10일

　　──마음 속으로부터 진심으로 기도하여라.

†††　1996년 7월 12일

　　나의 아들 예수는 인류에게 삶을 어떻게 살아야 하는가를 보여 주었다. 예수는 일생 동안 많은 시련과 고통을 겪어 왔다. 그러나 그러한 모든 것을 통해서 이 세상의 모든 형제자매들을 계속 사랑해 왔다. ……인류 전체를 사랑해 온 것처럼──.
　　예수는 인간적인 측면을 극복하여 가장 중요한 것은 영적인 삶이라는 것을 보여 주었다.
　　예수는 또한 인간이 사랑과 영성으로 성장하기 위해 육신이 있다는 것을 보여주었다. 육신은 존재의 전체적인 성장에 중요한 부분이어서, 육신을 지배하면 영적인 힘을 가져다주지만, 육신이 사람을 지배하게 되면, 영적인 쇠약을 가져다준다는 것을 보여주었다. 예수는 이따금 인성과의 싸움을 보여주었는데, 인성과 사랑을 통해서 가르쳐준 본보기에 의해서 유혹을 극복할 수 있다는 것을 보여주었다.
　　예수는 자신이 겪어 본 경험에 의해서 모든 사람을 위해 이정표를 제시해주었다. 그리고 하느님을 믿으면 모든 것을 극복할 수 있다는 것을 보여주었다.

　　(하바꾹 1 : 5 —— 너희 민족들을 보고 또 바라보아라. 질겁하고 또 질겁하여라. 너희 시대에 어떤 일이 이루어지리니 그것을 듣더라도 너희는 믿지 못하리라.)

†††　1996년 7월 12일

　　말을 할 때에는 조심을 하는 것이 현명하다.
　　왜냐 하면, 비록 좋은 의도를 가졌다 하더라도 어리석은 말은 불필요한 말썽을 일으킬 수 있기 때문이다.

†††　1996년 7월 12일

　　말을 현명하게 하여라. 남에게 친절하여라. 그리고 남에게 관대하게 베풀어라.
　　그러면, 나의 아들 예수를 닮게 될 것이다.

†††　1996년 7월 15일

　　네 주위에는 너를 보호하고 인도하는 천사들이 에워싸고

있다. 나의 천사들을 신뢰하여라.
그리고 천사들의 품안은 안전하다는 것을 알아라.

††† 1996년 7월 17일

나의 아들 예수가 너를 하느님 나라로 인도한다. 나의 아들 예수가 너를 영원한 생명으로 인도한다. 나의 아들 예수가 너를 나에게 인도한다.
나의 아들 예수는 네가 나와 함께 영원한 생명을 누리도록 너를 하느님 나라로 인도한다.

(집회서 29 : 11 ── 네 보화를 지존하신 분의 계명에 따라 내놓아라. 그러면 그것이 순금보다 훨씬 이득이 되리라.)

††† 1996년 7월 17일

우정은 부에 의존하지 않고
오로지 사랑에 의존하고 있는 것이다.

††† 1996년 7월 21일

이 세상에는 수많은 다른 국민, 다른 인종, 다른 피부 색깔, 다른 종교가 있다. 그 차이는 많이 있지만, 그래도 모든 사람에게는 공통되는 것이 더 많다.

모든 사람은 삶에서 안정을 구하고, 모든 사람은 충분한 먹을 것을 구하고, 충분히 살아 남기를 구하고 있다. 그리고 모든 사람은 사랑을 구하고, 모든 사람은 행복을 구하고 있다.

차이점을 무시해 버리고, 공통점을 인정해 주어서 인류를 사랑으로 결합시키지 못하는 것이 얼마나 슬픈 일인가!

한데 뭉치면, 인류는 이 세상에 평화와 번영을 가져올 수 있다. 흩어지면, 오로지 고통과 시련이 있을 뿐이다.

†††　1996년 7월 21일

마음의 평화는 사랑, 곧 나의 사랑 안에서 찾을 수 있다.

†††　1996년 7월 26일

네 마음 안에 나의 계명을 진실로 받아들여라. 네 마음 안에 나의 사랑을 진실로 받아들여라.

네 마음 안에 하느님을 진실로 받아들여라. 그러면, 내가 너에게 준 계명이 나의 사랑의 증표라는 것을 알게 될 것이다.

(시편 112 : 1 —— 행복하여라, 주님을 경외하고 그분의 계명들로 큰 즐거움을 삼는 이!)

††† 1996년 7월 28일

유혹은 항상 네 앞에 있다.
유혹을 극복할 힘을 기도와 7성사 안에서 찾아라.

††† 1996년 7월 29일

나의 아들 예수는 인류를 위하여 생명을 바쳤다. 그 대신에 나의 아들 예수가 요구하는 것은 사랑 뿐이다.
나의 아들 예수는 그렇게도 많은 것을 주었지만, 그 대신에 너무나도 적은 것을 요구하고 있다.

††† 1996년 7월 30일

하느님 안에서 너는 믿으라. 하느님 안에서 너는 사랑하여라. 하느님 안에서 너는 봉사하여라.
나에게 하는 봉사는 네가 나를 얼마나 많이 사랑하고 있는가를 나타내고, 네 믿음이 얼마나 깊은가를 나타낸다.

(유딧 12 : 6 ── '주인님께서는 이 여종이 기도하러 나갈 수 있게 허락하도록 명령해 주시기 바랍니다.' 하고 청하였다.)

† † †

††† 1996년 7월 31일

성령은 하느님을 사랑하는 사람들의 마음을 가득 채운다. 성령은 하느님을 위해 일하는 사람들의 영혼을 가득 채운다. 성령은 하느님을 찬미하는 사람들의 삶을 가득 채운다.
성령으로 충만해지면, 모든 일이 가능해진다.

††† 1996년 8월 1일

행동 안에서 나의 사랑을 보는 기쁨은 사랑의 기쁨이다. 그 기쁨으로 너를 가득 채우면, 네 안에서 나의 사랑이 자라는 것을 볼 수 있을 것이다.

(이사야 66 : 14 —— 이를 보고 너희 마음은 기뻐하고 너희 뼈마디들은 새 풀처럼 싱싱해지리라.)

††† 1996년 8월 1일

예수는 모든 사람의 친구이다. 예수는 모든 사람을 위한 구세주이다.
예수는 모든 사람의 하느님이다.

†††

††† 1996년 8월 1일

마음을 활짝 열고, 사랑으로 충만되기를 기다려라. 마음을 활짝 열고, 사랑으로 인도되기를 기다려라. 마음을 활짝 열고, 사랑 안에서 살아가거라.
이것이 인간이 가져야 할 마음가짐이다. 나에게 마음을 활짝 열어라.

(이사야 5 : 1 —— 내 친구를 위하여 나는 노래하리, 내 애인이 자기 포도밭에 대하여 부른 노래를.)

††† 1996년 8월 1일

네가 모든 일을 올바르게 행하는 것은 바로 내가 원하는 일을 행하는 것이다.

††† 1996년 8월 1일

우정과 사랑과 미덕은 모두 함께 따라 다닌다.
왜냐 하면 하느님 안에서 친구일 때, 네가 행하는 것에는 사랑과 미덕이 있기 때문이다.

††† †

††† 1996년 8월 3일

──생활을 할 때, 인간의 생활은 완전해진다.

(잠언 10 : 22 ── 주님의 복은 부를 가져오지만 사람의 노고는 보탬이 되지 않는다.)

††† 1996년 8월 5일

기도하는 생활, 성사를 받는 생활, 사랑하는 생활은 충만된 생활이다.

††† 1996년 8월 5일

미사에서 사랑을 발견하여라. 미사에서 평화를 발견하여라. 미사에서 희망을 발견하여라.
예수는 성체 성사를 통해서 너에게 사랑을 주기 때문이다. 그러므로 네가 성체를 영하면, 마음의 평화와 삶의 희망을 얻게 될 것이다.

(이사야 14 : 27 ── 만군의 주님께서 결정하셨는데, 누가 그것을 꺾을 수 있으랴?)

††† 1996년 8월 8일

은총이 「성삼위 묵주 기도」를 통해서 연옥에 있는 사람들에게 주어진다. 은총이 「성삼위 묵주 기도」를 통해서 고통받는 사람들에게 주어진다. 은총이 「성삼위 묵주 기도」를 통해서 하느님께 더욱 가까이 가려는 사람들에게 주어진다.

하느님께 대한 묵상인, 「성삼위 묵주 기도」를 하는 사람들은 더욱 은총을 많이 받게 된다.

††† 1996년 8월 10일

우정은 이해하는 것을 의미한다. 우정은 배려하는 것을 의미한다. 우정은 사랑하는 것을 의미한다.

예수는 네가 필요로하는 모든 것을 이해하고, 사랑으로 너를 배려하는 친구이다.

(호세아 2 : 23 —— 그 날에 내가 응답하리라. ——주님의 말씀이다.—— 나는 하늘에 응답하고 하늘은 땅에 응답하리라.)

††† 1996년 8월 10일

나의 사랑을 함께 나누는 것이 너의 일이다. 나의 선물을 함께 나누는 것이 너의 의무이다. 함께 나누기를 원하는 것은 너의 선택, 모든 사람에게 선물이 될 수 있는 사랑의 선택이다.

†††   1996년 8월 10일

나를 아는 기쁨은 사랑의 기쁨이다.

(이사야 5 : 1 —— 내 친구를 위하여 나는 노래하리, 내 애인이 자기 포도밭에 대하여 부른 노래를.)

†††   1996년 8월 10일

내가 너에게 주는 선물은 내가 모든 사람의 행복을 위해 주는 것이니, 너는 그것을 모든 사람에게 나누어주어야 한다.
   네가 그렇게 하면, 나는 네가 더 많이 나누어줄 수 있도록 더욱 더 많이 줄 것이다.

†††   1996년 8월 12일

나의 성심에는 모든 백성을 위한 공간이 있다. 나의 성심에는 모든 사람을 위한 공간이 있다. 나의 성심에는 그것을 구하는 이를 위한 공간이 있다.
   ——구하여라, 그러면 얻을 것이다.

††† 1996년 8월 12일

다른 사람들을 위해 걱정하는 것은 나를 사랑하는 것의 일부이다. 그러나 걱정할 때, 다른 사람들의 감정을 해치지 않도록 하여라. ──아울러 그들을 사랑하여라.

††† 1996년 8월 13일

생명의 빵이 영성체를 통해서 인간에게 주어지고 있다. 구원의 피가 성세성사를 통해서 인간에게 주어지고 있다. 영원한 기쁨의 음식이 미사 때 사랑의 성찬식을 통하여 인간에게 주어지고 있다.
나의 아들 예수를 받아 먹으라. 그리고 사랑으로 충만해져라. 나의 아들 예수를 받아 마셔라. 그리고 기쁨으로 깨끗해져라. 나의 아들 예수와 하나가 되어 영원히 살아라.

(요한 15 : 5 ── 나는 포도나무요 너희는 가지이다. 내 안에 머무르고 나도 그 안에 머무르는 사람은 많은 열매를 맺는다. 너희는 나 없이 아무것도 하지 못한다.)

††† 1996년 8월 13일

진실되게, 사랑스럽게 그리고 친절하게 살아서 다른 사람들에게 모범이 되어라.

††† 1996년 8월 21일

    네가 행하는 모든 일에서 겸손하여라.
    왜냐 하면 겸손을 통해서, 나의 사랑에 다른 사람들의 마음을 열게 할 수 있기 때문이다.

††† 1996년 8월 23일

    생활 속에서 사랑하고, 사랑 속에서 생활하여라. 나는 사랑이니, 나를 통해서 참된 생활을 발견하여라.

††† 1996년 8월 24일

    이 세상은 사랑을 필요로하고 있다. 이 세상은 희망을 필요로하고 있다. 이 세상은 평화를 필요로하고 있다. 이 세상의 모든 필요는 나의 아들 예수 안에서 찾을 수 있다.
    왜냐 하면, 예수야말로 이 세상이 필요로하는 모든 것이기 때문이다.

†††

††† 1996년 8월 24일

창조를 통해서 나는 인류에게 내 안에서 살고 내 안에서 성장하도록 모든 것을 주었다.

창조는 나의 선물이다. 그리고 사랑 안에서, 사랑으로 창조되었으니까 모든 창조물은 사랑을 받아야 한다.

††† 1996년 8월 30일

마리아, 나의 딸, 예언자들의 여왕, 하느님의 종, 겸손한 시녀, 하느님을 위해서 하느님과 함께 어떻게 사는가를 보여준 본보기. ──인간이 따라야 할 본보기.

그리고 사랑과 도움을 청하기 위한 어머니.

††† 1996년 8월 30일

모든 사람은 계명들을 지켜야 한다. 모든 계명은 모세와 예수에 의해서 주어졌다.

──모든 계명은 생명의 길이다.

(요나 3 : 3 ── 요나는 주님의 말씀대로 일어나 니느웨로 갔다. 니느웨는 가로지르는 데에만 사흘이나 걸리는 아주 큰 성읍이었다.)

††† 1996년 9월 1일

　　나의 사랑은 모든 사람의 마음을 어루만져주려고 손을 뻗는다. 나의 사랑은 모든 사람의 마음을 가득 채워주려고 손을 뻗는다. 나의 사랑은 모든 사람의 마음을 결합시키려고 손을 뻗는다. 나의 사랑은 예수이다.
　　예수는 사랑하기 위하여 모든 사람에게 손을 뻗는다.

　　(시편 136 : 16 —— 사막에서 당신 백성을 인도하신 분을, 그 분의 자애는 영원하시니.)

††† 1996년 9월 2일

　　7성사에서 발견되는 사랑의 힘은 생활 속에서 죄를 모두 물리치도록 도와준다. 7성사에서 발견되는 사랑의 힘은 모든 고통을 치유해준다. 7성사에서 발견되는 사랑의 힘은 모두가 행복하게 살고 기쁨에 찬 삶을 살도록 도와준다. 7성사는 모든 사람이 그 안에서 힘을 발견하게 해주는 사랑의 선물이다.

　　(이사야 57 : 10 —— 길을 많이 걸어 지쳤으면서도 '헛수고야.' 라고 너는 말하지 않았다. 오히려 너는 네 손의 기운을 얻어 고단한 줄도 모르는구나.)

† † †

††† 1996년 9월 3일

역경을 통하여 사랑하여라. 곤경을 통하여 사랑하여라. 어려운 때를 통하여 사랑하여라.
──사랑하여라. 항상 사랑하여라.

††† 1996년 9월 4일

나의 품 안에 네 고민을 맡겨라. 나의 품 안에 네 걱정거리를 맡겨라. 나의 품 안에 네 자신을 맡겨라.
그러면 네 기도가 응답을 받고, 네 요구가 충족되고, 네 삶이 완전해지는 것을 보게 될 것이다.

††† 1996년 9월 6일

다른 사람들에게 강요해서는 안 된다. 오로지 요청하여라. 강요는 감정을 상하게 할 수 있으나, 요청은 용기를 북돋아 준다.
강요는 대결하는 것이지만, 요청은 남의 감정을 배려하는 것이다.

(이사야 21 : 12 ── 너희가 묻고 싶거든 물어보아라. 다시 와서 물어보아라.)

✝✝✝　1996년 9월 9일

　　삶 안에서 기뻐하여라. 사랑 안에서 기뻐하여라. 하느님 안에서 기뻐하여라.
　　하느님과 함께 사랑 안에 있을 때, 삶은 기쁨이 된다.

　　(잠언 8 : 32 —— 그러니 이제, 아들들아, 내 말을 들어라. 행복하여라, 내 길을 따르는 이들!)

✝✝✝　1996년 9월 11일

　　나의 가족이 되기 위해서는 너는 오로지 원하기만 하면 된다. 나의 가족이 되기 위해서는 너는 오로지 나를 사랑하기만 하면 된다.
　　나의 가족이 되기 위해서는 너는 오로지 나의 사랑을 받아들이기만 하면 된다.
　　나의 가족은 사랑 안에서 영원히 살고, 영원히 하느님 나라의 보상을 즐기게 될 것이다. 나는 자신의 삶에 나의 사랑을 받아들이는 모든 사람에게 이것을 준다.

　　(이사야 44 : 23 —— 주님께서 이 일을 이루셨으니, 하늘아, 환성을 올려라. 땅속 깊은 곳들아, 함성을 질러라.)

✝ ✝ ✝

††† 1996년 9월 11일

사랑을 가지고 기도하여라.
믿음을 가지고 기도하여라.
선을 위해 기도하여라.
——그러면 네 기도가 받아들여질 것이다.

††† 1996년 9월 12일

나의 아들 예수가 고통을 당한 것처럼 나도 고통을 당했다. 나의 아들 예수가 용서한 것처럼 나도 용서했다. 나의 아들 예수가 죄에서 구한 것처럼 나도 죄에서 구했다.
나의 아들 예수는 나와 하나이다.
나의 아들 예수는 나의 성심과 결합되어 있다.
나의 아들 예수는 나의 성령으로 가득 차 있다.
나의 아들 예수는 하느님이다.
나의 아들 예수는 예수이다. 나의 아들은 사랑이다.

(요나 2:10 —— 그러나 저는 감사 기도와 함께 당신께 희생 제물을 바치고 제가 서원한 것을 지키렵니다. 구원은 주님의 것입니다.)

†††

††† 1996년 9월 12일

돈은 선한 일에 쓰일 때에는 기쁨의 원천이 될 수 있다. 그러나 악한 일에 쓰일 때에는 비참의 원천이 될 수 있다.

††† 1996년 9월 12일

전쟁에서는 많은 사람들이 광기로 가득 차 있다. 전쟁에서는 많은 사람들이 죄악의 노예가 된다. 전쟁에서는 많은 사람들이 진리에 눈이 멀게 된다.

전쟁, 그것은 종종 많은 사람들에게 환영받는 무거운 짐이다. 전쟁, 그것은 종종 많은 사람들을 흥분시키는 것으로 간주되는 무거운 짐이다. 전쟁, 그것은 종종 전쟁에 참가한 사람보다는 다른 사람들이 짊어져야 하는 무거운 짐이다.

전쟁은 언제나 회피되고 있지만, 종종 전쟁의 흥분에 눈이 먼 사람들에 의해 환영받고 있다.

그 맹목성은 실은 많은 사람들을 죄악에 봉사하도록 끌어들이는 광기이다.

(이사야 38 : 18 —— 저승은 당신을 찬양할 수 없고 죽음은 당신을 찬미할 수 없으며 구렁으로 내려가는 자들은 당신 성실에 희망을 두지 못하기 때문이옵니다.)

††††

††† 1996년 9월 13일

태양이 하늘에서 찬란하게 빛나고 있는 것처럼, 나의 아들 예수의 사랑도 인류 위에서 그처럼 찬란하게 빛난다. 태양이 하늘을 비추어주는 것처럼, 나의 아들의 사랑도 그를 주님으로 받아들이는 사람들의 가슴을 비추어준다.

태양이 따뜻함을 발산하여 식물을 자라게 하고, 목숨 있는 모든 동물을 생존케하는 것처럼, 나의 아들 예수도 그에게 구하는 사람들의 영혼에 사랑을 발산한다.

나의 아들 예수를 통해서, 모든 사람은 자신의 마음을 비추어주고, 하느님에게 더욱 가까이 가도록 성장을 도와주는 사랑의 따뜻함을 발견할 수 있을 것이다.

(집회서 46 : 2 ── 그가 손을 쳐들었을 때, 성읍들을 거슬러 칼을 빼들었을 때 얼마나 영광스러웠던가!)

††† 1996년 9월 13일

기도는 네 마음을 열어준다.
기도는 네 영혼을 열어준다.
기도는 천국에 이르는 문을 열어준다.

†††

††† 1996년 9월 15일

　　사랑의 얼굴은 예수의 얼굴, 자비의 얼굴은 예수의 얼굴, 하느님의 얼굴은 예수의 얼굴.

††† 1996년 9월 16일

　　강한 힘은 기도 안에서 발견된다. 평화는 7성사 안에서 발견된다. 사랑은 내 안에서 발견된다.

††† 1996년 9월 16일

　　――나의 아들 예수의 사랑은, 영성체에서 발견된다.

††† 1996년 9월 18일

　　네 잠 속에서 평화를 찾아라.
　　네 잠 속에서 사랑을 찾아라.
　　네 잠 속에서 평안을 찾아라.
　　평화로이 잠을 잘 때, 너는 내 사랑 안에서 잠자고 있는 것이다.
　　내 사랑은 네 영혼을 위로해주고, 육신을 새롭게 해준다.

††† 1996년 9월 19일

믿음 안에서 모든 것이 가능하다. 사랑 안에서 모든 것을 이룰 수 있다. 하느님 안에서 모든 것이 존재한다.

††† 1996년 9월 20일

인간은 육신과 영혼으로 이루어져 있다. 많은 사람들은 육신을 잘 돌보고 정당하게 다루고 있지만, 영혼은 무시하고 있다. 영적으로 강해지고 성장하려면 준비를 잘 하고, 네 필요를 성체 성사와 기도로 채우도록 하여라.
성체 성사는 영적인 음식이고 영적인 즐거움이다.
기도는 강해지고 성장하기 위한 영적인 훈련이다.

††† 1996년 9월 20일

――믿음은, 진리에서 나온다.

††† 1996년 9월 22일

네 힘을 성체 성사에서 얻어라.
네 평화를 기도 안에서 발견하여라.

아무 것도 나의 사랑으로부터 너를 떼어 놓을 수 없도록 하여라.
그러면 마음의 평화를 얻을 것이다.

(시편 84 : 11 —— 정녕 당신 앞뜰에서 지내는 하루가 다른 천 날보다 더 좋으니이다. 저의 하느님 집 문간에 서 있기가 악인의 장막 안에 살기보다 더 좋으니이다.)

†††   1996년 9월 22일 (뉴질랜드 방문 기간)

뉴질랜드는 희망의 땅. 뉴질랜드는 평화의 땅. 뉴질랜드는 구도자의 땅.
뉴질랜드에서는 많은 사람들이 평화를 추구하고, 모든 사람은 번영을 희망하고, 몇몇 사람은 나를 찾는다.
만약 모든 사람이 나를 찾는다면, 그들의 추구는 끝이 나고 희망이 실현될 것이다.

†††   1996년 9월 22일

하느님을 믿는 것은, 훌륭한 선물이니 계속 믿으라!

††††

††† 1996년 9월 24일

모든 사람에게 사랑을 보여주어라.
그리고 모든 사람에게 하느님을 보여주어라.

††† 1996년 9월 26일

내 성심 안에는 인간이 갖고 싶어하는 것이 모두 있다.
내 성심 안에는 인간을 위한 최선의 것이 모두 있다.
내 성심 안에는 인간이 갖고 싶어하는 모든 것을 나누어 주는 사랑이 있다.
그리고 인간의 존재를 위해 필요로하는 것이 모두 있다.
──내 성심 안에는 예수가 있다.

††† 1996년 9월 28일

인생은 기쁨일 수도 있고, 비참한 것일 수도 있다. 인생은 흥분에 넘치는 것일 수도 있고, 무미건조한 것일 수도 있다.
인생은 충만된 것일 수도 있고, 공허한 것일 수도 있다.
인생의 기쁨은 네 모든 순간이 예수 안에서 예수의 사랑의 흥분으로 가득 채워질 때 발견된다.

†††

††† 1996년 9월 29일

나의 아들 예수는 용서를 하러 왔다. 나의 아들 예수는 자비를 보여주러 왔다. 나의 아들 예수는 사랑을 베풀러 왔다.
예수의 사랑은 모든 사람을 위한 것이다. 예수의 자비는 모든 사람에게 베풀어준다. 예수의 용서는 모든 사람에게 주는 선물이다.
예수가 베풀어주는 것을 받아들이는 사람은 사랑 안에서 선물을 받게 될 것이며, 영원한 평화를 누리게 될 것이다.

(시편 45 : 2 ── 아름다운 말이 제 마음에 넘쳐흘러 임금님께 제 노래를 읊어드리나이다. 제 혀는 능숙한 서기의 붓이옵니다.)

††† 1996년 9월 29일

──괴로운 마음은 사랑으로 위로를 받을 수 있다.

††† 1996년 9월 30일

진리는 모든 사람의 마음 안에 있다. 그러나 진리는 교만과 이기심으로 종종 뒤덮여 버린다.
진리는 아직도 모든 사람의 마음 안에 있다……. 진리는 오직 겸손으로 자신을 극복했을 때만 나타나게 된다.

†††   1996년 9월 30일

     ── 진리를 무시하는 것은 어리석은 세대이다.

†††   1996년 10월 1일

    겸손은 나에 대한 너의 사랑을 나타낸다.
    겸손은 나에 대한 너의 찬미를 나타낸다.
    겸손은 나에 대한 너의 감사를 나타낸다.

†††   1996년 10월 1일

    사랑으로 친절하여라. 사랑으로 온화하여라.
    사랑을 베풀어라. 그러면, 너는 내 안에서 살게 된다.

†††   1996년 10월 4일

    창조물을 바라볼 때, 나는 내가 창조한 사랑과 기쁨과 행복을 본다. 창조물을 바라볼 때, 나는 인간이 자신에게 주어진 것에 대해 얼마나 모르는가를 본다.
　　창조물을 볼 때, 나는 모든 사람의 미래를 본다.

✝✝✝　1996년 10월 4일

　　교만은 네 영혼을 짓누르는 무거운 짐이다. 겸손은 그 교만의 무거운 짐을 날려 보내는 산들 바람이다.
　　네가 교만을 제거하고 사랑이 베푸는 것이 무엇인지를 안다면, 사랑은 너를 겸손으로 가득 채워주는 선물이다.

✝✝✝　1996년 10월 4일

　　인간적인 결점은 나를 믿는 것에 의해서 극복할 수 있다.
　　자아에 대한 생각은 예수를 사랑하는 것에 의해서 극복할 수 있다.
　　나에 대한 믿음과 나의 아들 예수에 대한 네 사랑을 보여주는 것에 의해서, 네가 자아와 결점을 극복했을 때, 하느님의 영광을 볼 수 있다.

✝✝✝　1996년 10월 6일

　　기도 안에서 휴식하는 것은 많은 사람들이 잊고 있는 은총이다. 기도 안에서 휴식하는 것은 나와 성자와 성령과 함께 침묵하는 것이고, 하느님의 힘이 너를 새롭게 만들도록 한다.

기도 안에서 휴식하는 것은 영적인 성장을 위하여 매우 중요한 것이다.

왜냐 하면, 이 휴식 중에 네가 나의 말에 귀를 기울이는 시간을 갖기 때문이다.

(잠언 3 : 1 ── 내 아들아, 너는 내 가르침을 잊지 말고 너의 마음이 내 계명을 지키도록 하여라.)

✝✝✝　1996년 10월 6일

하느님을 사랑하는 것은 모든 사람에게 주어진 선물이다.
하느님을 사랑하는 것은 모든 것을 다 베푸는 선물이다.
하느님을 사랑하는 것은 그것이 전부인 선물이다.

(이사야 66 : 14 ── 이를 보고 너희 마음은 기뻐하고 너희 뼈마디들은 새 풀처럼 싱싱해지리라.)

✝✝✝　1996년 10월 6일

교만은 영혼의 파괴자이고, 겸손은 영혼의 구원자이다.

††† 1996년 10월 11일

　이 세상에는 하느님의 진리에 귀를 기울일 필요가 있는, 길 잃은 영혼들이 많다. 이 세상에는 하느님의 사랑을 알아야 할 필요가 있는, 혼란에 빠진 영혼들이 많다. 이 세상에는 하느님의 평화를 느낄 필요가 있는, 고뇌하는 영혼들이 많다.
　나의 아들 예수 안에서, 그들이 필요로하는 모든 것을 발견할 수 있다.
　그러나 하느님의 평화를 자신들의 것으로 만들기 위하여 사랑으로 진리를 말해야 한다.

　　(2 마카베오 1:4 —— 당신의 율법과 계명에 여러분의 마음을 열어 주시고 평화를 이루어주시기를 빕니다.)

††† 1996년 10월 11일

　사랑으로 보는 것은 마음 속으로부터 보는 것을 의미한다. 사랑으로 보는 것은 용서의 눈을 가지고 보는 것을 의미한다. 사랑으로 보는 것은 고통받는 사람들을 친절하게 보는 것을 의미한다.
　사랑은 사물을 바라보는 유일한 방법이다. 사랑은 행동을 하는 유일한 방법이다. 사랑은 삶의 유일한 이유이다.

†††

†††   1996년 10월 11일

　　사랑하는 가족은 결코 파괴되지 않는다. 기도하는 가족은 결코 갈라서지 않는다.
　　하느님을 사랑하고 하느님의 사랑을 위해 기도하는 가족은 오로지 성장할 뿐이고, 천국에서 영원한 상을 받게 될 것이다.

　　(예레미야 32 : 38 ── 그러면 그들은 나의 백성이 되고 나는 그들의 하느님이 되리라.)

†††   1996년 10월 11일

　　어떤 이유에도 불구하고, 계명을 깨뜨려서는 안 된다.
　　계명은 반드시 지켜야 한다.
　　그것이 계명을 내려 준 이유이기 때문이다. 계명은 결코 바뀔 리가 없다. 그것은 하느님의 말씀이기 때문이다.

†††   1996년 10월 16일

　　나의 아들 예수는 사랑으로 인간의 세상을 너그럽게 봐주고, 모든 사람에게 용서를 베풀고 있다.
　　인간은 다만 예수를 찾고, 용서를 구하기만 하면 된다.

✝✝✝   1996년 10월 16일

　　항상 친절하여라. 항상 남을 용서하여라. 항상 남을 사랑하여라.
　　여러 가지 방법으로 너는 용서할 수 있다. 여러 가지 방법으로 너는 사랑할 수 있다. 여러 가지 방법으로 너는 친절을 나타낼 수 있다. 그러면 너는 여러 모로 예수를 닮게 된다.

✝✝✝   1996년 10월 17일

　　언론의 자유는 남을 비난하는 자유를 뜻하지 않는다. 행동의 자유는 남을 짓밟고 걸어가는 것을 뜻하지 않는다.
　　종교의 자유는 하느님으로부터 멀어져가는 사람들의 믿음을 받아들이는 것을 뜻하지 않는다.
　　자유는 오로지 나의 사랑 안에서만 찾을 수 있다.
　　왜냐 하면, 나의 사랑 안에서 너는 모든 걱정, 모든 불안, 모든 노여움, 모든 증오, 모든 악으로부터 자유로울 수 있기 때문이다.
　　나의 사랑 안에서 네 자유는 영원히 보장받는다.

　　(집회서 39 : 22 —— 그 분의 복은 강물처럼 넘쳐흘러 마른 땅은 홍수처럼 적신다.)

✝ ✝ ✝

✝✝✝　1996년 10월 18일

　　매일은 하나의 선물이다. 매순간은 하나의 기쁨이다. 모든 맥박은 기쁨을 가져다주는 사랑의 선물이다.
　　――이것이 삶의 참 모습이어야 한다.

✝✝✝　1996년 10월 18일

　　사랑 안에서 기쁨을 누려라. 사랑 안에서 행복을 누려라. 사랑 안에서 평화를 누려라.
　　나의 사랑 안에는 너를 행복으로 가득 채우고, 삶을 기쁘게 만들어주는 하느님의 평화가 있다.

　　(이사야 12 : 3 ―― 너희는 기뻐하며 구원의 샘에서 물을 길으리라.)

✝✝✝　1996년 10월 18일

　　혼란스런 마음을 맑게 하기 위해서는 모든 것에서 오로지 내 사랑만을 볼 필요가 있다.

　　(지혜서 2 : 14 ―― 우리가 무슨 생각을 하든 우리를 질책하니 그를 보는 것만으로도 우리에게는 짐이 된다.)

††† 1996년 10월 19일

　　인내가 네 습관이 되게 하여라. 사랑을 네 힘이 되게 하여라. 하느님이 네 생명이 되게 하여라.
　　내 안에서 네 생명을 완전한 것으로 만들어라. 사랑 안에서 네 생명을 강화시켜라. 인내 안에서 생명의 길을 따르라.

††† 1996년 10월 19일

　　――나의 사랑을 함께 나누는 기쁨은 내가 너에게 내려주는 상이다.

††† 1996년 10월 23일

　　나의 성심은 사랑으로 가득 차 있다. 나의 성심은 기쁨으로 가득 차 있다. 나의 성심은 행복으로 가득 차 있다. 그래서 나는 이것을 나를 사랑하는 모든 사람의 마음에 베풀고 있다.

††† 1996년 10월 23일

　　아버지의 사랑, 아들의 사랑, 사랑의 성령은 천주 성삼 안에 있다.

††† 1996년 10월 26일

네가 만나는 사람들에게 너의 사랑을 전하여라. 네가 만나는 사람들에게 나의 용서를 전하여라.
네가 세상에서 만나는 사람들에게 나의 아들 예수를 전하여라. 그리고 그들에게 나의 용서하는 사랑은 예수라는 것을 이야기해주어라.

(예레미야 15 : 19 —— 그러자 주님께서 이렇게 말씀하셨다. 네가 돌아오려고만 한다면 나도 너를 돌아오게 하여 내 앞에 설 수 있게 하리라.)

††† 1996년 10월 27일

편안한 날, 평화로운 날,
하느님으로 충만한 날…… 오, 주일!

††† 1996년 10월 27일

어느 날, 어떤 사람이 친구한테 선물을 받았다. 그 사람은 그 선물이 필요가 없었지만, 친구의 감정을 상하게 하고 싶지 않아서 받았다. 얼마 후에 그 사람은 다른 친구를 만났는데, 그 친구는 이전에 다른 친구한테 받은 선물을 꼭 필요로 하고 있었다. 그래서 필요로하는 친구에게 그 선물을 주었다. 나중에 그 사람은 이 선물을 다른 친구에게 주어서, 혹시 선물을 주었던 첫 번째 친구의 감정을 상하게 하지나 않았을까 하고 걱정이 되었다.

어느 날, 자기가 준 선물이 다른 사람에게 넘어간 것을 알고 있는 그 첫 번째 친구와 다시 만났다. 그 친구는 그것을 필요로하는 사람이 자신의 첫 번째 행동에 의해서 도움을 받았다는 사실에 대해 기뻐하고 있었다. 그 사람은 친구가 이렇게 설명하는 말을 들으니까 기뻤다.

"사랑으로 주는 선물은 어떤 제한이나 대가성이 없고, 그것이 유용하게 쓰여지기를 바라는 마음 밖에 없다네. 내 선물을 사랑으로 받아 주어서 기뻤는데, 자네가 사랑으로 마음을 열고 필요로하는 다른 사람과 내 사랑의 선물을 나누어 가지니까 한 층 더 기쁘네."

필요로하는 사람들에게 항상 사랑으로 베풀어주도록 하여라. 그리고 선물을 받거든, 그것을 남들과 함께 서로 나누어 가져라.

✝✝✝　1996년 10월 28일

만나는 모든 사람과 형제가 되도록 하여라. 그들의 가족의 일원이 되고, 그들을 네 가족의 일부로 만들어라.

왜냐 하면, 너희는 모두 같은 아버지로부터 나왔기 때문이다.

††† 1996년 10월 28일

사랑의 자유는 너에게 필요한 유일한 자유이다.
왜냐 하면, 사랑 안에서는 모든 것이 기쁨이기 때문이다.

††† 1996년 10월 28일

사랑 안에서 삶을 즐겨라. 그리고 삶 안에서 또한 사랑을 즐겨라.

††† 1996년 10월 28일

생활 속에서, 내가 너에게 준 사랑의 선물을 매순간 즐겨라. 그리고 사랑으로 매순간에 활기를 불어넣어라.

††† 1996년 10월 29일

아버지를 사랑하는 아들은 아버지가 소중히 생각하고 보상을 해준다. 가진 것을 모두 아버지에게 바치는 아들은 그 대신에 인생에 필요한 모든 것을 받게 될 것이다.
　아버지를 공경하는 아들은 아버지가 만족스러워서 아들을 위해 자신의 마음 속에 특별한 장소를 마련해 둘 것이다.

††† 1996년 10월 29일

　　　사랑에 대하여 이야기하여라. 사랑 안에서 이야기하여라. 사랑으로 이야기하여라. 그리고 나를 위하여 이야기하여라.

††† 1996년 10월 29일

　　　나의 딸 마리아의 성심 안에는 모든 사람을 위한 사랑이 있다. 그것은 모든 사람이 본받도록 노력을 해야 하는 사랑이며, 순결한 사랑이며 또한 인간이 어떻게 사랑하도록 창조되었는가의 본보기가 되는 사랑이다.

††† 1996년 10월 30일

　　　사랑은 혼란을 극복한다. 사랑은 근심을 극복한다.
　　　사랑은 모든 것을 극복한다. 그러니까 항상 사랑하여라.

††† 1996년 11월 1일

　　　천국에 있는 성인들은 내 사랑 안에서 기뻐한다. 천국에 있는 성인들은 내 사랑 안에 있다.
　　　천국에 있는 성인들은 내 사랑 안에서 인간에게 손을 뻗는다. 천국에 있는 성인들은 인간에게 손을 뻗어서, 인간이 내 영원한 사랑 안으로 돌아올 때, 기뻐할 것이다.

†††　1996년 11월 2일

　영혼은 기도를 필요로한다. 영혼은 사랑을 필요로한다. 영혼은 용서를 필요로한다.
　네 기도가 가져다주는 은총으로, 영혼은 용서를 받아 나의 영원한 사랑에 다가올 수 있을 것이다.

†††　1996년 11월 3일

　노인에게는 노년의 아름다움이 있다. 노인에게는 오랜 세월 동안 쌓은 지혜가 있다. 노인에게는 인생에 대한 이해가 있다.
　노인은 젊은이들을 인도하기 위해, 다음 세대에 조언을 하기 위해 그리고 네 가족의 일부로 존재하고 있다.

†††　1996년 11월 6일

　나의 아들 예수는 내 사랑을 나타낸다. 나의 아들 예수는 내 친절함을 나누어준다. 나의 아들은 항상 내 이름으로 베풀어준다.

††† 1996년 11월 6일

　　네 안에 있는 나의 사랑을 느껴라. 그러면 그것이 나인 줄을 알게 될 것이다.

††† 1996년 11월 6일

　　내 안에서 휴식을 취하면, 정신의 평화를 얻게 된다. 내 안에서 휴식을 취하면, 마음의 평화를 얻게 된다.
　　내 안에서 휴식을 취하면, 영혼의 평화를 얻게 된다.

††† 1996년 11월 6일

　　악은 결코 승리할 수가 없다.
　　왜냐 하면, 나의 아들의 십자가 상 희생에 의해서 패배를 당했기 때문이다.
　　인류가 이 사실을 인정하고 받아들인다면, 악은 그들의 마음으로부터 영원히 자취를 감출 것이다.

† † †

††† 1996년 11월 8일

인간은 사랑의 창조물이다.
사랑은 인간에게 주는 선물이다.

††† 1996년 11월 8일

기적은 실제로 일어나고 있다. 기적은 가능한 것이다.
기적은 내 자녀들을 치유하기 위한 나의 선물이고, 고향인 나에게로 데려 오기 위한 선물이다.

††† 1996년 11월 9일

하느님의 말씀 안에는 생명이 있다. 하느님의 말씀 안에는 사랑이 있다. 하느님의 말씀 안에는 영원이 있다.
예수는 바로 하느님의 말씀이다.

††† 1996년 11월 9일

인간은 약점을 갖고 있지만, 진심으로 원한다면 그 약점을 극복할 수 있다. 그 약점을 극복할 수 있는 힘은 나의 사랑과 나의 뜻을 겸손하게 받아들이면 얻을 수 있다.

이렇게 하여 인간은 나에게서 멀리 떼어 놓는 약점, 곧 교만과 이기심을 극복할 수 있다.

†††　1996년 11월 14일

　열매가 완전히 익으면 그 맛이 꿀처럼 달다. 영혼이 사랑 안에서 성숙하면 보기에도 아름답다.
　사랑으로 충만한 영혼이 나의 일을 행하면 수많은 열매를 맺고, 사랑의 감미로움이 더욱 강해진다.

†††　1996년 11월 17일

　항상 진실하고, 정직하고 성실하여라. 절대로 그 이외의 사람이 되지 말고, 그 밖의 어떤 것도 받아들이지 말아라.
　항상 용서하고, 사랑하고 동정하여라. 그러면 예수를 닮게 될 것이다. 항상 희망하고, 신뢰하고 믿으라.
　——그러면 천국에서 보상을 받게 된다.

　(시편 26 : 11 —— 그러나 저는 결백하게 사오니 저를 구하소서. 저를 불쌍히 여기소서.)

† † †

††† 1996년 11월 19일

　하느님에 대한 두려움은 네가 하느님으로부터 떨어져서 살고 있을 때 찾아온다. 그리고 하느님에 대한 사랑은 네가 하느님 안에서 살고 있을 때 찾아온다.
　하느님의 사랑은 예수이다. 그러니까 예수 안에서 살아라.
　하느님에 대한 두려움은 네가 죄 속에서 살고 있을 때, 스스로에게 과하는 것이다.
　그러니까 죄로부터 떨어져서 살아라. 그리고 나의 아들 예수 안에서 기다리고 있는 나의 사랑을 찾아라.

††† 1996년 11월 19일

　사랑으로 베푸는 선물을 사랑으로 받아들여야 한다. 그리고 가능하다면 그 선물을 남들과 나누어 가져라.

††† 1996년 11월 19일

　사랑 안에서 일하고 마음에서 우러나서 일을 하면, 그 일이 즐거워진다.

† † †

††† 1996년 11월 23일

예수는 이해심과 사랑을 가지고 네 곁에 서 있다. 예수는 기쁨과 사랑을 가지고 네 마음 안에서 살고 있다. 예수는 은총과 사랑을 가지고 네 영혼을 가득 채우고 있다.

나의 아들 예수는 너를 에워싸고, 너를 가득 채우고 너를 사랑하고 있다. 너 역시 하느님의 참된 아들이 되게 하기 위해서——.

(2 디모테오 2 : 12 —— 우리가 견디어 내면 그분과 함께 다스릴 것이며, 우리가 그분을 모른다고 하면 그분도 우리를 모른다고 하실 것입니다.)

††† 1996년 11월 28일

만약 이기심으로 가득찬 눈으로 남을 본다면, 너는 죄 속에서 보는 것이다.

만약 남이 잘 되기를 원하는 눈으로 본다면, 너는 사랑 안에서 보는 것이다.

만약 나의 사랑을 남에게 전하기를 원하는 눈으로 남을 본다면, 그 사심 없는 행동이 너에게 성장할 수 있는 은총을 가져다줄 것이다.

†††

✝✝✝　1996년 11월 28일

　　다른 사람들의 얼굴에서 나의 사랑을 보아라. 다른 사람들의 마음에서 나의 기쁨을 보아라.
　　다른 사람들의 영혼에서 나의 희망을 보아라.

✝✝✝　1996년 12월 5일

　　지혜는 이해를 뜻한다. 지혜는 마음의 배려를 뜻한다. 지혜는 용서를 뜻한다. 이런 것이 없이는 지혜는 있을 수가 없다.

　　(이사야 5 : 21 ── 불행하여라, 스스로 지혜롭다 하는 자들 자신을 슬기롭다 여기는 자들!)

✝✝✝　1996년 12월 10일

　　유모어 감각은 하느님의 선물이다. 하지만 모든 선물과 마찬가지로, 좋은 일에 사용할 수도 있고 잘못 사용할 수도 있다.
　　좋은 일에 사용하면, 많은 사람에게 기쁨을 가져다줄 수 있다. 잘못 사용하면, 일부 사람들에게 슬픔을 가져다줄 수 있다.

✝✝✝　1996년 12월 15일

　　사랑은 병들었을 때 필요하다. 보살핌은 건강이 나빠졌을 때 필요하다. 마음의 배려는 곤경에 처했을 때 필요하다.

　　(2 역대기 15 : 4 —— 그런데도 그들이 곤경 가운데에서 주 이스라엘의 하느님께 돌아와 그분을 찾으면, 그분께서는 그들을 만나 주셨습니다.)

✝✝✝　1996년 12월 17일

　　악한 자에게는 안식이란 없다. 그러나 선한 자에게는 영원한 안식이 있다.

✝✝✝　1996년 12월 19일

　　어느 날, 한 소년이 물건을 훔치기 시작했는데, 아무런 벌도 받지 않았다. 그래서 도둑질을 점점 더 하게 되었다. 얼마 안가서 아무 것이나 훔치게 되었다. 그리고 가족들로부터, 친구들로부터, 심지어는 교회로부터도 아무 것이나 훔쳤다.
　　그는 더 커서는 정신나간 술주정뱅이가 되고, 거리의 싸움꾼이 되고, 거짓말쟁이가 되고 죄인이 되었다. 그의 친구들은 한 번도 꾸짖지 않았으며 오히려 격려해 주었다. 가족들은 죄를 짓지 못하도록 말렸지만 그는 말을 들으려고 하지 않았다…….

이제 그는 어엿한 어른이 되어 사랑하는 여인을 만났다. 그들은 결혼을 하여 가정을 이루었지만, 그는 계속 죄를 짓고 있었으며, 계속 누구의 말도 들으려고 하지 않았다. 그의 아내는 남편의 생활을 바꿔 보려고 노력했으나, 그는 아내의 호소를 묵살해 버리고, 더욱 구제불능이 되어 갔다.

그는 더 많은 폭력을 휘두르고, 더 많이 술을 마시고, 더 많은 죄를 지었다. 그는 오직 자기 친구들과 자신의 교만만을 즐겁게 해주려고 노력했다.

많은 사람들은 그를 두려워하게 되었으며, 많은 사람들이 그를 칭찬하게 되었으며, 또 많은 사람들은 그를 수치스럽게 생각하게 되었다. 그러나 그는 신경을 쓰지 않았다…….

만일 다른 사람들이 그를 불편하게 하면, 그들을 해치곤 했다. 만일 다른 사람들이 그의 의견에 동조하지 않으면, 그들을 무시해 버렸다. 그리고 누군가가 그에게 반대를 하면, 그들을 조롱하곤 했다…….

교만과 죄로 가득찬 사람이었으나, 그러나 그 사람의 내면에는 온화함과 부드러움이 있었다. 다만 그것을 남에게 자주 나타내 보이지를 않았을 뿐이다.

그 사람의 내면에는 억압받는 사람들을 도와주려고 하는 생각이 있었다. 그 사람의 내면에는 이 세상을 바꿔 보려고 하는 바램이 있었다. 그 사람의 내면은 좀처럼 표면에 나타나지 않았으나, 그것이 나타났을 때는 그 자신조차도 깜짝 놀라곤 했던 것이다.

어느 날, 그 사람은 머지 않아 죽게 되리라는 것을 생각하게 되었다. 어느 날, 그 사람은 미쳐 버리는 것이 아닐까 하고 걱정을 했다. 어느 날 그 순간에, 그 사람은 새로 변해야겠다고 결심했다.

지금까지 신봉해 왔던 악을 자신으로부터 제거하려고 투쟁을 벌이고 있을 때, 죽음의 순간이 여러 차례 찾아왔다. 그의 힘든 과정에서도 그 사람은 자신도 모르게 마음 속으로는 하느님을 열망하고 있었다. 그래서 그가 악을 극복하려고 노력하면 노력할수록, 그 열망이 자꾸만 커져 갔다…….

하느님께서 그의 마음에 손을 뻗어 어루만지고, 견디어낼 수 있는 힘을 내려주셨다. 하느님께서 그 사람의 영혼 안에서 벌어지고 있는 치열한 싸움에서 그를 돕기 위해 천사들과 성인들을 보내주셨다.

악마는 그 사람을 파멸시키려고 그와 그의 가족과 친구들에게 더욱 심하게 위협을 가해 왔다. 악마는 그 사람과 자라나고 있는 믿음을 파괴하기 위해 겁을 주고 어느 땐가는 죽이려고, 파멸로 몰아 넣으려고 공격을 더 심하게 했다.

그때 하느님은 자신의 자비로운 어머니를 보내서 그 사람과 함께 걷도록 하고, 그를 하느님에게 더욱 가까이 다가가게 하고, 하느님에 대한 그의 사랑을 강화시켜주셨다. 그 사람은 하느님의 어머니이며, 자신의 어머니이기도 한 분을 사랑하게 되었다. 그 사람은 어머니를 기쁘게 해주기를 열망하고, 될 수 있는대로 기도와 생활 속에서 사랑의 작은 선물들을 어머니에게 바치기를 열망했다.

사탄은 포기하지 않았다. 그러나 죄 속에 너무나도 깊이 빠져 있었던 그 사람은 그 순간 결심코 사탄을 거부하고, 악에 완전히 등을 돌렸다. 이것은 악마를 화나게 만들어서, 그 사람을 해치려고 계속 노력하고, 겁을 주고, 죽이려고 대들었다.

그러던 어느 날, 하느님 자신께서 아들 예수의 모습으로 세상에 오셨다. 예수가 용서와 사랑을 베풀어 주자, 비록 왜 그런 일이 자신에게 일어나는 지 몰랐지만, 그 사람은 예수에게 손을 내밀어, 그 분의 사랑을 받아들였다.

예수는 그 사람에게 그의 인생이 얼마나 낭비되었는가를 깨닫게 해 주셨고, 지금 어떻게 선한 일을 행할 기회, 곧 하느님의 일을 행함으로써 사람들을 도울 기회를 잡게 되었는가를 깨닫게 해 주셨다.

조금도 주저하지 않고 아무 요구도 하지 않은 채, 하느님의 뜻을 완벽하게 받아들인 그 사람은, 예수가 요구하는 것을 기꺼이 받아들였다.

그러자 성령이 이 세상에 가지고 온 선물과 은총으로 그 사람을 가득 채웠다. 곧 나와 나의 아들과 성령이 그 사람에게 믿음과 사랑 안에서 앞으로 나아갈 것을 요구했다.

그 사람은 수많은 실수를 저지르고 많은 문제를 일으켰지만, 이러한 모든 것을 통해서 그 사람은 하느님을 사랑하고 하느님의 뜻에 완전히 순종했다. 그 사람은 자기 자신에 대해서는 거의 생각하지 않고, 종종 자신이 저지른 실수만 보고, 하느님의 은총에 의해서 자신이 행한 선한 일은 보지 않았다.

그 사람은 자신을 지나치게 교만하고, 지나치게 이기적이고, 지나치게 탐욕스럽고, 지나치게 비판적이고, 지나치게 용서할 줄 모르고, 남들을 지나치게 시기한다고 생각했다. 그 사람은 이제야 과거에 얼마나 눈이 멀었었는가를 알게 되었고, 과거에는 컸던 것이 작게 보이고, 과거에는 작았던 것이 지금은 크게 보인다는 것을 알게 되었다.

지금 그 사람은 이전에는 아무런 의미도 없이 죄를 지었지만, 죄를 짓거나 하느님을 거역할 수가 없었다. 지금 그 사람은 이전에는 거의 기도를 하지 않았지만, 기도하고 또 기도하고 있다. 지금 그 사람은 이전에는 7성사의 진리를 전혀 몰랐지만, 7성사의 진리를 알고 있다.

지금 그 사람은 이전에는 오직 자신의 뜻만 행했지만, 이제는 하느님의 뜻을 행하기 위해 최선을 다 해 노력하고 있다. 자기 자신도 놀라게 새롭게 변화된 것이다.

지금은 너무나도 착한 사람이 되었지만, 그 사람은 마치 옛날에 악마를 보지 못한 것처럼, 자기 자신을 보지 못하고 있다.

††† 1996년 12월 19일

삼위일체, 거룩한 신비……,
한 분이신 하느님, 그러나 위격은 셋이다.
모든 것이 내 안에서 가능하다는 것을 기억하여라.

(이사야 48 : 16 —— 처음부터 나는 숨어서 이야기하지 않았고 이 일이 생길 때부터 나는 거기에 있었다.)

†††

††† 1996년 12월 27일

매일 나에게 사랑의 기도를 바쳐야 한다. 매일 내가 너에게 준 선물에 대하여 감사해야 한다.
매일 나에 대한 네 사랑의 징표를 보여야 한다.

(마태오 24 : 50 —— 예상하지 못한 날, 짐작하지 못한 시간에 그 종의 주인이 와서,)

††† 1996년 12월 30일

친구는 서로가 함께 있기를 갈망한다. 친구는 서로의 소식을 듣기를 갈망한다. 친구는 서로를 만나보기를 갈망한다.
모든 사람에게 친구가 되어라. 그러면 나의 친구가 될 수 있을 것이다.

††† 1997년 1월 3일

오늘 네 마음 안에서 평화를 발견하여라. 오늘 네 마음 안에서 용서를 발견하여라. 오늘 네 마음 안에서 사랑을 발견하여라.
네 마음이 사랑 안에서 성장하여 네가 평화를 발견하는 것은, 네가 용서를 받고 남들을 용서하는 것을 배울 때이다.

(시편 71 : 23 —— 제가 당신께 노래할 때 제 입술이 기뻐 뛰고 당신께서 구하신 제 영혼도 그러하리이다.)

††† 1997년 1월 5일

네가 기도할 때, 나는 귀를 기울이고 있다.
네가 기도할 때, 나는 거기에 있다.
네가 기도할 때, 나는 모든 말을 기다리고 있다.
마음 속으로부터 기도하여라. 그러면 나는 네 말을 내 성심에 새겨둘 것이다.

(시편 77 : 2 —— 내게 귀기울이시라고 나 소리 높여 하느님께, 나 소리 높여 하느님께 부르짖노라.)

††† 1997년 1월 6일

나에 대한 네 사랑이 얼마나 강한가를 나타나는 것은, 곤란한 상황에 처했을 때이다.

† † †

††† 1997년 1월 8일

나의 아들 예수는 평화와 사랑과 용서를 가져다주기 위해 이 세상에 왔다. 예수를 따르려면, 너는 이 사실을 마음 속에 새겨 두어야 한다.
왜냐 하면, 이것이 예수의 길이기 때문이다.

††† 1997년 1월 17일

네 마음 속에는 네가 찾고 있는 힘이 있다. 네 마음 속에는 네가 원하는 사랑이 있다.
네 마음 속에는 하느님의 아들 예수가 있다. 그리고 자신의 사랑으로, 모든 악을 극복하는 데 필요한 힘을 너에게 준다.

(아가 1 : 13-14 —— 나의 연인은 내게 몰약 주머니, 내 가슴 사이에서 밤을 지내네. 나의 연인은 내게 엔게디 포도원의 헨나 꽃송이어라.)
(2 디모테오 2 : 1 —— 그러므로 나의 아들이여, 그리스도 예수님 안에서 주어지는 은총으로 굳세어지십시오.)

††† 1997년 1월 19일

사람을 기쁘게 해 주려고 하지 말고 나를 기쁘게 하여라.

††† 1997년 1월 24일

　　네가 나의 사랑에서 발견하는 기쁨은 모든 사람이 가질 수 있는 기쁨이다……. 그들에게 전하여라.

　　(이사야 2 : 5 ── 야곱 가문아 자, 주님의 빛 속에 걸어가자.)

††† 1997년 1월 25일

　　믿음은 강물과 같다. 강물은 가로막는 방해물이 없으면 자유롭게 흘러 간다. 강물에 댐을 만들면, 강물의 흐름이 멈추거나 느리게 흐르게 된다.
　　죄는 네 믿음을 멈추게 할 수 있는 방해물이다.
　　기도는 그 댐을 부수는 방법, 곧 네 믿음이 자유롭게 흘러갈 수 있도록 하는 방법이다.

　　(시편 25 : 8 ── 주님께서는 어질고 바르시니 죄인들에게 길을 가르쳐 주시는도다.)

††† 1997년 1월 26일

　　안식일을 성스럽게 지켜라. 안식일을 진실되게 지켜라. 안식일을 사랑으로 지키고, 참된 성스러움을 발견하여라.

(시편 118 : 1 —— 주님을 찬양하라, 좋으신 분이시니. 그분의 자애는 영원하시네.)

✝✝✝　1997년 1월 26일

하느님을 흠숭하는 것은 모든 사람에게 내가 주는 은총이다. 그러나 많은 사람이 이해를 하지 못하는 은총이다.
이것은 모든 사람이 평화와 사랑 안에서 필요한 모든 것을 가져다줄 은총이다.

(다니엘 3 : 99(32) —— 그대들이 큰 평화를 누리기를 바란다.)

✝✝✝　1997년 1월 31일

나와 함께 시간을 보낼 때에는, 모든 다른 것으로부터 마음을 비우고, 나로 하여금 네 생각이 되게 하여라.

(1 마카베오 2 : 61 —— 그러므로 너희는 대대로 명심하여라. 그분께 희망을 두는 이는 아무도 약해지지 않는다.)

✝ ✝ ✝

††† 1997년 2월 3일

　　사랑 안에서 굳세어져라. 믿음 안에서 굳세어져라.
　　겸손 안에서 굳세어져라. 그러면 모든 사람이 네가 나의 사람이라는 것을 알게 될 것이다.

　　(2 역대기 36 : 18 —— 갈대아 임금은 하느님 집의 크고 작은 모든 기물과 주님 집의 보물과 임금과 대신들의 보물을 모조리 바빌론으로 가져갔다.)

††† 1997년 2월 7일

　　많은 사람들이 나의 뜻을 행하기 위해 노력한다. 그러나 많은 사람들은 나의 뜻과 자신의 뜻을 혼동한다.
　　잘 분별하여 행하여라.

††† 1997년 2월 10일

　　천국의 내 옥좌 주위에는 수백만의 천사들과 성인들이 사랑으로 나에게 봉사하려고 기다리고 있다.
　　모두는 나의 뜻을 행하려고 기다리고 있다. 그리고 악에 대한 승리, 곧 나의 아들 예수가 이미 거둔 승리를 도우려고 기다리고 있다.

모든 천사들과 성인들은 나의 사랑을 떠나 어둠의 세계로 들어간 영혼들을 구하기를 열망하고 있다. 모든 천사들과 성인들은 내가 부탁할 때, 내 사랑의 힘으로 그런 영혼들을 구하는 은총을 갖고 있다. 모든 천사들과 성인들은 세상을 내려다 보면서 도와줄 기회를 갖게 되기를 희망하고 있다.

세상의 한 영혼이 나에게로 돌아서서 나의 사랑과 나의 도움을 구할 때, 그들은 그런 기회를 얻을 수 있다.

그런 일이 일어나면, 나는 사랑하는 종들을 보내서 그 사람의 기도에 응답하게 한다. 나의 종들은 한 영혼을 구하고, 나의 뜻을 행할 기회를 얻은 기쁨으로 충만해질 것이다.

네가 구하면 내가 응답한다는 사실을 명심하여라. …… 그리고 내가 응답할 때, 나의 사랑으로 너를 도와주러 찾아온 천사들과 성인들에게 감사하는 것을 잊지 말아라.

(루가 4 : 11 ── 행여 네 발이 돌에 채일세라 그들이 손으로 너를 받쳐 주리라.)

✝✝✝ 1997년 2월 10일

나에게 시간은 영구적이다. 나에게 시간은 영원하다. 나에게 시간은 끝이 없다.

시간 안에서 너는 사랑의 영원성을 발견할 수 있을 것이고, 끝임 없는 기쁨 속에서 나와 함께 사랑 안에서 영원히 살 것이다.

(이사야 34 : 17 —— 그분께서 그것들을 위하여 주사위를 던지시고 손수 줄로 재어 그것들에게 나누어주셨으니 그것들은 영원히 그 땅을 차지하고 대대로 그곳에서 살아가리라.)

✝✝✝   1997년 2월 16일

　계속 행진하여라, 뒤를 돌아다 보지 말아라. 싸움터에서 뒤를 돌아다 보면 너는 패할 것이다.
　앞을 보고 내 사랑 안에서 계속 싸워라. 그러면 너는 결코 패하는 일이 없을 것이다.
　왜냐 하면, 하느님의 힘이 너와 함께 있기 때문이다.

(마태오 16 : 18 —— 나 또한 너에게 말한다. 너는 베드로이다. 내가 이 반석 위에 내 교회를 세울 터인즉, 저승의 세력도 그것을 이기지 못할 것이다.)

✝✝✝   1997년 2월 17일

　사랑은 자기 표현이다. 만약 네가 사랑을 나타내고 사랑 속에 살면, 네가 바로 사랑이 된다.

✝ ✝ ✝

††† 1997년 2월 19일

　흐르는 강물을 들여다보면, 물이 바닥의 많은 돌멩이 위로 흐르는 것을 보게 될 것이다. 예수의 성심을 들여다보면, 너는 살아 있는 물이 수많은 영혼들 위로 흐르는 것을 보게 될 것이다.
　강물 속의 물이 돌멩이들을 깨끗이 씻어주어 반짝이게 하는 것처럼, 예수의 용서하는 물은 영혼을 깨끗이 씻어주어 반짝이게 해 줄 것이다.

　(잠언 26 : 23 —— 악한 마음에 매끄러운 입술은 겉만 매끈하게 칠한 질그릇 같다.)

††† 1997년 2월 20일

　하느님의 사랑은 결합시킨다. 하느님의 사랑은 튼튼하게 한다. 하느님의 사랑은 굳세게 한다.
　내 사랑 안에서 살고, 나와 결합하여 네 영혼을 튼튼하게 하고 굳세게 하여라.

　(이사야 26 : 17 —— 고통 때문에 몸부림치며 소리지르듯 주님, 저희도 당신 앞에서 그리하였나이다.)

† † †

✝✝✝　1997년 2월 22일

　　인간의 마음은 사랑 안에서 창조되었다. 인간의 마음은 사랑이 되도록 창조되었다.
　　인간의 마음은 사랑으로 창조되었다.
　　인간은 이것을 기억해야 하며, 그 창조의 이유로 되돌아가야 한다. 그러므로 사랑하여라.
　　──오로지 사랑하여라.

　　(탈출기 15 : 13 ── 당신께서 구원하신 백성을 자애로 인도하시고 당신 힘으로 그들을 당신의 거룩한 처소로 이끄셨나이다.)

✝✝✝　1997년 2월 26일

　　가톨릭 교회는 나의 교회이다. 가톨릭 교회는 나의 아들의 몸이다. 가톨릭 교회는 나의 성령의 선물이다.
　　가톨릭 교회는 하느님에 대한 참된 신앙을 갖고 있다.

　　(에제키엘 12 : 27 ── 그가 보는 환시는 먼 훗날을 위한 것이고, 그는 먼 앞날을 위해 예언할 따름이다.)

✝ ✝ ✝

††† 1997년 2월 26일

　나의 아들의, 양떼의 목자들은 사제들이다. 영혼의 목자들은 사제들이다.
　사랑의 목자들은 사제들이다.
　모든 사제는 나와 아들의 양떼인 영혼들을 나의 사랑 속으로 더욱 깊이 인도하기 위하여 목자로 임명되었다.

　(2 마카베오 15 : 12 ── 그는 고귀하고 선량한 사람으로서, 거동이 겸손하고 태도가 온유하며 언변이 뛰어날 뿐 아니라 어릴 때부터 모든 덕을 열심히 실천해 온 사람이었다.)

††† 1997년 2월 26일

　교회는 은총으로 가득 차고, 교회는 선물로 가득 차고, 교회는 7성사로 가득 차 있다.
　교회 안에는 내가 7성사를 통해서 인간에게 주는 선물과 은총으로 가득 차 있다.

　(이사야 22 : 22 ── 나는 다윗 집안의 열쇠를 그의 어깨에 메어주리니 그가 열면 닫을 사람이 없고 그가 닫으면 열 사람이 없으리라.)

† † †

†††　1997년 2월 26일

　　기도하고 또 기도하여라. 그러면 매일이 기쁨으로 가득 찰 것이다.

†††　1997년 3월 5일

　　네 마음이 사랑으로 충만할 때, 네 인생도 사랑으로 충만해진다.

†††　1997년 3월 5일

　　친절하려고 노력하여라. 사랑하려고 노력하여라.
　　그리고 곤궁한 사람들을 돕도록 노력하여라.
　　──노력하여라. 오로지 노력하여라.

†††　1997년 3월 7일

　　나의 사랑 안에서 평화롭게 지내거라. 네 자신 안에서 평화롭게 지내거라. 나와 한 몸이 되어 평화롭게 지내거라.
　　나의 아들과 한 몸이 될 때, 너는 나의 사랑으로 충만해질 것이며, 네 안에 평화를 가져다줄 것이다.

✝✝✝　1997년 3월 9일

　　아무 것도 숨길 것이 없으면, 너는 아무 것도 두려워할 필요가 없다. 이것이 항상 정직해야 하는 이유이다.
　　네가 패배할 수 있는 것은, 오직 거짓 속에서 뿐이다.

　　(예레미야 46 : 27 —— 나의 종 야곱아, 두려워하지 말아라.)

✝✝✝　1997년 3월 9일

　　다른 사람들 안에서 사랑을 찾아내어라. 그러면 네 자신 안에서 사랑을 찾아낼 수가 있다.

　　(집회서 21 : 13 —— 지혜로운 이의 지식은 홍수처럼 불어나고 그의 충고는 생명의 샘과 같다.)

✝✝✝　1997년 3월 10일

　　다른 사람들과 관계를 가질 때에는 진심으로 관계를 가져라. 그러면 그들은 네 말에서 진실을 볼 것이다.

　　(말라기 2 : 6 —— 그의 입에는 진리의 법이 있고 그의 입술에는 불의가 없었다.)

††† 1997년 3월 10일

　　네 마음 속에서 노여움이 미움의 씨앗이 되지 않도록 하여라.

††† 1997년 3월 11일

　　노여움으로 응답하면 보다 많은 괴로움을 당할 뿐이다.
　──항상 사랑으로 응답하여라.

††† 1997년 3월 11일

　　──의심하는 마음은, 언제나 실의를 낳는다.

††† 1997년 3월 11일

　　그것이 힘든 길이라는 것을 나는 알고 있다. 그러나 참고 견디면, 곧 훨씬 수월해진다.

　　　(이사야 32 : 18 ── 그러면 나의 백성은 평화로운 거처에, 안전한 거주지와 걱정없는 안식처에 살게 되리라.)

✝✝✝   1997년 3월 12일

　　마리아에게 천국의 여왕관을 씌워주었을 때, 나는 모든 사람에게 나의 뜻을 완벽하게 받아들인 자에게 어떻게 상을 내리는가를 보여주었다. 성인들을 천국으로 데려올 때, 나는 다시금 나의 사랑 안에서 살면 누구에게나 상을 준다는 것을 보여준다.

　　순교자들을 천국에 있는 나의 옥좌로 데려 와서 나의 아들의 빛 속에 앉힐 때, 나는 인간들이 나를 위해 희생할 준비가 되어 있다면, 나도 반드시 천국에 장소가 마련되어 있다는 것을 보여준다.

　　수많은 예를 통해서, 나는 천국의 상과 어떻게 하면 그것을 얻을 수 있는가를 보여준다.

　　마리아를 네 본보기로 삼아서 마리아처럼 살도록 노력하여라. 그리고 성인들과 순교자들을 보고 이런 식으로 사는 것이 가능한가를 알아 보아라. 그리고 인간이 구하기만 한다면, 천국의 상을 모든 사람에게 내려준다는 것을 알아라.

✝✝✝   1997년 3월 12일

　　사람들이 하느님에게 자신의 마음을 닫게 되면, 종종 아무 것도 볼 수 없게 된다. 그것은 영적인 무지인데, 대가를 많이 치루게 되는 무지이다.

††† 1997년 3월 13일

　　세상을 바라보면서 나는 너무나도 많은 슬픔과 아픔, 너무나도 많은 시련과 죄 그리고 너무나도 많은 혼란과 노여움을 본다.
　　이런 것들을 극복하도록 나는 나의 사랑을 베풀어 주고 있다. 나는 사랑을 불쌍히 여기는 마음으로, 동정하는 마음으로, 이해하는 마음으로, 용서하는 마음으로 베풀어주고 있다. 만약 사랑을 두려움으로 가득찬 방식으로, 위협하는 방식으로 노여움의 방식으로, 요구하는 방식으로 베풀어준다면, 그것은 사랑이 아니다. 어떻게 그것이 사랑일 수 있겠는가?
　　그것이 사랑이 아니라면, 그것은 나에게서 나온 것이 분명히 아니다.

　　(시편 118 : 6 —— 주님께서 나를 위하시니 나는 두렵지 않네. 사람이 나에게 무엇을 할 수 있으리요?)

††† 1997년 3월 13일

　　네 마음 속의 기쁨은 나의 사랑의 반영이다. 그 기쁨을 남들에게도 가져다 주어라. 그래야만 그들 역시 나의 반영이 될 수 있다.

　　(시편 119 : 81 —— 제 영혼이 당신 구원을 기다리다 지치나이

다. 당신 말씀에 희망을 두나이다.)

††† 1997년 3월 13일

나를 위해서 일하는 것은 사랑을 위해서 일하는 것이다. 그러니까 사랑 안에서 일하여라.

(요한 4 : 34 —— 내 양식은 나를 보내신 분의 뜻을 실천하고, 그분의 일을 완수하는 것이다.)

††† 1997년 3월 14일

먹을 것이 없어서 굶주리고 있는 사람을 본 적이 있느냐? 마실 것이 없어서 목말라하는 사람을 본 적이 있느냐? 사랑이 없어서 외로운 사람을 본 적이 있느냐?
　　나의 아들 예수를 사랑하지 않는 사람들은 황야에서 외로이 굶주리고 목말라 죽어 간다.
　　그들에게 생명을 부지하는 데 필요한 음식을 가져다주어라. 그들에게 살아 남는 데 필요한 물을 가져다주어라. 그리고 그들에게 구원받는 데 필요한 사랑을 가져다주어라. …… 그들에게 예수를 데려다주어라.

(호세아 11 : 4 —— 나는 인정의 끈으로, 사랑의 줄로 그들을

끌어 당기고 젖먹이처럼 들어올려 볼을 비비고 몸을 굽혀 먹여 주었다.)

†††　1997년 3월 14일

　사랑하는 것은 때로는 어려울 때가 있다. 그러나 사랑은 노력해 볼 만한 가치가 있다.

†††　1997년 3월 16일

　사람에게 죄를 짓지 말라고 요구하는 것은 올바른 일이다. 왜냐 하면, 그렇지 않으면 죄를 어떻게 알아보고, 죄를 모르는 사람이 어떻게 저지할 수 있겠는가?
　　누군가가 나쁜 일을 행할 때, 네가 사랑하는 그 사람에게 하지 말라고 이야기하는 것은 네 의무이다. 왜냐 하면, 네가 이야기해 주지 않는다면, 그에게 무슨 사랑을 보여줄 수 있겠는가?
　　모든 사람이 볼 수 있도록 진리 속에 사는 것이 네 의무이다. 그래야만 그들이 어떻게 살아야 하는가의 모범을 볼 수 있지 않겠느냐?
　　이것은 나를 따르는 사람으로서의 의무라는 것을 명심하여라. 그리고 이 세상은 네가 사랑하는 사람들로 가득 차 있다는 것을 명심하여라.

(에제키엘 36 : 38 —— 거룩한 제물로 바치는 땅떼처럼, 축제 때 예루살렘에 모여든 양떼처럼, 폐허가 된 성읍들이 사람의 무리로 가득 찰 것이다. 그제야 그들은 내가 주님임을 알게 되리라.)

†††　1997년 3월 18일

　　죄의 쇠사슬에서 해방되어야 인간은 나의 사랑 안에서 자유로운 영혼으로 성장할 수 있다.

†††　1997년 3월 18일

　　나의 아들은 나의 사랑이다. 나의 아들은 나의 제물이다. 나의 아들은 나의 용서이다.
　　나의 아들 예수를 통하여 내가 인간에게 베푼 용서에 의해서, 내 사랑의 깊이를 보여주었다.

†††　1997년 3월 18일

　　나를 굳게 믿어라.
　　——그리고 진실로 겸손하여라.

††† 1997년 3월 21일

　　나의 아들 예수는 너에게 준 것, 곧 사랑과 용서와 우정을 모든 사람에게 베풀고 있다. 나의 아들 예수는 너에게 준 것, 곧 천국에서의 영원한 삶을, 모든 사람에게 베풀고 있다.
　　나의 아들 예수는 너에게 준 것, 곧 구원받을 기회를 모든 사람에게 주고 있다.

††† 1997년 3월 21일

　　항상 감사하여라. 항상 고마워하여라.
　　――그리고 항상 희망을 가져라.

††† 1997년 3월 23일

　　아버지의 사랑과 용서의 손이 이 세상에 뻗어 있다.
　　나의 손을 잡아라. 그리고 나의 아들 예수를 통하여 나의 영원한 기쁨으로 충만하여라.
　　예수는 너의 형제이며 너의 주님이다.

　　(미가 6 : 8 ―― 사람아, 무엇이 착한 일이고 주님께서 너에게 요구하시는 것이 무엇인지 그분께서 너에게 이미 말씀하셨다. 공정을 실천하고 신의를 사랑하며 겸손하게 네 하느님과 함께

걷는 것이 아니냐?)

††† 1997년 3월 23일

　　육신의 죄는 내 사랑 안에서 살면 극복할 수 있다.
　　왜냐 하면 그것은 유일한 참된 사랑이며, 내 안에 있는 유일한 선이기 때문이다.

　　(시편 119 : 1 ── 행복하여라, 그 길이 온전한 이들 주님의 가르침을 따라 걷는 이들!)

††† 1997년 3월 23일

　　가정은 사랑의 결합체이다. 오늘 날 가정이 공격을 받는 것은 놀라운 일이 아니다.
　　왜냐 하면, 악은 사랑을 미워하기 때문이다.
　　가정은 사랑과 안정의 징표이다. 악이 공격하는 것은 무리가 아니다.
　　왜냐 하면, 악은 사랑을 동요시키려고 노력하고 또 노력하기 때문이다.
　　가정은 하느님에게 더욱 가까이 다가가는 길이다.
　　왜냐 하면, 사랑 위에 이루어진 가정은 내 안에서 이루어진 가정이기 때문이다.

악이 가정을 공격하는 것은 당연한 일이다.
왜냐 하면, 악은 내 안에서 이루어진 가정을 파괴하려고 노력하고 있기 때문이다.
사회라는 건물의 받침대인 가정은 만일 나의 아들을 주춧돌로 삼게 되면, 결코 파괴되지 않을 것이다.

(시편 18 : 3 —— 주님께서는 저의 반석, 저의 산성, 저의 구원자 저의 하느님, 이 몸 피신하는 저의 바위 저의 방패, 제 구원의 뿔, 저의 성채시옵니다.)

††† 1997년 3월 24일

감연히 일어나서 이 세상에 나의 아들 예수의 기쁜 소식(복음)을 전하여라.
——예수의 사랑의 기쁜 소식(복음)을 전하여라.

††† 1997년 3월 24일

네 두려움과 근심걱정과 불안을, 나에게 의탁하면 항상 너를 돌봐주고 있다는 것을 믿고 극복해 나아가거라.

†††

††† 1997년 3월 24일

네 영혼을 쉬게 하기 위하여, 나의 아들과 함께 시간을 보내면서, 그 분의 사랑이 너를 감싸고, 위로해 주도록 하여라.

††† 1997년 3월 24일

다른 사람들의 얼굴을 바라볼 때, 사랑을 가지고 보고 그 사랑이 반영되는 것을 보아라.

††† 1997년 3월 24일

선과 악의 싸움은 네가 나를 위해 이야기할 적마다 벌어진다. 선과 악의 싸움은 네가 나를 믿을 적마다 벌어진다. 선과 악의 싸움은 네가 나와 함께 살 때 네 주위에서 벌어진다.
  그것은 네가 용감하게 일어나서 모든 것 중에서도 가장 강력한 무기, 곧 나의 사랑을 사용하여 나를 위해 싸우는 전쟁이다.

††† 1997년 3월 24일

──겸손은, 하느님을 사랑하는 데에서 나온다.

왜냐 하면 만약 겸손하지 않다면, 어떻게 네가 하느님을 사랑할 수 있겠느냐?

††† 1997년 3월 27일

가장 귀중한 순간은 사랑의 순간이다. 가장 소중한 순간은 하느님과 함께 하는 순간이다.
가장 귀한 순간은 생명의 순간이다.
이 세상에서 네가 살고 있는 시간은 귀중하니까, 모든 순간을 하느님의 사랑 안에서 살아야 한다. 그래야만 마지막 순간에 너는 천국의 하느님에게 갈 수 있다.

(즈가리야 8 : 13 —— 너희가 전에는 민족들 가운데에서 저주의 대상이 되었지만 내가 너희를 구원하면 너희는 복이 되리라. 두려워하지 말고 힘을 내어라.)

††† 1997년 3월 27일

이 세상에서 인간의 역할은 사랑하는 것이다. 이 세상에서 인간의 역할은 남을 배려하는 것이다. 이 세상에서 인간의 역할은 함께 나누는 것이다.
이런 일들을 하지 않고서는, 너는 참된 인간이 못된다.

(마태오 5 : 5 —— 행복하여라, 온유한 이들! 그들이 땅을 차지하리니.)

✝✝✝　1997년 3월 29일 (성 금요일)

예수의 수난과 더불어 용서가 찾아왔다. 예수의 수난과 더불어 희망이 찾아왔다. 예수의 수난과 더불어 영원한 사랑이 찾아왔다.
그처럼 많은 것을 베풀어주었으니, 그처럼 많은 요구를 해도 이상할 것이 없도다.

(에제키엘 39 : 8 —— 보아라, 그대로 이루어진다. 그대로 되어간다. 주 하느님의 말이다. 그날이 바로 내가 말한 날이다.)

✝✝✝　1997년 3월 29일

예수와 함께 걷는다는 것은 예수처럼 사랑한다는 것을 뜻한다.

(잠언 7 : 1 —— 내 아들아, 내 말을 지키고, 내 계명을 마음에 간직하여라.)

✝ ✝ ✝

††† 1997년 3월 29일

십자가, 사랑 그리고 용서! 이 세 가지를 인간은 모두 기꺼이 받아들여야 한다. 그래야만 평화로운 미래를 언제나 발견할 수 있다.

(루가 12 : 32 —— 너희 작은 양 떼야, 두려워하지 마라. 너희 아버지께서는 그 나라를 너희에게 기꺼이 주기로 하셨다.)

††† 1997년 4월 2일

네가 느끼는 사랑과 기쁨은 내가 너에게 주는 선물이다. 그리고 진심으로 원하기만 한다면, 모든 사람에게 줄 선물이다.

(예레미야 23 : 24 —— 사람이 은밀한 곳에 숨는다고 내가 그를 보지 못할 줄 아느냐? 주님의 말씀이다. 내가 하늘과 땅을 가득 채우고 있지 않느냐? 주님의 말씀이다.)
(예레미야 23 : 29 —— 나의 말이 불과 같고 바위를 부수는 망치와 같지 않느냐? 주님의 말씀이다.)

††† 1997년 4월 2일

교만은 인간의 파괴자이다.

왜냐 하면, 교만 속에서 죄가 자라기 때문이다.

교만은 죄가 자라나는 토양이다.

교만은 세대로부터 세대로 죄가 자라도록 하는 원죄이다.

(이사야 58 : 8 ── 그리하면 너의 빛이 새벽빛처럼 터져나오고 너의 상처가 곧바로 아물리라. 너의 정의가 너를 앞장서 가고 주님의 영광이 네 뒤를 지켜주리라.)

(예레미야 50 : 32 ── 방자한 자가 비틀거리다 쓰러져도 아무도 일으켜줄 자가 없다. 내가 그의 성읍들에 불을 질러 그 주변까지 모조리 태우리라.)

(잠언 6 : 15 ── 그래서 갑자기 재앙이 들어닥쳐 순식간에 망하면 구제할 길이 없다.)

††† 1997년 4월 3일

길을 잃은 영혼들은 어디에나 있다. 그들이 길을 발견하도록 도와주어라.

그리고 그들에게 사랑하고 기도하라고 말해주어라. 길을 잃은 마음들은 곳곳에 있다. 그들에게 사랑을 보여주어서, 그들로 하여금 사랑을 발견하도록 하여라.

길을 잃은 아이들은 이 세상에 넘쳐난다. 그 아이들의 손을 잡고 교회로 인도하여라.

(집회서 47 : 13 ── 그리하여 솔로몬은 주님의 이름을 위하여

성전을 짓고 그 안에 영원한 성소를 마련해 드렸다.)

††† 1997년 4월 3일

진리를 발견 하려면 예수를 보아라.
왜냐 하면, 예수가 진리이기 때문이다.

(에스델 4 : 17(14) ─── 저의 주님, 저희의 임금님, 당신께서는 유일한 분이시니이다. 외로운 저를 도와주소서.)

††† 1997년 4월 3일

성서를 읽는 것은 나의 말씀을 읽는 것이다.
성서를 이해하려면, 성령에게 물어보아라. 왜냐 하면, 성령의 도움 없이는 성서를 이해하는 것이 불가능하기 때문이다.
성서에서 하느님의 진리를 찾으려면, 나의 아들이 세상에서 살았던 삶을 보아라. 모든 사람이 볼 수 있도록 진리가 거기에 있으니까───.

(토비트 14 : 2 ─── 그가 시력을 잃은 것은 예순두 살 때였는데, 그것을 되찾은 뒤에도 자선을 베풀었다. 또 줄곧 하느님을 찬미하고 그분의 위대함을 찬양하여 부유하게 살았다.)

††† 1997년 4월 19일

나의 아들 예수는 사랑의 장미꽃이다. 그러므로 네가 예수를 사랑하면, 그 사랑의 꽃다발을 나누어 갖게 될 것이다.

††† 1997년 4월 24일

나의 아들 예수는 모든 사람에게 양팔을 벌리고 있다. 비록 그들이 유다인이든, 그리스인이든, 모슬렘교도이든, 힌두교도이든, 불가지론자이든, 무신론자이든, 프로테스탄트이든, 가톨릭 신자이든 그리고 어느 종교를 가진 사람이든 간에 말이다.
 나의 아들 예수는 양팔을 벌려 모든 사람을 사랑으로 받아들이고, 자비로 모든 사람을 용서해준다.
 나의 아들 예수는 모든 사람에게 천국으로 가는 길을 가르쳐주기 위해 양팔을 활짝 벌리고 있다.
 길은 오직 하나 뿐이다. 바로 나의 아들 예수를 통해서 가는 길이다. 그러나, 오오 너무나 많은 사람들이 이것을 이해하지 못하고 있다.
 그들에게 말해주어라. 그들에게 진리를, 즉 하느님의 진리는, 곧 예수라는 것을 이해하도록 기회를 주어라.
 그 밖에는 어떤 진리도 없다. 그리고 예수의 진리는 7성사와 기도 안에서 발견할 수 있다.

†††

††† 1997년 4월 26일

　　창조물의 색깔은 인간에게 내려준 선물이다. 그러므로 사람들은 내가 내려준 아름다움을 반영할 수가 있다.

††† 1997년 4월 29일

　　예수 안에서 평화를 찾아라. 성령 안에서 힘을 찾아라.
　　──내 안에서 모든 것을 찾아라.

††† 1997년 4월 29일

　　나를 믿고 또 믿으면, 천국에서 영원한 생명을 누리는 상을 받게 되리라.

††† 1997년 5월 4일

　　기도를 하는 것은 나에게 좀 더 가까이 다가가는 방법이다.
　　──그리고 성체들은 나의 선물과 은총으로 충만해지는 방법이다.
　　예수를 본받고 따르는 것은 성스러움에 이르는 방법이다.

(집회서 17 : 12 —— 그분께서는 그들과 영원한 계약을 맺으시고, 당신의 판결을 그들에게 보여주셨다.)

††† 1997년 5월 4일

네 마음을 사랑받지 못하는 사람의 피난처로 만들어라. 그러면 네 마음이 사랑 안에서 성장하는 것을 알게 될 것이다.

(필립비 1 : 27-28 —— 그리스도의 복음에 합당한 생활을 하도록 하십시오. …… 여러분이 한 뜻으로 굳건히 서서 한 마음으로 복음에 대한 믿음을 위하여 함께 싸우고, 어떠한 경우에도 적대자들을 겁내지 않는다는 소식 말입니다.)

††† 1997년 5월 5일

죄를 정당화하는 것은 죄를 짓는 것이다.
잘못을 정당화하는 것은 잘못을 저지르는 일이다.
잘못한 언동을 정당화하는 것은 너를 죄의 일부로 만들고, 나에 대해 네 마음을 닫게 만든다.

†††

††† 1997년 5월 16일

──사랑의 말씀은, 곧 예수이다.

††† 1997년 5월 16일

너의 신뢰는 매우 중요하다. 너의 믿음은 절대로 필요하다. 너의 봉사는 더구나 필요하다.

(집회서 11 : 24 ── '내 가진 것이 충분하니 이제 어떤 피해가 내게 닥치리요?' 하고 말하지 말아라.)

††† 1997년 5월 18일

하느님의 힘, 하느님의 빛, 성령.
하느님의 불, 하느님의 선물, 성령.
하느님의 은총, 하느님의 비둘기, 성령.
성령은 나와 아들과 결합하여 하나인 참 하느님이다.
그리고 모든 사람에게 사랑의 선물을 나누어준다.

(다니엘 2 : 22 ── 그분께서는 심오한 것과 감추인 것을 드러내시고 어둠 속에 있는 것을 알고 계시며 빛이 함께 머무르는 분이시다.)

††† 1997년 5월 24일

갓난아기의 눈에는 신뢰와 사랑이 있다. 갓난아기의 눈에는 기쁨과 희망이 있다.
갓난아기의 눈에는 온순함과 평화가 있다.
이 세상에서 갓난아기가 되어라. 그리고 갓난아기와 같은 눈으로 보아라.

(루가 1:14 ── 너도 기뻐하고 즐거워할 터이지만 많은 이가 그의 출생을 기뻐할 것이다.)

††† 1997년 5월 25일

사랑 안에서 삶은 기쁨이 된다. 그러나 미움 안에서 삶은 무거운 짐이 된다.
사랑 안에서 삶은 완전한 것이 된다. 그러나 죄 안에서 삶은 공허한 것이 된다.
사랑 안에서 삶은 그 본연의 것이 된다. 그러나 어둠 안에서 삶은 단조롭고 고된 것이 된다.

(에제키엘 7:8 ── 네가 걸어온 길에 따라 너를 심판하고 너의 역겨운 짓들을 모두 너에게 되갚으리라.)

†††

††† 1997년 5월 25일

친구들을 위하여 기도할 때, 너에게 우호적이지 않은 친구들을 기억하여라. 왜냐 하면, 네 마음 안에서는 그들 역시 네 친구들이기 때문이다.

(2 마카베오 7 : 28 ── 그리고 하느님께서, 이미 있는 것에서 그것들을 만들지 않으셨음을 깨달아라. 사람들이 생겨난 것도 마찬가지이다.)

††† 1997년 5월 25일

기도는 마음 속으로부터 울어나와야 한다. 그리고 기도는 사랑의 봉헌이어야 한다.

(에페소 1 : 4 ── 세상 창조 이전에 그리스도 안에서 우리를 선택하시어, 우리가 당신 앞에서 거룩하고 흠없는 사람이 되게 해 주셨습니다.)

††† 1997년 5월 25일

너의 주 예수를 섬기려면 그 분을 사랑하여라.
너의 주 예수를 사랑하려면 그 분을 따르라.

너의 주 예수를 따르려면 그 분을 영광스럽게 하여라.

(잠언 10 : 29 ─── 주님의 길은 흠없는 이에게는 요새가 되지만, 나쁜 짓 하는 자에게는 몰락이 된다.)

††† 1997년 5월 27일

자신의 죄를 기억하는 것은 교만을 없애는 방법이다.
왜냐 하면, 진실로 자신이 얼마나 나약한가를 알고, 네가 악을 극복할 수 있는 힘을 발견하는 것은 오로지 나의 은총에 의해서라는 것을 알게 되기 때문이다.

(하바꾹 3 : 19 ─── 주 하느님께서는 나의 힘 그분께서는 내 발을 사슴 같게 하시어 내가 높은 곳을 치닫게 해 주신다.)

††† 1997년 5월 27일

겸손한 사람은 하느님을 으뜸으로 모시고, 다른 사람들을 자신보다 더욱 중요하게 생각한다.

(이사야 19 : 20 ─── 이것이 에집트 땅에서 만군의 주님을 위한 징표와 증인이 되어, 그들이 압제자들 때문에 주님께 부르짖으면, 그들에게 구원자를 보내시어 그들을 보호하고 구원해

주시리라.)

††† 1997년 5월 29일

결코 요구하지 말아라. 항상 고마워하여라.

††† 1997년 6월 7일

인간은 여러 가지 사람이 될 수 있다. 그러나 사랑의 인간이 아니라면 공허할 뿐이다.

(시편 26 : 1 ── 주님, 제 권리를 되찾아 주소서. 저는 결백하게 살아왔고 주님께 의지하여 흔들리지 않았나이다.)

††† 1997년 6월 7일

모든 사람을 너에게 중요한 존재로 만들면, 너는 나를 닮게 된다.

(마르코 12 : 31 ── 둘째는 이것이다. '네 이웃을 너 자신처럼 사랑해야 한다.' 이 보다 더 큰 계명은 없다.)

††† 1997년 6월 9일

어느 날, 한 사람이 산에 올라 갔다. 높이 올라 갈수록 힘을 잃기 시작했다.

한 걸음 한 걸음이 힘든 싸움이 되었으며, 숨을 쉴 때마다 고통스러워졌다.

그는 눈으로 정상을 계속 올려다 보면서, 목적지에 도달할 때까지 온갖 고통을 견디어 냈다. 정상에 가까워질수록 그는 더욱 더 힘든 싸움을 벌여야 했으며, 더욱 더 고통스러웠다.

때때로 더 이상 올라 갈 수 없다고 생각했으나, 그의 마음 속에는 정상을 정복해야겠다는 불타는 듯한 욕구가 있었기 때문에, 그것이 그를 계속 올라 가도록 몰아부쳤다. 여러 차례 바위에서 미끄러지고, 하마터면 산 아래로 굴러 떨어질 뻔했다. 그러나 매번 몸을 일으켜 세워 혹독한 등산을 계속했다.

마침내, 정상을 몇 발자국 남겨 두고 그는 잠시 휴식을 취했다. 그러자 누군가의 목소리가 말했다. "자아, 내 손을 잡으세요. 내가 도와줄 테니까요." 그 사람은 깜짝 놀라 고개를 쳐들어 윗쪽을 보았다. 그의 앞에는 그보다 먼저 정상에 올라 간 다른 등산객이 있었다. "고맙습니다. 그런데 당신은 어떻게 그 곳에 올라 갔습니까? 나는 올라 오면서 당신을 한 번도 본 적이 없는데요." 하고 그가 대답했다.

"아, 나는 당신보다 한참 먼저 올라 왔어요. 그리고 나도 역시 당신처럼 여기까지 올라 오는 데 대단히 고생을 했어요." 하고 등산객이 말했다. "그래요, 굉장히 힘든 등산이었습니다!" 하고 그 사람도 동의했다.

"하지만 일단 정상에 오르니까 그럴 만한 값어치가 있더군요. 그러니까 여기까지 올라 오면서 경험한 고통과 시련은 모두 잊어 버리세요." 하고 등산객이 말했다. 그 사람은 정상으로 걸어 올라가 등산객 옆에 서서 눈 앞에 펼쳐진 아름다운 경치를 바라보았다. "그렇군요, 이것을 보니까 힘들게 등산한 보람이 있는 것 같습니다." 하고 그 사람은 말했다.

그때, 두 사람은 아래서 나는 소리를 듣고 밑을 내려다 보니까, 또 다른 등산객이 산에 올라 오는 모습이 보였다. 그 사람 역시 산을 오르는 데 무척이나 애를 먹고 있었다. 두 사람은 함께 손을 뻗으면서 말했다. "자아, 우리가 올라 오는 것을 도와주겠소. 이 정상으로 올라 와서 우리와 합류합시다."

이 사람들은 천국에 있는 성인들과 같다. 그들은 이 세상에서 죄의 산을 극복하고 천국에 도달하여, 아직도 자신들이 극복한 같은 산을 올라 오고 있는 사람들에게 도움의 손을 뻗고 있다.

인간은 성인들이 베푸는 도움을 받아들이지 않을 정도로 교만해서는 안 된다.

그리고 아름다운 하늘 나라에 도달하는 데 성인들의 도움을 받는 것을 부끄럽게 생각해서는 안 된다.

(지혜서 19 : 22 —— 주님, 당신께서는 모든 일에서 당신 백성을 들어 높이시고 영광스럽게 해 주셨으며 언제 어디서나 그들을 도와 주시는 일을 소홀히 하지 않으셨습니다.)

† † †

††† 1997년 6월 10일

　　나의 아들의 몸과 피에 대해 생각하는 것은, 너에게 다가오는 사람을 식별하는 가장 확실한 방법이다.
　　―― 이것을 항상 명심하여라.

　　(사도행전 14 : 3 ―― 주님께서는 그들의 손을 통하여 표징들과 이적들이 일어나게 해 줌으로써, 당신 은총에 관한 그들의 말을 확인해 주었다.)

††† 1997년 6월 14일

　　인간이 정말로 어떻게 살아야 하는가를 알게 되는 날은 많은 사람들이 후회하는 날이 될 것이다. 인간의 죄가 모두에게 밝혀지게 되는 날은 비탄의 날이 될 것이다.
　　예수가 오시는 날은 많은 사람들에게 기쁨과 용서의 날이 될 것이다. 그러나 모든 사람에게는 아닐 것이다. 그 날이 올 때까지 구원의 기쁜 소식을 세상에 전파하는 것이 모든 크리스챤들의 의무이다. 그래야만 더 많은 사람들이 그 날에 예수에게로 다가올 수 있을 것이다

　　(1 베드로 2 : 12 ―― 이교인들 가운데에 살면서 바르게 처신하십시오. 그래야 악을 저지르는 자들이라고 여러분을 중상하는 그들도 여러분의 착한 행실을 지켜 보고, 하느님께서 찾아

오시는 날에 그분을 찬양하게 될 것입니다.)

††† 1997년 6월 17일

이 세상은 내 사랑의 창조물이다. 이 세상은 내 사랑의 보석이다. 이 세상은 내 사랑의 선물이다.
나의 사랑으로 나는 인류에게 줄 선물로 이 보석을, 곧 인류가 즐길 낙원을 창조했다.
이 선물을 귀하게 여겨라. 그리고 그 보석이 다시 찬란하게 빛날 수 있도록, 다시 그 본래 대로의 선물이 될 수 있도록 소중히 다루어라.

††† 1997년 6월 17일

그것은 구하고 있는 모든 사람을 기다리고 있다. 그것은 모든 사람을 위해 있다. 그것은 노력만 한다면 손에 넣을 수 있다……. 오, 천국!

††† 1997년 6월 17일

네가 만나는 모든 사람을 위해 축복을 비는 기도를 하여라. 네가 만나는 모든 사람을 위해 선물을 비는 기도를 하여라.

모든 사람의 구원을 비는 기도를 하여라.

(집회서 11 : 26 —— 주님께는 마지막 날 각자의 행실대로 보상하기가 쉽기 때문이다.)

†††   1997년 6월 17일

사랑의 현존 안에서 성장하여라. 하느님의 현존 안에서 겸손하여라. 하느님의 현존은 바로 성체이다.

(하바꾹 1 : 5 —— 너희는 민족들을 보고 또 바라보아라. 질겁하고 또 질겁하여라. 너희 시대에 어떤 일이 이루어지리니 그것을 듣더라도 너희는 믿지 못하리라.)

†††   1997년 6월 23일

죄는 마음을 더럽힌다.
고해 성사는 죄를 깨끗이 씻어준다.

(하께 1 : 7 —— 만군의 주님께서 이렇게 말씀하신다. 너희가 살아온 길을 돌이켜 보아라.)

† † †

††† 1997년 6월 23일

친절함을 가지고 진실되게 이야기하는 것은 상대방의 감정을 해치지 않는다. 진실되기는 하지만, 악의를 가지고 이야기하는 것은 죄이고, 그것은 항상 상대방에게 상처를 입힌다.

(시편 145 : 21 —— 내 입은 주님에 대한 찬양을 이야기하고 모든 육신은 그 거룩하신 이름을 찬미하리라.)

††† 1997년 6월 23일

교회를 위하여 기도하여라. 성직자를 위하여 기도하여라. 이 세상을 위하여 기도하여라.

(요한 6 : 45 —— '그들은 모두 하느님께 가르침을 받을 것이다.'라고 예언서들에 기록되어 있다. 아버지의 말씀을 듣고 배운 사람은 누구나 나에게 온다.)

††† 1997년 6월 25일

성체 강복은 사제들과 평신도들 사이에서 종종 잊혀지고 있다. 성체 강복은 때때로 경시되고 무의미한 것으로 여겨지고 있다.

성체 강복은 하느님이 내려주시는 중요한 은총이다.

그러므로 사람들은 겸손되게 하느님을 흠숭하고 사랑하는 것을 보여줄 수 있다.

††† 1997년 6월 26일

주교의 손에는 교회의 권위가 있다. 주교의 생활은 예수의 본보기가 되어야 한다. 주교의 마음에는 예수의 사랑이 있어야 한다. 그래야만 진실로 주교이다.

(예레미야 5 : 1 —— 예루살렘 거리마다 쏘다니며 살펴보고 알아보아라. 한 사람이라도 만날 수 있는지 광장마다 찾아보아라. 그 곳에 의롭게 처신하고 진실을 찾는 이가 있어 내가 그 곳을 용서할 수 있는지 알아보아라.)

††† 1997년 6월 28일

네 인생 전체를 하나의 기도로 만들면, 네 인생은 완전한 것이 된다. 네 인생 전체를 나의 것으로 만들면, 살 만한 가치가 있는 인생이 된다. 네 인생 전체를 하느님에게 제물로 바치면, 네 인생은 참된 선물이 된다.

(마르코 8 : 35-36 —— 정녕 자기 목숨을 구하려는 사람은 그

것을 잃을 것이고, 나와 복음 때문에 목숨을 잃는 사람은 그것을 구할 것이다. 사람이 온 세상을 얻고도 제 목숨을 잃으면 무슨 소용이 있느냐?)

††† 1997년 6월 28일

어려운 결정을 내리는 것은 때로는 필요한 일이다. 그러나 그것이 사랑과 올바른 이유 때문에 내려졌다면, 그 결정이 옳았다는 것을 너는 알게 될 것이다.

(루가 9 : 62 —— 손을 쟁기에 대고 뒤를 돌아보는 자는 하느님 나라에 합당하지 않다.)

††† 1997년 7월 3일

이 세상은 보석이지만, 오늘 날 죄의 담요에 의해 어둠 속에 숨겨져 있는 보석이다.
그 담요를 벗겨내어 보석이 다시 찬란하게 빛나게 하기 위해서 이 세상에는 오로지 사랑이 필요하다.

(이사야 66 : 22 —— 정녕 내가 만들 새 하늘과 새 땅이 내 앞에 서 있을 것처럼 너희 자손들과 너희의 이름도 그렇게 서 있으리라.)

✝✝✝   1997년 7월 8일

　　나의 종이 되는 것은 항상 사랑하는 자가 되는 것을 의미한다. 나의 종이 되는 것은 항상 용서하는 자가 되는 것을 의미한다. 나의 종이 되는 것은 항상 정직하게 사는 자가 되는 것을 의미한다.
　　네 생활에 진리가 없다면, 네가 어떻게 나와 함께 있을 수 있겠느냐? 왜냐 하면, 나는 진리이기 때문이다.
　　네 생활에 사랑이 없다면, 네가 어떻게 나를 반영할 수 있겠느냐? 왜냐 하면, 나는 사랑이기 때문이다.
　　네 생활에 용서가 없다면, 네가 어떻게 나의 사랑을 전파할 수 있겠느냐? 왜냐 하면, 진리 안에 용서가 없다면, 사랑도 없기 때문이다.

　　(시편 19 : 9 —— 주님의 규정은 올발라서 마음을 기쁘게 하고 주님의 계명은 맑아서 눈에 빛을 주는도다.)

✝✝✝   1997년 7월 10일

　　나의 아들은 골고타를 향해 걸어갈 때, 어깨에 죄의 십자가를 짊어지고 갔다. 나의 아들은 저들이 십자가에 높게 매달았을 때, 성심에 죄의 무거운 짐을 짊어지고 갔다.
　　나의 아들은 모든 사람을 위한 사랑의 징표로, 영혼에 죄의 패배를 짊어지고 갔다.

이제 사람들은 구원받기 위해서 자신의 마음 속에 이 진리를 짊어지고 갈 필요가 있다.

††† 1997년 7월 10일

인생에서 그 어떤 것도 두려워하지 말아라. 그러면 너는 참된 인생을 살 수 있을 것이다.

인생에서 나를 믿음으로써 그 어떤 것도, 두려워하지 말아라.

인생에서 그 어떤 것도 두려워하지 말아라. 그러면 악이 너를 해치지 못한다는 것을 알 것이다.

(이사야 63 : 17 —— 주님, 어찌하여 저희를 당신의 길에서 벗어나게 하시나이까? 저희 마음이 굳어져 당신을 경외할 줄 모르게 만드시나이까?)

††† 1997년 7월 27일

어떤 사람이 어느 날, 앉아서 거울을 들여다보고 있었다. 거울 속에서 볼 수 있는 것이라고는 자신의 결점 뿐이었다. 곧 흰 머리칼, 머리가 벗겨진 모습, 불룩 튀어나온 배, 주름살, 늙은 모습 그리고 점점 쇠약해져 가는 몸 뿐이었다.

그 사람은, "너는 이제 더 이상 완전하지가 않아. 얼마나 실망스러운 존재인지 몰라." 하고 자신의 교만이 말하고 있다는 것을 이해하지 못했다.

그 사람은 자신이 본 많은 결점들은 전혀 결점이 아니며, 삶의 자연스러운 부분이라는 것을 잊어버렸다.

그 사람은 그런 일이 모든 사람에게 일어나고 있으며, 그 누구도 피할 수 없다는 것을 잊어버렸다. 그 사람은 자신의 삶과 자신의 좋은 점을 보는 것을 잊어버렸다.

그렇다, 그런 일은 도처에서 일어나고 있다. 그러나 그럴 만한 이유가 있어서 일어나고 있는 것이다. 그런 데도 지금 그 사람은 자신의 삶에 커다란 고민거리로 만들어버렸다.

즐거운 인생을 보내는 대신에, 그 사람은 내일에 대한 걱정과 불안으로 가득찬 생활을 하기 시작했다.

그러나 아무 것도 변하지 않았다. 그 사람은 계속 늙어 갔으며, 그의 걱정은 즐겨야 할 생활을 제외하고는 아무 것도 가로막지를 못했다. 그 사람은 죽었다. 그리고 근심걱정거리를 무덤까지 가지고 갔다. 그리고 자신의 인생의 많은 부분을 허송해버렸다.

만약 매순간을 있는 그대로, 곧 보물로 보았더라면 그리고 앞으로 닥쳐올 일에 대해서 걱정을 하지 않았더라면, 그 사람은 의도했던 대로 즐거운 인생을 보낼 수 있었을 것이다.

오늘 날, 너무나도 많은 사람들이 이 사람과 비슷하게 내일에 대해서 걱정을 하면서도 오늘에 대해서는 잊고 있다.

만약 네가 오늘을 자신의 삶에 중요한 날로 만든다면, 내일은 기쁜 날이 될 것이다.

만약 네가 매순간을 사랑의 순간으로 만든다면, 내일은

고통의 무거운 짐이 아니라, 기쁨의 보물이 될 것이다.
　만약 네가 지금을 하느님의 시간으로 만든다면, 그때 영원은 사랑 안에서 네 것이 될 것이다.

　(이사야 7 : 9 ── 너희가 믿지 않으면 정녕 서 있지 못하리라.)
　(마태오 12 : 32 ── 성령을 거슬러 말하는 자는 현세에서도 내세에서도 용서받지 못할 것이다.)

†††　1997년 7월 28일

　믿음 …… 말하기는 쉽지만, 달성하기는 어렵다.
　사랑 …… 받기는 쉽지만, 주기는 어렵다.
　희망 …… 갖기는 쉽지만, 추구하기는 어렵다.
　생활 속에서 희망을 가졌을 때, 종종 그 희망이 이끌어가는 길을 따라 가기가 어려운 경우가 있다.
　생활 속에서 사랑을 가졌을 때, 종종 함께 나누어야 할 그 사랑을 함께 나누는 것이 어려운 경우가 있다.
　생활 속에서 믿음을 가졌을 때, 종종 아무 것도 이루어지지 않는 것처럼 보이면, 그 믿음을 지켜 나가기가 어려운 경우가 있다.
　예수의 참된 사랑을 가졌을 때, 네 믿음이 굳세어지고 너는 결코 희망을 잃지 않을 것이다. 왜냐 하면 예수 안에서 너는 참된 자아, 곧 사랑의 자아를 발견하기 때문이다.

(잠언 2 : 2 —— 지혜에 네 귀를 기울이고 슬기에 네 마음을 모은다면,)

††† 1997년 7월 28일

기도 속에서 너는 나를 발견한다. 기도 속에서 너는 네 자신을 발견한다.
——기도 속에서 너는 진리를 발견한다.

(다니엘 14 : 5 —— 저는 손으로 만든 우상이 아니라, 하늘과 땅을 창조하시고 모든 생물을 지배하시는 살아 계신 하느님을 숭배합니다.)

††† 1997년 7월 29일

사랑으로 앞으로 나아가라. 뒷걸음질치는 것은 죄이다. 겸손으로 앞으로 나아가라. 뒷걸음질치는 것은 교만이다.
믿음으로 앞으로 나아가라. 뒷걸음질치는 것은 의심이다.
예수 안에서 앞으로 나아가라. 예수 안에서 너는 결코 뒷걸음질치는 일이 없을 것이다.

†††

††† 1997년 7월 30일

하느님의 사랑 안에 있으면 너는 산다.
그 밖으로 나오면 너는 죽는다.

(욥기 15 : 11 —— 자네는 하느님의 위로와 부드러운 말만으로는 모자란단 말인가?)

††† 1997년 8월 1일

사랑의 장미꽃은 모든 인간의 마음 안에 있다. 그리고 잘 가꾸면 성장할 것이다. 사랑의 장미꽃은 모든 사람의 영혼 안에 있다. 그리고 잘 돌보면 감미로운 향기를 발산할 것이다.
사랑의 장미꽃은 나의 아들 예수이다.
그리고 성체 성사의 음식과 기도의 빛으로, 모든 인간은 예수의 사랑 안에서 자신의 마음을 천국의 장미꽃이 되도록 가꾸어 나갈 수 있다.

(즈가리야 2 : 15 —— 그 날에 많은 민족이 주님과 결합하여 그들은 내 백성이 되고 나는 그들 한가운데에 머무르리라. 그 때에 너는 만군의 주님께서 나를 너에게 보내셨음을 알게 되리라.)

† † †

††† 1997년 8월 1일

희생은 사랑의 선물이다. 희생은 자기를 주는 것이다.
희생은 희망의 보물이다.
나를 위하여 희생할 때, 그것은 천국의 영원한 보물을 발견하려는 희망으로, 나에게 바치는 네 자신의 선물이 된다.
그 희망을 나는 내 사랑으로 가득 채워줄 것이다.

(잠언 22 : 11 —— 깨끗한 마음을 사랑하고 친절하게 말하는 이는 임금의 벗이 된다.)
(즈가리야 9 : 8 —— 나는 내 집 앞에 보초처럼 진을 치고 아무도 오가지 못하게 하리라.)

††† 1997년 8월 3일

영성 생활은 현세의 삶에 등을 돌리는 것이 아니다. 오히려 삶의 가치를 더 높여준다. 만약 영적인 지혜 속에서 성장을 추구할 때 현세의 삶에 등을 돌린다면, 너는 성장을 할 수 없을 것이다.
현세의 삶은 네 전체적인 존재의 일부이므로, 그 한 부분으로서 소중히 해야 한다. 물론 가장 중요한 부분은 아니지만, 없어서는 안 될 부분이기 때문이다.
나의 사랑 안에서 현세의 삶을 충실히 사는 것은 바로 네가 이 땅에 있는 이유이며, 그것을 무시하는 것은 내가 너에게 내려준 귀중한 생명의 선물에 대하여 네 마음을 닫는 셈이 된다.

천국에서 영원한 삶을 누리는 것이 목표이지만, 그러나 이 세상의 삶은 필연적으로 예수에게 인도해주는 길이다.

†††　1997년 8월 3일

그리스도 안의 친구들은 평생 친구들이다.

(에페소 6 : 18 —— 여러분은 늘 성령 안에서 온갖 기도와 간구를 올려 간청하십시오. 그렇게 할 수 있도록 인내를 다하고 모든 성도들을 위하여 간구하며 깨어 있으십시오.)

†††　1997년 8월 3일

완전히 하느님의 것이 되는 것은 완전히 사랑하는 것을 의미한다.

(루가 1 : 47-48 —— 내 영혼이 주님을 찬송하고 내 마음이 나의 구원자 하느님 안에서 즐거워하니 그분께서 당신 종의 비천함을 굽어 보셨기 때문입니다.)

† † †

††† 1997년 8월 4일

기도 안에서 살아라. 기도 안에서 베풀어라.
──그리고 기도 안에서 믿으라.

††† 1997년 8월 11일

세례를 통해서 너는 예수 안에 봉인되었다. 세례를 통해서 너는 나의 것이 되었다.
세례를 통해서 너는 성령으로 가득 채워졌다.
하느님에게 바쳐진 영혼, 사랑으로 베풀어준 육신,
영원한 분이 내려준 아이──.

(예레미야 52 : 20 ── 솔로몬 임금이 주님의 집에 만들어 놓은 두 개의 기둥과 청동바다 하나와, 받침대 밑에 청동으로 만든 황소 열두 개 등 그 모든 청동집기들을 달아보면, 그 무게를 헤아리기 어렵다.)

††† 1997년 8월 20일

나는 이 세상을 내려다 보고, 거기에 충만한 온갖 혼란과 소란과 죄를 본다. 나는 파멸로 몰아넣으려고 안간힘을 쓰는 가정을 본다. 그리고 어떻게든 생활 태도를 바꾸고 살아 나아가려고 노력하기보다는 죽음을 택하기를 원할 정도로 불안정한 가정을 본다.

　　인류는 지금 자기파멸의 길로 향하고 있다. 만일 그 마음과 정신을 바꾸지 않는다면, ──바꾸지 않는다면, 원하는 대로 파멸을 초래하고 말 것이다.

　　자녀를 사랑하는 다른 부모와 마찬가지로, 나도 이 세상의 내 가정이 자기 자신을 해치는 것을 원하지 않는다. 그러나 나는 나의 뜻을 그들에게 강요하지는 않을 것이다.

　　오직 나는 사랑을 베풀고 이끌어주고 보살펴 주고 있다.

　　내가 얼마나 인간들이 이런 나의 사랑과 배려를 받아들이고 살아주기를 원하고 있는지 모른다. 내가 인간들이 눈을 크게 뜨고, 지금 행하고 있는 것의 현실을 직시해주기를 얼마나 원하고 있는지 모른다. 그리고 현실을 바꾸지 않으면, 확실히 죽게 된다는 것도 직시하기를 바란다.

　　　　(에제키엘 2 : 4 ── 얼굴이 뻔뻔하고 마음이 완고한 저 자손들에게 내가 너를 보낸다. 너는 그들에게 '주 하느님이 이렇게 말한다.' 하고 말하여라.)

✝✝✝　1997년 8월 20일

　　모든 순간을 나의 손에 맡겨라. 그러면 모든 순간이 가치 있는 것이 될 것이다.

(집회서 17 : 3 —— 그분께서는 당신 자신처럼 권능을 그들에게 입히시고 당신 모습으로 그들을 만드셨다.)

††† 1997년 8월 21일

복음을 전하기 위해서는 너는 7성사와 기도로 강해질 필요가 있다.
네가 함께 나눌 진리와, 베풀어줄 힘과, 나에게 진심으로 봉사하기 위한 겸손을 발견하는 것은 복음을 통해서이다.

(바룩 3 : 14 —— 현명함이 어디에 있고 힘이 어디에 있으며 지식이 어디에 있는지를 배워라.)

††† 1997년 8월 21일

네 육신은 영혼의 성전이다. 그러므로 존경심을 가지고 대해야 한다. 네 육신은 나의 사랑의 선물이다. 그러므로 정성껏 돌보아야 한다. 네 육신은 창조의 기적의 일부이다. 그러므로 창조물로 존재하는 데 필요한 것에 대한 이해심을 나타내 보여야 한다.
네 육신을 존중하여라. 그리고 나의 사랑의 선물을, 어떻게 만들어지고 왜 창조되었는가에 대한 이해를 가지고 대하여라.

(바룩 3 : 35 —— 그분께서 별들을 부르시니 '여기 있습니다.' 하며 자기들을 만드신 분을 위하여 즐겁게 빛을 낸다.)

††† 1997년 8월 21일

 기도는 생활에 꼭 필요한 것이다. 비록 종종 십자가처럼 느껴지겠지만 말이다. 기도는 생활에 꼭 필요한 것이다. 만일 네가 본연의 삶을 살기를 원한다면 말이다.
 기도는 생활에 꼭 필요한 것이다. 왜냐 하면, 기도는 나에게 바치는 것이고, 선한 일을 위한 기도이면 생활에 필요한 모든 것을 가져다 주기 때문이다.

(호세아 10 : 12 —— 지금이 주님을 찾을 때이다. 그가 와서 너희 위에 정의를 비처럼 내릴 때까지.)
(루가 11 : 9 —— 내가 너희에게 말한다. 청하여라, 너희에게 주실 것이다. 찾아라, 너희가 얻을 것이다. 문을 두드려라, 너희에게 열릴 것이다.)

††† 1997년 8월 22일

 ——침묵은 때때로 은총이 될 수 있다.
 만일 그 침묵이, 말을 실수하지 않도록 했다면 말이다.

✝✝✝   1997년 8월 22일

　　사소한 좌절에 연연하지 말아라. 그대로 무시하고 지나쳐라. 그렇지 않으면 그것이 커다란 문제로 발전할 수가 있다.

✝✝✝   1997년 8월 23일

　　네 영혼에서 죄를 깨끗이 씻어내는 것은, 고해 성사로 성령의 힘을 통하여 나의 아들에 의해서 베풀어준 용서의 강물에서 목욕하는 것을 의미한다.
　　그러므로 너는 용서를 받고, 치유를 받고 그리고 삶에서 죄를 극복할 수 있는 은총을 받게 된다.

✝✝✝   1997년 8월 24일

　　어린이의 마음은 모든 사람 안에 있다. 어린이의 사랑은 모든 사람의 마음 안에 있다.
　　사랑에 대한 어린이의 요구는 모든 사람의 마음 안에 있다. 그러므로 만일 예수의 성심을 향해 돌아선다면, 모든 사람은 예수의 성심이 자기 자신을 기다리고 있다는 것을 알게 될 것이다.

　　(이사야 7 : 2 —— 아람이 에브라임에 진주하였다는 소식이 다

윗 왕실에 전해지자 숲의 나무들이 바람 앞에 떨듯, 임금의 마음과 그 백성의 마음이 떨렸다.)

✝✝✝   1997년 8월 25일

혼란스러울 때에는 예수를 생각하여라. 불확실할 때에는 예수를 생각하여라. 괴로울 때에는 예수를 생각하여라.
예수 안에서 평화와 위안을 찾고, 예수 안에서 나를 찾아라.

(에페소 4 : 21 —— 여러분은 예수님 안에 있는 진리대로, 그분에 관하여 듣고 또 가르침을 받았을 줄 압니다.)

✝✝✝   1997년 8월 25일

결혼 생활을 하다 보면, 곤란한 시기가 물론 있을 것이다. 그러나, 네가 자신의 사랑이 얼마나 강한가를 보여줄 수 있는 것은 바로 그 때이다.

(요나 2 : 3 —— 제가 곤궁 속에서 주님을 불렀더니 주님께서 저에게 응답해 주셨습니다.)

✝ ✝ ✝

††† 1997년 8월 25일

성체를 네 삶의 중심으로 삼으면 삶이 사랑의 축복이 될 것이며, 삶이 기쁨이 될 것이며 삶이 본래의 모습, 곧 성스러운 것이 될 것이다.

(에제키엘 20 : 12 ── 나 주님이 그들을 거룩하게 하는 이임을 알게 하였다.)

††† 1997년 8월 26일

사랑의 기쁨은 모든 사람이 누려야 하는 기쁨이다. 왜냐하면, 모든 사람은 사랑을 받고 있기 때문이다.
그 사실을 일부 사람들이 모르고 있을 뿐이다.

(요한 8 : 42 ── 하느님께서 너의 아버지라면 너희가 나를 사랑할 것이다. 내가 하느님에게서 나와 여기에 와 있기 때문이다. 나는 내 스스로 온 것이 아니라 그분께서 나를 보내신 것이다.)

††† 1997년 8월 27일

사랑으로 충만한 세상을 상상해 보아라. 미움도 없고 노여움도 없고, 죄악도 없는 세상을 ──이런 것을 상상하면서 내가 이 세상을 창조했을 때, 처음에 어땠었는가를 상상해 보아라. 그리고 내 품 안으로 다시 인간들을 맞아들일 때, 이 세상이 다시 어떻게 변하겠는가를 상상해 보아라.

††† 1997년 8월 28일

마리아의 품 안에서 모든 사람은 참된 사랑을 발견할 수 있다. 왜냐 하면, 너희를 나의 아들 예수에게 더욱 가까이 데려다주는 힘이 마리아의 품 안에 있기 때문이다.

(사도행전 9 : 41 ── 베드로는 손을 내밀어 그를 일으켜 세운 다음, 성도들과 과부들을 불러 다시 살아난 도르가를 보여주었다.)

††† 1997년 8월 28일

마음의 재결합은 네가 예수에게로 돌아갈 때 시작된다.

(시편 103 : 10 ── 우리의 죄대로 우리를 다루지 않으시고 우리의 잘못대로 우리에게 갚지 않으시는도다.)

†††

††† 1997년 8월 30일

남들을 도와주는 방법을 자기 자신이 아니라 돈에서 찾아라. 그러면 돈은 사랑의 선물, 곧 모두가 함께 나누는 선물이 될 것이다.

(이사야 30 : 29 —— 주님의 산으로, 이스라엘의 반석이신 분께로 들기 위하여 피리소리와 함께 나아가는 사람처럼 너희 마음이 기쁘리라.)

††† 1997년 9월 4일

나의 아들이 너에게 사랑을 베풀 때, 대신 요구하는 것은 네 사랑 뿐이다. 나의 아들이 너에게 성심을 줄 때, 대신 요구하는 것은 네 마음 뿐이다.
나의 아들이 너에게 생명을 줄 때, 대신 요구하는 것은 네 생명 뿐이다.
예수가 베푸는 것은 성심 안의 사랑으로 충만한 생명이고, 네가 해야할 일은 예수에게로 돌아가는 것 뿐이다.

(잠언 3 : 5 —— 네 마음을 다하여 주님을 신뢰하고 너의 예지에는 의지하지 말아라.)

† † †

††† 1997년 9월 4일

　　네 마음이 나의 사랑을 반영해주기를, 네 삶이 나의 사랑을 반영해주기를, 네 영혼이 나의 사랑을 반영해주기를 그리고 네가 천국에서 나와 함께 영원히 살게 되기를 바란다.

　　(예레미야 44 : 25 ── 너희가 한 서약을 반듯이 실천하겠다고 하는구나. 너희 서약을 채울 테면 채워보고, 너희 서약을 실천할테면 실천해 보아라!)

††† 1997년 9월 5일

　　나의 아들이 찾아올 때는 사랑과 용서로 찾아온다. 그런데 어째서 많은 사람들은 앞으로 무슨 일이 일어날 것인가에 대해 두려워하는가? 만일 선하고 성스러운 삶을 살아 왔다면, 그들은 두려워할 것이 하나도 없다.
　　이러한 두려운 감정을 많은 사람이 갖고 있는 것은, 본연의 자세를 잊은 채 하느님을 위해 살지 않았기 때문이다.
　　이러한 감정을 네 양심이 대변해주고 있다. "네 자신을 보아라. 그리고 네 마음을 사랑의 마음이 되도록 바꾸라. 이기적이 되지 말고, 힘을 믿지 말고, 편견을 갖지 말고, 남을 비방하지 말고, 죄를 변명하지 말고, 다른 사람에 대해서 절망하지 말아라. 지금이야말로 바로 네 자신을 바꿀 필요가 있다."
　　이러한 감정을 네 양심이 대변해 주고 있다. "우선 네 자신을 바꾸라. 그 다음에 다른 사람이 바뀌도록 도와주어라.
  만일 네가 본연의 자세대로 살지 않는다면, 예수에게 돌아가야할 필요가 있는 사람들에게 어떤 종류의 본보기를 보여주겠느냐?"

  (욥기 15 : 22 —— 그는 어둠에서 벗어나기를 바라지도 못하고 칼에 맞을 운명이라네.)

✝✝✝ 1997년 9월 9일

  육체적인 병에는 의사를 찾아가고, 영적인 병에는 사제를 찾아가라.
  왜냐 하면 모든 사제는 내가 너에게 주는 선물이기 때문이다.

  (마태오 4 : 23 —— 예수님께서는 백성 가운데에서 모든 아픔과 모든 질병을 고쳐 주셨다.)
  (전도서 3 : 13 —— 모든 인간이 자기의 온갖 노고 속에 먹고 마시며 행복을 누리는 것, 그것이 하느님의 선물이다.)
  (2 마카베오 15 : 8 —— 그래서 자기 군사들에게, 전에 하늘에서 내린 도우심을 명심하여 이민족들의 공격을 겁내지 말고, 이번에도 전능하신 분께서 그들에게 승리를 주실 것으로 기대하라고 격려하였다.)

††† 1997년 9월 9일

기도는 사랑의 선물이다. 기도는 사랑의 은총이다. 기도는 사랑의 징표이다. 그것을 믿는 사람들에게는 ──.

(전도서 3 : 8 ── 사랑할 때가 있고 미워할 때가 있으며 전쟁의 때가 있고 평화의 때가 있다.)

††† 1997년 9월 11일

네 마음에 남을 사랑해야 한다는 것을 깊이 새겨두어라.
왜냐 하면, 남을 사랑하는 것은 바로 네가 나를 사랑한다는 것을 나타내주기 때문이다.

††† 1997년 9월 11일

그들이 너를 배려해주기를 바라는 것보다 다른 사람들에게 먼저 마음의 배려를 해주어라.

(시편 107 : 31 ── 이들은 주님께 감사드릴지어다, 그 자애를 사람들을 위한 그 기적들을.)

† † †

††† 1997년 9월 11일

다른 사람들에 대하여 생각할 때, 오로지 좋은 점만을 생각하고, 도와주고 사랑할 생각만 하여라. 그래야만 당연히 생각할 것을 생각하는 것이다.

(지혜서 11:5 —— 이렇게 그들의 원수들에게는 징벌의 도구가 되었던 바로 그것(물)이 곤경에 빠진 그들에게는 득이 되었습니다.)

††† 1997년 9월 11일

혜택을 입는 사람은 주는 사람이지 받는 사람이 아니다.

(시편 34:10 —— 주님을 경외하라, 그분의 거룩한 이들아. 그분을 경외하는 이들에게는 아쉬움이 없나니.)

††† 1997년 9월 17일

영혼 쪽에서 보자면, 네 정신을 나의 사랑에 개방할 필요가 있다. 마음 쪽에서 보자면, 네 마음을 나의 사랑으로 가득 채울 필요가 있다.

사랑으로 보자면, 네 마음과 영혼을, 7성사와 기도와 나의 뜻을 완전히 받아들임으로써 성령으로 가득 채워야 한다.

(지혜서 12 : 1 —— 당신 불멸의 영이 만물 안에 들어 있기 때문이다.)

††† 1997년 9월 17일

하느님 나라 전체가 세상을 내려다 보면서 사랑을 베풀고, 사랑하는 것을 도와주고 있다.
모든 천사들과 성인들은 나의 영광스러운 사랑을 영원히, 영원히 나누기 위해 모든 영혼들이 나에게로 돌아오기를 열망하고 있다.
하느님 나라는 부름에, 곧 하느님에게로 돌아오라는 부름과, 영원한 평화를 누리러오라는 부름에 귀를 기울이는 사람들을 기다리고 있다.
인간은 참된 자아와 참된 보금자리를 발견하는 데 필요한 모든 것을 제공받고 있다. 인간이 해야 할 일은 오로지 나의 부름에 귀를 기울이고, 주의를 기울이기만 하면 된다.

(마태오 26 : 35 —— 베드로가 다시 예수님께 말하였다. '스승님과 함께 죽는 한이 있더라도, 저는 스승님을 모른다고 하지 않겠습니다.' 다른 제자들도 모두 그렇게 말하였다.)

† † †

††† 1997년 9월 17일

내게 길을 안내해 달라고 기도하면, 너는 틀림없이 그 응답을 듣게 될 것이다.

††† 1997년 9월 23일

두려워하지 않도록 노력하면서 신뢰하여라. 걱정하지 않도록 노력하면서 믿으라. 의심하지 않도록 노력하면서 믿음을 가져라. 그러면 모든 일이 가능하다.

(이사야 10 : 20 ── 이스라엘의 거룩하신 분 주님께만 충실히 의지하리라.)

††† 1997년 9월 30일

사랑하는 마음, 남을 배려하는 마음, 함께 나누는 마음, 이것이야말로 인간이 가져야하는 본연의 마음이다.

(예레미야 9 : 23 ── 자랑하려는 이는 이런 일을 곧 나를 이해하고 알아 모시는 일을 자랑하여라. 나는 과연 자애를 실천하고 공정과 정의를 세상에 실천하는 주님으로서 이런 일들을 기꺼워한다.)

††† 1997년 9월 30일

나의 이름으로 봉사하여라. 나의 영광을 위해 일하여라. 나를 찬양하기 위해 말하여라.
항상 나를 위해 살때 진정으로 겸손해진다.

(즈가리야 9 : 11 —— 너에게는 나와 피로 맺은 계약이 있으니 포로가 된 백성을 물 없는 구덩이에서 끌어내 주리라.)

††† 1997년 9월 30일

네가 사랑으로 입을 열면, 나는 거기에 있다. 네가 사랑으로 마음을 열면, 나는 거기에 있다.
네가 사랑으로 영혼을 열면, 나는 거기에 있다.
——사랑 안에, 나는 항상 있다.

††† 1997년 10월 4일

나의 사랑 안에서 기뻐하여라. 너의 삶 속에서 기뻐하여라. 너의 삶 속의 나의 사랑 안에서 기뻐하여라.

(다니엘 12 : 3 —— 그러나 현명한 이들은 창공의 광채처럼 많은 사람을 정의로 이끈 이들은 별처럼 영원 무궁히 빛나리라.)

††† 1997년 10월 4일

모든 남자들은 형제이다. 모든 여자들은 자매이다.
──모든 사람은 한 가족이다.
사람들이 이것을 이해하고 한 가족처럼 생활하면, 낙원이 이 세상에 돌아올 것이다.

(이사야 2 : 17-18 ── 인간의 거만은 꺾어지고 사람의 교만은 숙어지리라. 그날 주님 홀로 들어높여지시리라. 우상들도 모조리 사라지리라.)

††† 1997년 10월 10일

사랑의 반영, 은총의 반영, 나의 아들의 반영은, 만일 사람들이 나를 신뢰하고 믿기만 한다면, 인간의 본래의 모습이 된다.

(지혜서 11 : 26 ── 생명을 사랑하시는 주님 모든 것이 당신의 것이기에 당신께서는 모두 소중히 여기십니다.)

††† 1997년 10월 10일

네 영혼을 7성사로 정화시켜라. 그러면 네 영혼이 마냥 기뻐할 것이다.

††† 1997년 10월 10일

　　가난이 깊어지면 탐욕도 깊어진다. 가난이 무시되면 탐욕도 수그러든다. 일부 사람의 가난은 다른 사람들에게는 풍요를 의미한다.
　　이 세상에서는 가난이 큰 죄악처럼 여겨지고 많은 사람들이 강요받고 있다. 그렇게 함으로써 탐욕스러운 사람들은 만족할 줄 모르는 식욕을 완화시킬 수가 있다.
　　그러나 최후의 날에, 많은 사람들이 그 죄값을 치루게 될 것이다.

　　(시편 146 : 4 —— 그 얼이 나가면 흙으로 돌아가고 그날로 그의 모든 계획들도 사라지는도다.)

††† 1997년 10월 11일

　　다른 사람들의 필요를 알아차려라. 그리고 사랑으로 그것에 응답하여라. 다른 사람들의 아픔을 알아차려라. 그리고 사랑으로 그것에 응답하여라.
　　다른 사람들의 고독을 알아차려라. 그리고 사랑으로 그것에 응답하여라.
　　어떤 상황 속에서라도 모든 사람을 사랑하여라. 그러면 네가 나로부터 나온 모든 사람에 대한 환영의 입김이 되어 있는 것을 발견하게 될 것이다.

(이사야 6 : 10 —— 너는 이 백성의 마음을 무디게 하고 그 귀를 어둡게 하며 그 눈을 들어붙게 하여라. 그들이 눈으로 보고 귀로 듣고 마음으로 깨닫고서는 돌아와 치유되는 일이 없게 되리라.)

††† 1997년 10월 13일

길을 잃은 사람은 자아의 너머쪽을 바라보고, 창조물 안에서 모든 사람에게 주는 나의 선물인 사랑을 찾아볼 필요가 있다. 길을 잃은 사람은 자아의 너머쪽을 바라보고, 사랑을 하는 사람과 죄를 짓는 사람을 기다리고 있는 것이 무엇인가를 알아볼 필요가 있다.

길을 잃은 사람은 자아의 너머쪽을 바라보고, 만약 천국의 영원한 상을 원하면 자신이 얼마나 바뀔 필요가 있는 지를 알아야만 한다.

(욥기 15 : 17 —— 자네에게 일러줄테니 듣게나. 내가 본 것을 이야기해 주겠네.)

††† 1997년 10월 14일

성지는 평화로운 비상이 가져다주는 사랑으로 충만해지기를 기다리고 있다. 성지는 너희 하느님 백성을 기다리고 있다.

성지는 어떻게 하면 거룩해지는가에 대한 본보기로서, 평화의 비상이 하느님의 사랑 안에서 가져다주는 기도와 희생을 기다리고 있다.

(이사야 23 : 1 —— 통곡하여라, 다르싯의 배들아. 집 하나 남김없이 파괴되었다. 카프로스 땅에서 오는 길에 그들에게 이 소식이 전해졌다.)

✝✝✝   1997년 10월 14일

이스라엘은 희망의 땅, 예언자들의 땅, 하느님의 땅이다. 이스라엘은 혼란의 땅, 증오의 땅, 슬픔의 땅이다. 이스라엘은 예수의 발과 예수의 사랑과 예수의 피의 감촉을 느낀 땅이다.
　이스라엘은 승리를 거둔 땅이지만, 아직도 싸움이 한창이다. 그 이유는 사람들이 진리를 받아들이지 않고 있기 때문이다.
　이 땅에서 진리를 받아들일 때, 미래에 대한 희망이 발견되고, 예수가 주님으로 선포될 것이다.

(시편 40 : 4 —— 내 입에 새로운 노래를, 우리 하느님께 드리는 찬양을 담아주셨도다. 많은 이들이 보고 두려워하며 주님을 신뢰할지어다.)

✝ ✝ ✝

††† 1997년 10월 16일

　나는 그들이 상상조차 할 수 없는 방법으로 모든 사람을 사랑한다. 인류에 대한 나의 사랑은 하느님의 참된 사랑이다.
　항상 용서하고, 항상 이해하고, 항상 위로하며 배려하고, 항상 베풀고, 항상 최선을 다하기를 원하고, 항상 기다리고 있는 사랑이다.
　나의 사랑은 인류에 대한 하나의 본보기이다. 나의 아들 예수의 삶 속에서, 모든 사람이 예수가 산 것처럼 살려고 노력하기를 바라는 마음에서 역력히 보여준 사랑이다.
　나는 나의 자녀들을 사랑하고, 우리가 함께 영원한 삶을 축하할 수 있도록, 자녀들이 그들의 사랑을 되돌려주기를 원하고 있을 뿐이다.

　(요한 6 : 45 ── '그들은 모두 하느님께 가르침을 받을 것이다.'라고 예언서에 기록되어 있다. 아버지의 말씀을 듣고 배운 사람은 누구나 나에게 온다.)

††† 1997년 10월 18일

　만일 네 자신을 칭찬한다면, 너는 교만으로 가득 차서 나를 몰아내게 된다. 만일 나를 칭찬한다면, 너는 겸손으로 가득 차서 자아를 몰아내게 된다.
　만일 나를 칭찬한다면, 마음 속으로부터 하여라. 그러면 자아(自我)에 대한 생각이 사라지는 것을 알게 될 것이다.

††† 1997년 10월 18일

　　내 아들의 사랑은 그들이 행한 희생의 은총에 의해서 모든 사람 안에서 성장한다. 곧 남에게 베풀면 너는 성장한다.
　　희생을 하면 네가 상을 받게 된다. 그리고 곤란한 시기에 너는 은총을 받게 된다.
　　예수는 자신을 따르는 모든 사람들에게 희생이 필요하다고 말한다. 그러므로 예수를 본받아서 살면, 십자가가 영혼들을 구했다는 것을 알게 될 것이다.

　　(예레미야 46 : 18 —— 나의 생명을 두고 맹세한다. 그 이름 만군의 주님이신 임금님의 말씀이다. 산들 가운데서는 다볼 같고, 바닷가에선 가르멜 같은 자가 쳐들어온다.)

††† 1997년 10월 18일

　　천국을 추구할 때 만일 성공하기를 원한다면, 사랑이 네가 걸어가야 할 유일한 길이라는 것을 발견하게 될 것이다.
　　왜냐 하면 천국은 사랑, 유일한 사랑이기 때문이다.

　　(에페소 6 : 18 —— 여러분은 늘 성령 안에서 온갖 기도와 간

구를 올려 간청하십시오. 그렇게 할 수 있도록 인내를 다 하고 모든 성도들을 위하여 간구하며 깨어 있으십시오.)

✝✝✝ 1997년 10월 21일

마리아는 사랑의 모범이다. 마리아는 희생의 모범이다.
마리아는 침묵의 모범이다.
하느님에 대한 사랑으로, 마리아는 아드님이 희생당하는 것을 보면서도 침묵을 지켰다.
이것은 희생을 하는 모든 사람을 위한 좋은 모범이다.

✝✝✝ 1997년 10월 21일

하느님의 어머니는 나의 아들을 잉태했을 때, 인류의 어머니가 되었다.
왜냐 하면, 나의 아들 예수는 모든 사람의 형제이기 때문이다.

(1 고린토 15 : 22 ── 아담 안에서 모든 사람이 죽는 것과 같이 그리스도 안에서 모든 사람이 살아날 것입니다.)

✝ ✝ ✝

††† 1997년 10월 21일

「성가정」은 하느님의 가정이다.
「성가정」, 모든 가정은 「성가정」이 되어야 한다!

(미가 3 : 11 —— 주님께서 우리 가운데 계시지 않느냐? 우리에게는 재앙이 닥칠 리 없다.)

††† 1997년 10월 23일

매일을 사랑으로 충만한 날로 만들어라. 매일을 기도를 하는 날로 만들어라. 매일을 나에게 바치는 날로 만들어라.
그러면 너는 매일을 참되게 살 수 있을 것이다.

(루가 1 : 47 —— 내 영혼이 주님을 찬송하고 내 마음이 나의 구원자 하느님 안에서 즐거워하니.)

††† 1997년 10월 23일

네가 받아들여지기를 원하는 것처럼 남을 받아들여라. 네 이야기에 귀를 기울여주기를 원하는 것처럼 남의 이야기에 귀를 기울여라.
네가 존경받기를 원하는 것처럼 남을 존경하여라.

왜냐 하면 모든 사람은 나의 눈에는 똑같기 때문이다. 따라서 네 눈에도 역시 그렇게 보여야 한다.

(골로사이 3 : 14 —— 이 모든 것 위에 사랑을 입으십시오. 사랑은 완전하게 묶어 주는 끈입니다.)

††† 1997년 10월 23일

나의 사랑을 반영하려면 모든 사람에게 사랑을 베풀어라. 나의 배려를 반영하려면 모든 사람에게 배려를 하여라. 나의 진리를 반영하려면 모든 사람에게 진실하여라.
나는 진리이다. 그리고 다른 사람들에게 나의 사랑을 알리기를 원한다면 그들에게 진실되게 배려를 하고, 그들에게 네가 나의 사랑의 종이라는 모범을 보여주어라.

(사도행전 10 : 34 —— 베드로가 입을 열어 말하였다. '나는 이제 참으로 깨달았습니다. 하느님께서는 사람을 차별하지 않으시고…….')

††† 1997년 10월 23일

죄가 죽음과 같은 것처럼, 사랑은 생명과 같다. 만약 영원한 사랑 안에서 살기를 원한다면, 너는 반드시 현세를 사랑 안에서 살아야 한다. 만약 영원한 죽음만을 원하고 그리고 죄를 계속 짓는다면, 너는 네가 구하는 것을 얻지 못하게 될 것이다.

  나의 이름으로 사랑하여라. 그러면 살게 될 것이다.

  나의 이름으로 살아라. 그러면 영원히 사랑하게 될 것이다.

✝✝✝ 1997년 10월 23일

  나의 자비 안에서는 모든 사람이 용서받을 수 있다. 나의 은총 안에서는 모든 사람이 천국에 갈 수 있다. 나의 성심 안에서는 원하기만 한다면 모든 사람이 살 수 있다.

  (말라기 3 : 17 —— 내가 나서는 날에 그들은 나의 소유가 되리라. 부모가 자기들을 섬기는 자식을 아끼듯 나도 그들을 아끼리라.)

✝✝✝ 1997년 10월 27일

  하늘 높이 날아가는 새나 땅 위에서 자라나는 식물을 볼 때, 태양이 찬란하게 반짝이고 달이 하늘 높이 떠올라 있는 것을 볼 때,

  모든 나라에서 사는 모든 사람과 가정에 있는 가족을 볼 때, 내 창조물의 아름다움과 나의 사랑을 보아야만 한다.

††† 1997년 11월 8일

자식이 부모의 희망을 무시해 버릴 때, 부모의 마음을 상하게 한다. 자식이 죄를 짓고 어떤 충고에도 귀를 기울이지 않을 때, 부모의 마음을 상하게 한다.
자식이 자꾸만 죄 속으로 깊이 빠져 들어가는 식으로 살고, 부모의 모든 선의의 충고를 무시해 버릴 때, 부모의 마음은 참으로 말할 수 없이 아프다. 그러나 그것은 자식이 좋은 길로 다시 돌아왔을 경우에는 깨끗이 사라지는 아픔이다.
부모가 자녀를 위해 기도하고, 나의 아들 예수를 통해서 자녀를 나에게 바친다면, 성령이 그 아이에게 손을 뻗고, 나의 딸 마리아가 그 손길을 받아들이도록 도와줄 것이다.

(요한 묵시록 2 : 13 —— 나는 네가 어디에 사는지 안다. 곧 사탄의 왕좌가 있는 곳이다. 그렇지만 너는 내 이름을 굳게 지키고 있다. 나의 충실한 증인 안티파스가 사탄이 사는 너희 고을에서 죽임을 당할 때에도, 너는 나에 대한 믿음을 저버리지 않았다.)

††† 1997년 11월 8일

네 아버지로서 나는 너를 사랑한다. 네 하느님으로서 나는 너를 창조했다. 그래서 네 운명으로서 나는 너를 기꺼이 받아들인다.

사람들이 나를, 사랑으로 자신들을 창조한 하느님으로 받아들이고 그리고 나를 진심으로 아버지라고 부를 때, 그들의 운명은 나의 하늘 나라에서 영원한 사랑을 누리는 것이라는 것을 알게 될 것이다.

(시편 42 : 6-7 —— 하느님께 바라라. 나는 그분을 다시 찬송하게 되리라, 나의 구원, 나의 하느님을.)

††† 1997년 11월 8일

매일 성체 안의 예수를 받아 모심으로서 네 삶에서 예수를 의식하여라.
왜냐 하면, 성체를 통하여 나는 너에게 생명의 빵을 주고 있기 때문이다.

(에페소 5 : 32 —— 이는 큰 신비입니다. 그러나 나는 그리스도와 교회를 두고 이 말을 합니다.)

††† 1997년 11월 11일

선과 악 사이에는 싸움이 끊임 없이 계속되고 있다. 그 싸움은 나의 아들 예수가 와서 선한 영혼들을 자기 편에 세우고, 그렇지 않은 자들에게 유죄 선고를 내려 지옥의 나락으로 보낼 때까지 결코 끝나지 않을 것이다.

(시편 125 : 5 —— 그러나 비뚤어진 길로 벗어난 자들은 주님께서 악인들과 함께 물리치실지어다.)

††† 1997년 11월 18일

생명의 빵은 예수이다. 구원의 포도주는 예수이다.
하느님의 아들은 예수이다.
나와 성령과 함께 하나인 자 외에는 존재하지 않으며, 예수를 통하는 길 밖에 천국으로 가는 다른 길은 없다.

(지혜서 12 : 13 —— 만물을 돌보시는 당신 말고는 하느님이 없습니다.)

††† 1997년 11월 18일

죄를 받아들이거나, 어떤 이유에서든 죄에 눈을 감는 것은 죄 자체이다.
만일 죄에 대항해서 싸우지 않는다면, 너는 죄의 편임이 틀림 없다. 왜냐 하면 중간이라는 것은 존재하지 않기 때문이다.

(지혜서 12 : 2 —— 주님, 당신께서는 탈선하는 자들을 조금씩

꾸짖으시고 그들이 무엇으로 죄를 지었는지 상기시키며 훈계하시어 그들이 악에서 벗어나 당신을 믿게 하십니다.)

††† 1997년 11월 20일

나의 아들 예수는 십자가 위에서 전 세계를 포옹하기 위해 양손을 활짝 벌렸다. 그 포옹은 예수의 품 안으로 걸어들어와서, 구원의 제의를 "네" 하고 받아들인 사람들에게 영원한 기쁨을 가져다준다.

(1 고린토 15 : 54 ── 이 썩은 몸이 썩지 않는 것을 입고 이 죽은 몸이 죽지 않는 것을 입으면, 그 때에 성서에 기록된 말씀이 이루어질 것입니다. '승리가 죽음을 삼켜 버렸다.')

††† 1997년 11월 20일

나의 아들은 수난에 대하여 기도로 준비를 했다. 하느님의 아들 예수가 그렇게 했다면, 모든 사람에게 시련이나 수난에 직면했을 때는 무엇을 해야 하는가를 분명히 보여준 것이다.
오늘 날, 기도는 그 어느 때보다도 더 절실히 필요하다. 왜냐 하면, 죄가 거미줄을 전 세계에 펴 놓고 있기 때문이다. 그것이 모든 사람에게 시련을 가져다주고 있다.
나의 아들을 통하여 죄를 극복할 수 있는 은총과 힘을

달라고 기도하여라. 그러면 예수의 어머니 마리아가 네 옆에 서서 너의 기도에 동참하는 것을 보게 될 것이다. 그리고 나의 아들 예수가 너의 호소에 응답하는 것을 보게 될 것이다.

(유다서 21-22 ── 하느님의 사랑 안에서 자신을 지키며, 영원한 생명으로 이끌어주시는 우리 주 예수 그리스도의 자비를 기다리십시오. 의심하는 이들에게 자비를 베푸십시오.)

††† 1997년 11월 23일

성체 안에서 너는 나에게 가까이 오기 위해 필요한 모든 것을 발견하게 될 것이다. 성체 안에서 너는 내 사랑 안에서 사는 데 필요한 모든 것을 발견하게 될 것이다.
성체 안에서 너는 나에게 가까이 다가가는 데 필요한 것을 주기 위해 나의 아들이 기다리고 있는 것을 발견하게 될 것이다.
그리하여 나의 사랑, 나의 아들 예수 안에서 반드시 완전해질 수 있는 것이다.

††† 1997년 11월 24일

초조감, 성급함, 불관용…… 그리고 무분별은 모두 교만과 죄에서 나온다.

(히브리서 11 : 13 ── 이들은 모두 믿음 속에 죽어 갔습니다. 약속된 것을 받지는 못하였지만 멀리서 그것을 보고 반겼습니다. 그리고 자기들은 이 세상에서 이방인이며 나그네일 따름이라고 고백하였습니다.)

††† 1997년 11월 26일

너는 혼자라고 믿지 말아라, 너는 혼자가 아니니까──.
죽은 뒤에는 아무 것도 없다고 믿지 말아라, 그것은 엄연히 존재하니까──.
네가 사랑을 받지 못하고 있다고 믿지 말아라, 너는 사랑을 받고 있으니까──.
이러한 믿음이 없는 인생은 공허하다. 그리고 이러한 믿음이 없으면 아무 희망도 없다.

(루가 1 : 45 ── 행복하십니다. 주님께서 하신 말씀이 이루어지리라고 믿으신 분!)

††† 1997년 11월 26일

나는 모든 사람에게 사랑과 용서를 베풀고, 내 안에서 새로워질 수 있는 기회를 준다. 나는 모든 사람에게 인생을 살아가는 동안 의지가 되도록 손을 내밀어준다. 나는 모든 사람에게 나와 함께 천국에서 살도록 영원한 생명을 준다.
　나는 모든 사람을 위해서 있다. 만일 진실로 회개하고 구하면, 그 어느 누구도 거절당하지 않을 것이고, 그 누구도 천국에서의 내 영원한 사랑을 거부당하지 않을 것이다.

　(사도행전 2 : 21 —— 그 때에 주님의 이름을 받들어 부르는 이는 모두 구원을 받으리라.)

✝✝✝　1997년 11월 30일

　인간이라는 것은 사랑 안에서 살지 않으면 안 된다. 그렇지 않다면, 진실로 인간이라고 할 수가 없다.

　(집회서 3 : 1 —— 얘들아, 아버지의 훈계를 듣고 그대로 실천하고 구원을 받으리라.)

✝✝✝　1997년 12월 7일

　기도 안에서 너는 나에게 이야기를 한다. 기도 안에서 너는 나에게 마음을 연다. 기도 안에서 너는 나에게 가까이 다가오는 길을 찾는다.
　만일 네가 나에게 가까이 다가오기를 원하고, 나의 사랑에 마음을 열기를 원한다면, 기도 안에서 나에게 이야기하여라.

(마태오 6 : 9 ── 하늘에 계신 저희 아버지, 아버지의 이름을 거룩히 드러내시며 아버지의 나라가 오게 하시며 아버지의 뜻이 하늘에서와 같이 땅에서도 이루어지게 하소서.)

††† 1997년 12월 9일

네가 성령이 일하지 않고 있다고 생각할 때, 성령은 일하고 있다. 네가 실패했다고 생각할 때, 성령은 성공을 거둔다. 네가 불가능하다고 생각할 때, 성령은 가능하게 만든다.
네가 성령 안에서 일하고 있을 때, 모든 것이 가능하다는 것을 알아야 한다. 그리고 성령을 믿으면, 너는 성공을 거둘 것이다.

(1 고린토 15 : 58 ── 그러므로 사랑하는 형제 여러분, 굳게 서서 흔들리지 말고 언제나 주님의 일을 더욱 많이 하십시오. 여러분의 노고가 헛되지 않음을 여러분은 알고 있습니다.)

††† 1997년 12월 9일

다른 사람들의 감정을 항상 마음 속에 간직해 둘 필요가 있다. 그렇지 않으면, 너는 본의 아니게 남의 감정을 상하게 할 수가 있다.

(전도서 5 : 1 ── 하느님 앞에서 말씀을 드리며 네 입으로 서두르지 말고 네 마음은 덤비지 마라.)

✝✝✝ 1997년 12월 9일

다른 사람들과 평화롭게 지내는 것이 중요하다. 평화가 없는 곳에 어떻게 사랑이 있을 수 있겠느냐?

(여호수아 22 : 27 ── 우리의 번제물과 희생제물과 친교제물을 가지고 주님 앞에 나아가, 그분께 예배를 드릴 수 있게 하려는 것이오. 그래서 훗날 그대들의 자손들이 우리의 자손들에게, '너희는 주님에게서 받을 몫이 없다.' 하고 말하지 못하게 하려는 것이오.)

✝✝✝ 1997년 12월 9일

기도와 7성사가 결합해서 나에게 이르는 길을 더욱 분명하게 만들고, 성령으로 충만한 발걸음을 만들어준다.

(시편 142 : 5 ── 오른쪽을 살피소서. 그리고 보소서. 저를 돌보아주는 이 아무도 없나이다.)
(애가 5 : 2 ── 저희 상속 땅은 외국인들에게 넘어가고 저희의 가옥들은 이방인들에게 넘어갔으며,)

(루가 18 : 1 —— 예수님께서는 낙심하지 말고 끊임없이 기도해야 한다는 뜻으로 제자들에게 비유를 말씀하셨다.)

††† 1997년 12월 12일

생명의 열쇠는 사랑이고, 사랑의 열쇠는 예수이다. 예수는 모든 사람의 마음을 열어 주고 참된 생명을 주기 때문이다.

††† 1997년 12월 14일

나의 아들 예수는 용서하고, 사랑하고, 나의 자녀들을 천국의 집으로 이끌어가기 위해 이 세상에 왔다. 이것이 바로 예수가 가지고 온 메시지이므로, 예수를 따르는 사람들은 이와 똑같은 메시지를 이 세상에 전해야 한다.

예수는 이 세상을 비난하기 위해 온 것이 아니라 구원하기 위해서 왔다. 그리고 들을 귀를 가진 모든 사람에게, 진정으로 회개하지 않으면 그들의 행동이 비난받게 된다고 설명해주었다.

예수는 진실한 마음으로 사랑을 구하는 사람들은 결코 비난받지 않는다고 말했다. 비록 잘못을 저질렀다 하더라도, 예수는 그들을 용서해줄 것이라고 말했다. 예수는 진실한 마음으로 사랑을 구하는 사람들은 결코 거부당하지 않는다고 말했다. 예수는 그들을 사랑할 것이라고 말했다. 예수는 진실한 마음으로 사랑을 구하는 사람들은 결코 지옥에 보내지 않는다고 말했다. 예수는 그들을 천국으로 인도하겠다고 말했다. 예수의 메시지는 비난이 아니라 사랑이었으며, 곧 사랑 자체이다.

그러나 오늘 날 많은 사람들은 예수의 말씀 안에서 오직 벌과 고난만 볼 뿐이다. 그들은 예수의 사랑을 잊어버렸다.

오늘 날 많은 사람들은 예수의 사랑을 구하는 대신에, 이 세상의 종말을 구하고 있다. 오늘 날 많은 사람들은 예수의 사랑을 베푸는 대신에, 악이 찾아오기를 기다리고 있다. 그래서 남을 비난하고 위협하는 데 민첩하다. 오늘 날 많은 사람들은 "이 세상의 종말"에 대해서 알고 있다고 주장한다. 그러나 예수는 나와 아버지를 제외하고는 그 시기와 장소에 대해서 아무도 모른다고 말했다. 오늘 날 많은 사람들은, "내일에 대해서 걱정하지 말아라. 스스로 처리될 것이다."라고 한 예수의 말씀을 잊고 있다.

오늘 날 많은 사람들은 닥쳐올 전쟁과 재해와 비극에 대한 생각에 사로잡혀 있다. 그들은 오늘 날의 비극, 곧 너무나 많은 영혼들이 나로부터 멀어져 가는 것에 대해서 잊고 있다.

그들은 매일 치열하게 벌어지고 있는 전쟁, 곧 악에 대한 선의 전쟁은 보지 못하고 있다. 그리고 만일 그들이 7성사를 받고, 기도하고, 이 세상에 대한 예수의 메시지를 받아들임으로써 그 악의 전쟁의 소용돌이에 휩쓸리지 않고 대항한다면, 그 선의 전쟁의 결과는 많은 사람들에게 파급적인 영향이 클 것이라는 사실을 모르고 있다.

오늘 날 많은 영혼들이 구원을 받을 필요가 있다. 따라서 만일 많은 사람들이 이런 일에 도움을 주려고 노력한다면, 내일은 기쁨의 날이 될 것이다.

  (에페소 5 : 15 —— 그러므로 미련한 사람이 아니라 지혜로운 사람으로서 어떻게 살아가야 하는지 잘 살펴보십시오.)

††† 1997년 12월 14일

  사랑의 기도는 사랑으로 응답을 받는다. 기쁨의 기도는 기쁨으로 응답을 받는다. 희망의 기도는 희망으로 응답을 받는다. 사랑 안에서 기도하여라.
  그리고 희망이 채워지는 것을 아는 기쁨을 누리리라.

  (시편 118 : 15-16 —— 의인들의 장막에서는 기쁨과 구원의 환호소리. '주님의 오른손이 위업을 이루셨도다! 주님의 오른손이 드높이 들리시고 주님의 오른손이 위업을 이루셨도다!')

††† 1997년 12월 14일

  늑대들의 세상에서 어린 양이 되어라. 암흑의 세상에서 한 줄기의 빛이 되어라. 교만이 판치는 세상에서 종이 되어라.
  그러면 너는 예수가 보여준 것과 같은 사람, 곧 사랑의 종이 될 것이다.

  (에제키엘 3 : 9 —— 네 이마를 바위보다 단단하게 하여 금강

석처럼 만들었다. 그러니 그들을 두려워하지 말고, 그들의 얼굴을 보고 떨지도 말아라. 그들은 반항의 집안이기 때문이다.)

††† 1997년 12월 21일

남에게 친절하게 대하는 것은 대단한 일은 아니다.
왜냐 하면, 인간은 본래 그렇게 하도록 창조되었기 때문이다. 만일 창조된 대로 살기를 원한다면, 그것이 모든 사람의 생활 방식이 될 것이다.

††† 1997년 12월 28일

모든 반대를 무릅쓰고 사랑으로 걸어가거라. 모든 미움을 무릅쓰고 오로지 사랑만을 보여주어라. 너를 방해하려는 모든 시도를 무릅쓰고 오로지 사랑을 지키도록 노력하여라.
그러면 내가 나의 아들 예수의 이름으로 너에게 준 힘을 보여줌으로써, 그리고 나의 성령의 힘에 의해서, 승리는 너의 것이 될 것이다.

(시편 145 : 2 —— 나날이 당신을 찬미하고 영영세세 당신 이름을 찬양하나이다.)

†††

††† 1997년 12월 29일

　　기도는 마음에서 울어나왔을 때, 영적인 커뮤니케이션이 된다.
　　기도는 영혼에서 울어나왔을 때, 영적인 힘이 된다.
　　기도는 나를 더욱 사랑하려는 겸손한 갈망에서 울어나왔을 때, 영적인 계발이 된다.

　　(로마서 12 : 1 —— 여러분의 몸을 하느님 마음에 드는 거룩한 산 제물로 바치십시오. 이것이 바로 여러분이 드려야 하는 합당한 예배입니다.)

††† 1997년 12월 29일

　　성체 안에 네 영혼을 집어넣어라. 그러면 네 영혼에 평화가 깃들 것이다.

　　(1 요한 3 : 24 —— 그분의 계명을 지키는 사람은 그분 안에 머무르고, 그분께서도 그 사람 안에 머무르십니다. 그리고 그분께서 우리 안에 머무르신다는 것을 우리는 바로 그분께서 우리에게 주신 성령으로 알고 있습니다.)

† † †

✝✝✝   1997년 12월 30일

　네가 행하는 모든 것을 기도로 삼음으로써, 네 생활을 하나의 기도로 만들어라.

　(집회서 35, 21-22 ── 겸손한 이의 기도는 구름을 거쳐서 그분께 도달하기까지 위로를 마다한다. 그는 지존하신 분께서 살펴주실 때까지 그만두지 않으니 그분께서 의로운 자들의 송사를 듣고 판결해 주신다.)

✝✝✝   1997년 12월 30일

　행복한 마음은 남들에게 기쁨을 가져다준다. 항상 예수 안에서 행복하여라.
　──그리고 예수의 기쁨을 다른 사람들에게 전해주어라.

　(루가 1 : 19-20 ── 천사가 그에게 대답하였다. '나는 하느님을 모시는 가브리엘인데, 너에게 이야기하여 이 기쁜 소식을 전하라고 파견되었다. 보라. 때가 되면 이루어질 내 말을 믿지 않았으니, 이 일이 일어나는 날까지 벙어리가 되어 말을 못 하게 될 것이다.')

✝ ✝ ✝

††† 1998년 1월 2일

　　네 아버지는 모든 사람의 아버지이다.
　　네 하느님은 모든 사람의 하느님이다.
　　네 영원한 진리는 모든 사람의 영원한 진리이다.
　　이것이 바로 나이고, 나의 본연의 모습이고, 나는 모든 사람에게 베풀어준다.

††† 1998년 1월 2일

　　모든 기도의 모든 말로 네 사랑을 표현할 수 있는 은총을 내려 달라고 기도하여라.

　　　(야고보서 1 : 2 ── 나의 형제 여러분, 갖가지 시련에 빠지게 되면 그것을 다시없는 기쁨으로 여기십시오.)

††† 1998년 1월 2일

　　역사로부터 배우지 않는다면, 모든 것이 거의 의미가 없는 것이다.

† † †

††† 1998년 1월 4일

성체 성사에 집중하면, 네 일이 투명성을 갖게 된다.
성체 성사에 집중하면, 네 삶에 예수를 모시게 된다.
성체 성사에 집중하면, 예수의 너에 대한 사랑을 상기하게 된다.

(예레미야 31 : 35 ── 낮에 밝히라고 해를 주시고 밤을 밝히라고 달과 별들에 질서를 정하신 분, 파도소리 요란하게 바다를 뒤흔드시는 분, 그 이름 만군의 주님이시다. 그 주님께서 이렇게 말씀하신다.)
(시편 24 : 5 ── 그는 주님께 복을 받고 자기 구원의 하느님께 정의를 인정받으리라.)

††† 1998년 1월 4일

네 기도에 대한 응답은, 항상 예수라는 사실을 잊어서는 안 된다.

(신명기 7 : 13 ── 너를 사랑하시고 너에게 복을 내리시며 너를 번성하게 하실 것이다.)

†††

††† 1998년 1월 6일

네 삶의 문제로 다른 사람들을 비난할 때, 자기 자신을 되돌아보고, 자신의 어디가 잘못되었는지 반성하는 것을 종종 잊어버린다. ──종종 잊어버린다!

††† 1998년 1월 9일

천국으로 가는 길은 좁으나, 나의 아들의 성심은 넓다.

(토비트 8 : 17 ── 주님, 저들에게 계속 자비와 구원을 베푸시고 저들이 기쁨과 자비를 누리며 일생을 마치게 해 주소서.)

††† 1998년 1월 9일

죽음을 두려워하지 말아라.
──내가 항상 너를 기다리고 있다는 것을 기억하여라.

(집회서 7 : 32 ── 네 복이 완전해지도록 가난한 이에게 네 손길을 뻗쳐라.)

†††

††† 1998년 1월 18일

　외로운 자에게 친구가 되어주어라. 필요한 자에게 도움을 주어라. 가난한 자에게 선물을 주어라.
　어려움에 처한 모든 사람과 우정을 나누어라. 그리고 가난한 사람을 돕는 것에 의해서, 네 삶이 가장 외로운 사람에게까지 사랑을 가져다주는 선물이 된다는 것을 깨달아라.

　(욥기 13 : 8 ── 자네들은 하느님 편을 들어 그분을 변론하려는가?)

††† 1998년 1월 18일

　가능한 한 모든 방법으로 기도를 하도록 노력해야 한다. 네가 행하는 모든 일을 통해서, 네가 말하는 모든 말을 통해서, 네가 생각하는 모든 생각을 통해서, 네 모든 사랑을 통해서 기도하여라.
　기도하고, 기도하고 또 기도하여라.
　왜냐 하면, 오늘 날 너무나 많은 사람들이 단 한 번도 기도를 드리지 않기 때문이다. 따라서 너는 더 많은 기도를 드림으로써 그들의 무거운 짐을 대신 짊어져야 한다. 그러면 네가 사랑의 제물이 될 것이다. 네가 기도를 많이 하면 할수록, 더 많이 사랑을 하게 되고, 하느님께로 더 가까이 다가갈 수 있다.

(이사야 45 : 7 —— 나는 빛을 만드는 이요, 어둠을 창조하는 이다. 나는 행복을 주는 이요, 불행을 일으키는 이다. 나 주님이 이 모든 것을 이룬다.)

††† 1998년 1월 20일

나의 일을 행하는 것이 희생이 아니라면 자아의 포기도, 사랑을 베푸는 것도 희생이 아닐 것이다.

(로마서 8 : 37 —— 그러나 우리는 우리를 사랑해 주신 분의 도움에 힘입어 이 모든 것을 이겨 내고도 남습니다.)

††† 1998년 1월 20일

다른 사람들이 곤경에 빠져 있는 것을 보면, 동정을 나타내 보여라. 다른 사람들이 곤궁한 것을 보면, 베풀어라.
다른 사람들이 나약한 모습을 보이면, 그들에게 나의 힘을 전해주어라.

(이사야 15 : 5 —— 나의 마음은 모압 때문에 울부짖노라. 그의 피난민들이 소알까지, 에글랏-슬리시야까지 도망치면서 루힛의 오르막을 통곡하며 올라가고 호로나임으로 가는 길에서 몰락의 절규소리를 높이는구나.)

†††   1998년 1월 20일

　　결혼 생활에서 사랑의 가치를 인정하면, 결혼 생활이 원만해진다.
　　사랑을 무시하면, 결혼 생활이 실패로 끝날 것이다.

　　(집회서 40 : 26 —— 주님을 경외하면 부족함이 없느니 이런 경외심을 지니고 있으면 도움을 구할 필요가 없다.)

†††   1998년 1월 21일

　　많은 사람은 마음 속에 슬픔을 가지고 있다. 많은 사람은 내면에 아픔을 가지고 있다. 많은 사람은 상처자국이 있는 영혼을 가지고 있다.
　　모든 사람은, 만일 그들이 원하기만 한다면 그리고 오로지 구하기만 한다면, 나의 아들 예수가 치유해줄 것이다.

　　(2 역대기 26 : 5 —— 우찌야는 하느님을 경외하도록 가르쳐준 즈가리야가 살아있는 동안에는 하느님을 찾았다. 그리고 그가 주님을 찾는 동안, 하느님께서는 그가 성공하도록 해 주셨다.)

†††

††† 1998년 1월 21일

다른 사람들의 감정과 곤궁과 소망을 알아차려라. 그리고 어떻게 하면, 그들이 너와 같아질 수 있는가를 생각하여라.
그리고 그들의 해답을 너처럼 내 안에서 찾게 하여라.

(시편 72 : 13 —— 그는 약한 이와 불쌍한 이를 가엾이 여기고 불쌍한 이들의 목숨을 살려주나이다.)

††† 1998년 1월 21일

어린이처럼 되어라.
그러면 너는 본연의 존재가 될 것이다.

(루가 16 : 8 —— 주인은 그 불의한 집사를 칭찬하였다. 그가 영리하게 대처하였기 때문이다. 사실 이 세상의 자녀들이 저희끼리 거래하는 데에는 빛의 자녀들보다 영리하다.)

††† 1998년 1월 24일

기도에 집중하여라.
성체 성사에 집중하여라.
순종에 집중하여라. 그러면 내 안에서 굳세어진다.

(잠언 1 : 33 —— 그러나 내 말을 듣는 이는 편안히 살고 불행해질 걱정 없이 평온히 지내리라.)

††† 1998년 2월 6일

네 삶을 모두 나를 위한 봉사에 바쳐라. 그러면 너는 영원히 기쁨과 평화를 얻게 될 것이다.

(에제키엘 2 : 8 —— 너 사람의 아들아, 내가 너에게 하는 말을 들어라. 저 반항의 집안처럼 반항하는 자가 되지 말아라. 그리고 입을 벌려 내가 너에게 주는 것을 받아 먹어라.)

††† 1998년 2월 6일

너의 모든 삶을 나의 것으로 만들어라. 너의 모든 삶을 나에 대한 사랑으로 만들어라. 너의 모든 삶을 나에 대한 봉사로 만들어라. 그러면 내가 너와 영원히 함께 있을 것이다.

(집회서 4 : 28 —— 진리를 위해 죽기까지 싸워라. 주 하느님께서 네 편을 들어 싸워주시리라.)

† † †

††† 1998년 2월 7일

함께 나누는 마음이라는 것은, 사랑하는 마음이다.

(이사야 58 : 7 —— 네 양식을 굶주린 이와 함께 나누고 가련하게 떠도는 이들을 네 집에 맞아들이는 것 헐벗은 사람을 보면 덮어주고 네 혈육을 피하여 숨지 않는 것이 아니겠느냐?)

††† 1998년 2월 8일

다른 사람의 약점을 이용하지 말아라. 네가 만일 그런 짓을 한다면 이기심의 죄, 탐욕의 죄 그리고 남을 돌보지 않는 죄를 짓게 된다.

(2 마카베오 5 : 7 —— 그는 대사직을 차지하지 못하고, 마침내 모반 때문에 수치를 당한 채 다시 암몬 땅으로 달아나고 말았다.)

††† 1998년 2월 8일

마음들과 접하고 싶으면 기도하여라. 영혼들과 접하고 싶으면 기도하여라. 길을 잃은 자와 접하고 싶으면 기도하여라.
하느님이 너에게 그렇게 할 수 있는 은총을 내려주시도록 기도하여라.

> (이사야 48 : 1 —— 주님의 이름으로 맹세하고 이스라엘의 하느님을 불러 찬미하기를 진실과 정의로써 하지 않는 자들아.)

††† 1998년 2월 8일

도움을 요청하는 것을 무시해서는 안 된다. 곤궁에 처한 사람에게서 등을 돌려서는 안 된다.
곤궁에 처한 사람들을 도와주는 것을 두려워하지 말아라. 그리고 너를 찾는 사람을 무서워서 피하지 말아라. 그렇게 한다면, 너는 예수에게 등을 돌리는 것이 되기 때문이다.

> (집회서 28 : 7 —— 계명을 기억하고 이웃에게 분노하지 말아라. 자존하신 분의 계약을 기억하고 잘못을 눈감아 주어라.)

††† 1998년 2월 10일

불분명할 때에는 입을 다물고 있는 자가 지혜로운 사람이다. 남을 헐뜯기보다는 오히려 조용히하고 있는 자가 지혜로운 사람이다.
남에 대한 의견을 말할 때에는 신중을 기하는 자가 지혜로운 사람이다.

(에제키엘 16 : 5 ── 너를 애처롭게 보아서, 동정심으로 이런 일을 하나라도 해주는 이가 없었다. 오히려 네가 나던 날, 너를 싫어하여 들판에 던져버렸다.)

†††　1998년 2월 10일

　자발적인 마음으로 베푸는 것은 좋은 일이다. 그러나 아까워하는 마음으로 베푸는 것은 슬픈 일이다.

†††　1998년 2월 10일

　베풀 때는 보상으로서가 아니라, 오로지 사랑으로 주어라.

　(욥기 7 : 2 ── 그늘을 애타게 바라는 종, 삯을 고대하는 품팔이꾼과 같지 않은가?)

†††　1998년 2월 14일

　사랑으로 베푸는 것은 참된 베품이다. 보상을 바라지 않고 베푸는 것은 참된 사랑이다.
　하느님을 위해 베푸는 것은 참된 삶이다.

(집회서 2 : 1 ── 아들아, 주님을 섬기려 나아갈 때 너 자신을 시련에 대비시켜라.)

††† 1998년 2월 14일

매순간마다 사랑하여라. 매호흡마다 사랑하여라.
모든 행동마다 사랑하여라. 그러면 너는 살 것이다.

(전도서 3 : 8 ── 사랑할 때가 있고 미워할 때가 있으며 전쟁의 때가 있고 평화의 때가 있다.)

††† 1998년 3월 31일

나의 아들 예수의 현존을 통해서 너는 나의 현존에 들어온다. 성령의 은총을 통해서, 너는 나의 은총에 들어온다.
내가 베푼 은총을 통해서 네가 나의 현존 안에 있을 때, 너는 역시 나의 아들 예수의 현존 안에 있고, 나와 하나인 성령의 현존 안에 있다.

(로마서 11 : 36 ── 과연 만물이 그분에게서 나와 그분을 통하여 그분을 향하여 나아갑니다. 그분께 영원토록 영광이 있기를 빕니다. 아멘.)

††† 1998년 4월 7일

이 세상의 곳곳에서 살고 있는 나의 가족은 미래에 대한 불확실성 속에서 살고 있다. 그것은 그들이 나를 완전히 믿지 않기 때문이다. 그들이 완전히 믿으면, 오로지 확실성만이 존재하게 될 것이다.

(집회서 39 : 33 ── 주님의 모든 업적은 좋으니 그분께서는 때에 맞춰 필요한 것을 모두 마련하시리라.)

††† 1998년 4월 7일

하느님을 섬기는 자들은 행복하다. 하느님을 사랑하는 자들은 행복하다. 하느님을 믿는 자들은 행복하다.
그리고 모든 사람은 축복을 받기 위해 부름을 받았다.

(요한 12 : 13 ── '호산나! 주님의 이름으로 오시는 분은 복되시어라.' 이스라엘의 임금님은 복되시어라.)

††† 1998년 4월 9일

그리스도교는 사랑의 요람이다. 그리스도교는 희망의 집이다. 그리스도교는 진리 중의 진리이다.

그리고 전세계의 사랑의 교회에서 모든 것을 얻을 수 있으며, 교회는 진리 안에서 살게 함으로써 모든 사람에게 희망을 가져다준다.

(루가 2 : 25 —— 예루살렘에 시므온이라는 사람이 있었다. 이 사람은 의롭고 독실하며 이스라엘이 위로받을 때를 기다리는 이로서, 성령께서 그 위에 머물러 계셨다.)

✝✝✝　1998년 4월 10일 (성 금요일)

네가 내면적인 고통을 느끼는 것은 영적인 고통이다. 네가 내면적인 공허를 느끼는 것은 사랑의 시련이 가져다주는 공허함이다. 네가 내면적인 소모감을 느끼는 것은 우정의 소모감이다.
예수의 친구로서, 네 영혼이 수난을 당하는 주님에게 울부짖을 때, 고통을 느낀다. 너는 주님을 너무나도 깊이 사랑하고 있다. 그리고 주님이 너를 위해 얼마나 큰 고통을 당했는가를 깨달을 때, 공허감이 찾아오는데 그 공허감은 부활절이 되어야 메워질 것이다.

(로마서 1 : 16 —— 복음은 유다인들을 비롯하여 그리스도인들에게, 믿는 사람이면 누구에게나 구원을 가져다 주는 하느님의 힘입니다.)

††† 1998년 4월 10일

　앞으로 영원히, 이 날은 하느님의 인간에 대한 사랑과 함께 울려 퍼질 것이다. 앞으로 영원히, 이 날은 하느님의 용서의 빛으로 찬란하게 빛날 것이다.
　앞으로 영원히, 이 날은 모든 죄와 고통을 이겨낼 것이다. 왜냐 하면, 이 날은 나의 아들 예수가 인류의 죄를 씻어내기 위해 피를 흘린 날이기 때문이다.

　(루가 1 : 50 ── 그분의 자비는 대대로 당신을 경외하는 이들에게 미칩니다.)

††† 1998년 4월 10일

　십자가 아래에 사랑과 용서의 그림자가 있다. 십자가 아래에 평화와 만족의 그림자가 있다. 십자가 아래에 보호와 안전의 그림자가 있다.
　그 그림자 안에 서거라. 그러면 이런 모든 것들이 너를 기다리고 있다는 것을 알게 될 것이다.

　(예레미야 16 : 19 ── 재난의 날에 제 힘이요 요새이며 피난처이신 주님 민족들이 땅 끝에서 모여와 당신께 말씀드릴 것입니다.)

††† 1998년 4월 13일

　　이 세상은 낙원이 되도록 창조되었다. 그러나 자유로와진 인간은 그 선물을 파괴하려고 노력하고 있다. 이 세상은 인간이 가꾸고 보살피도록 인류에게 선물로 주었다. 이 세상은 인류에 대한 내 사랑의 아름다운 선물로 창조되었다.
　　어째서 이 사실을 잊거나 무시하고, 내가 준 선물을 파괴하려고 온갖 힘을 다 쏟고 있느냐?
　　지구를 사랑하고, 식물을 사랑하고, 동물을 사랑하여라. 그리고 무엇보다도 가장 먼저 나를 사랑하고, 서로 사랑하여라. 그렇게 하면, 너희들의 이 세상에서 다시 낙원을 찾을 수 있을 것이다.

　　(집회서 3 : 1 —— 얘들아, 아버지의 훈계를 듣고 그대로 실천하면 구원을 받으리라.)

††† 1998년 4월 13일

　　우호적인 마음이라는 것은 사랑하는 마음이다. 사랑하는 마음이라는 것은 베푸는 마음이다.
　　베푸는 마음이라는 것은 봉사하는 마음이다. 그리고 이것은 나를 섬기려고 하는 모든 사람에게 내가 주고 싶은 마음이다.

(예레미야 9 : 23 ── 나는 과연 자애를 실천하고 공정과 정의를 세상에 실천하는 주님으로서 이런 일들을 기꺼워한다. 주님의 말씀이다.)

††† 1998년 4월 14일

나를 믿는 사람은 어떤 일이든 성취할 수 있다. 왜냐 하면, 그의 믿음은 영혼 안에서 하느님의 힘이 될 것이기 때문이다. 그리고 나의 힘에 의해서 어떤 일이든 가능하기 때문이다.

(잠언 4 : 26 ── 바른길을 걷도록 하여라. 네가 가는 길이 모두 튼튼하리라.)

††† 1998년 4월 14일

나는 사랑의 왕좌에 앉아서 이 세상이 돌아가는 것을 지켜보고 있다. 나는 사랑의 왕좌에 앉아서 모든 사람에게 사랑을 베풀고 있다.
나는 사랑의 왕좌에 앉아서 이 세상이 나에게로 돌아와서 내가 주는 것을 받아주기를 기다리고 있다.

(이사야 9 : 6 ── 다윗의 왕좌와 그의 왕국 위에 놓인 그 왕권은 강대하고 그 평화는 끝이 없으리이다.)

✝✝✝ 1998년 4월 30일

　　나의 일을 행하고 나의 사랑을 전파하도록 많은 사람들이 소명(부름)을 받았다. 그 소명을 받은 사람들은 때때로 무거운 짐을 지고 가지 않으면 안 된다. 그 이유는, 자신의 소명을 받아들이기를 거부하는 사람들이 많이 있기 때문이다.
　　나의 사랑이 사람들 사이에서 나누어지는 것은 소명에 응답한 사람들의 봉사 때문이고, 많은 사람들의 마음에서 악이 극복되는 것도 그 사람들의 봉사 때문이다.
　　나의 소명에 응답하지 않은 사람들은 언젠가는 자신들이 거절한 것이 무엇인가를 알게 될 것이며, 소명에 귀를 기울이지 않은 슬픔으로 가득 차게 될 것이다.
　　그들은 자신들의 거부에 의해서 다른 사람들이 더 많은 짐을 짊어져야 했다는 것을 이해하게 될 것이고, 자신들의 거부에 의해서 고통이 예상보다 훨씬 오래 동안 이 세상에 남아 있게 되었다는 것을 이해하게 될 것이다.
　　나의 소명을 무시하고 등을 돌린 사람들에게 진실이 밝혀지는 그 날, 많은 사람들이 괴로워하면서 자신에게 물을 것이다. "내가 왜 그렇게 어리석었을까?"

　　(시편 106 : 6 —— 저희 조상들처럼 저희도 죄를 지었나이다. 불의를 저지르고 악을 행하였나이다.)
　　(이사야 52 : 15 —— 이제까지 알려지지 않은 것을 그들이 보고 들어보지 못한 것을 깨닫게 되기 때문이다.)

††† 1998년 4월 30일

불안감이 두려움을 키운다. 그리고 두려움은 종종 죄로 이끌어갈 수 있다.
내 안에서 불안감을 떨쳐 버려라. 그리고 죄에 대항하여 굳세어져라.

(히브리서 12 : 12 ── 그러므로 맥 풀린 손과 힘빠진 무릎을 바로 세워 바른 길을 달려 가십시오.)

††† 1998년 5월 2일

기도 안에서 뭉쳐라. 성체 성사 안에서 뭉쳐라.
예수 안에서 뭉쳐라.
──그러면 교회는 성장할 것이다.

††† 1998년 5월 2일

겸손한 사람은 겸손하다고 주장하지 않는다.
왜냐 하면, 자신이 겸손하다고 믿지 않기 때문이다.

†††

††† 1998년 5월 5일

　　나의 자비 안에서, 모든 사람은 구원받을 수 있다.
　　나의 자비 안에서, 모든 사람은 용서받을 수 있다.
　　나의 자비 안에서, 모든 사람은 천국에 들어갈 수 있다.
　　나의 자비는 예수이다. 예수의 거룩한 사랑이 모든 사람을 용서하기 위해 기다리고 있다. 따라서 모든 사람은 구원을 받아 천국에 들어갈 수 있는 것이다.

　　(디도서 3 : 5 ── 하느님께서 우리를 구원해 주셨습니다. 우리가 한 의로운 일 때문이 아니라 당신 자비에 따라, 성령을 통하여 거듭나고 새로워지도록 물로 씻어 구원하신 것입니다.)

††† 1998년 5월 6일

　　사랑은 빛 속에서 자라고 어둠 속에서 죽는 꽃과 같다.

　　(요한 12 : 36 ── 빛이 너희 곁에 있는 동안에 그 빛을 믿어, 자녀가 되어라.)

††† 1998년 5월 6일

　　생명은 선물이다. 그러므로 생명을 주신 것에 감사하는

마음으로 매일매일을 살아가거라.

(시편 51 : 12 —— 하느님, 깨끗한 마음을 제게 만들어주시고 굳건한 영을 제 안에 새롭게 하소서.)

✝✝✝　1998년 5월 15일

나를 사랑하려고 노력한다면,
너는 반듯이 상을 받게 될 것이다.

(시편 19 : 12 —— 당신의 종도 이에 주의를 기울이니 이를 지키면 큰 상급을 받으리이다.)

✝✝✝　1998년 5월 15일

네 생명을 나의 것으로 만드는 것은, 영원한 천국의 기쁨을 선택하는 것을 뜻한다.

(잠언 2 : 20 —— 그러니 너는 선인들의 길을 걷고 의인들의 행로를 따라야 한다.)

✝ ✝ ✝

††† 1998년 5월 15일

항상 친절을 보여주어라.
그리고 참된 자아(自我)를 보여주어라.

(다니엘 12 : 3 ─── 그러나 현명한 이들은 창공의 광채처럼 많은 사람을 정의로 이끈 이들은 별처럼 영원 무궁히 빛나리라.)

††† 1998년 5월 18일

열린 마음을 가지면 모든 것이 가능하지만,
닫힌 마음을 가지면 많은 것이 불가능해진다.

(요한 12 : 40 ─── 주님이 그들의 눈을 멀게 하고 그들의 마음을 무디게 하였다. 이는 그들이 눈으로 보고 마음으로 깨닫고서는 돌아와 내가 그들을 고쳐 주는 일이 없게 하려는 것이다.)
(이사야 40 : 31 ─── 주님께 바라는 이들은 새 힘을 얻고 독수리처럼 날개 치며 올라간다. 그들은 뛰어도 지칠 줄 모르고 걸어도 피곤한 줄 모른다.)

† † †

††† 1998년 5월 19일

함께 나누는 것, 사랑하는 것 그리고 행복해지는 것 ……
이렇게 하는 것은 모든 사람에게 기쁨을 가져다주는 선물이다.

(1 디모테오 4 : 14 —— 그대가 지닌 은사, 곧 원로단의 안수와 함께 예언을 통하여 그대에게 주어진 은사를 소홀히 여기지 마십시오.)

††† 1998년 5월 28일

하루를 너는 사랑 안에서 살 수가 있고, 아니면 이기심 안에서 살 수 있을 것이다. 사랑 안에서 살면, 그 하루는 모든 사람과 모든 것을 배려하는 즐거운 날이 될 것이다.
이기심 안에서 살면, 그 하루는 필요한 것만이 앞을 가로막고, 종종 무거운 짐이 짖누르는 괴로운 하루가 될 것이다.

(욥기 10 : 22 —— 칠흑같이 캄캄한 땅, 혼란과 암흑만 있고 빛마저 칠흑과 같은 곳으로 가기 전에 말입니다.)

††† 1998년 6월 6일

마음 속에 사랑이 없다면, 직함은 아무 의미도 없도다.

(필립비 2 : 8 ─── 당신 자신을 낮추셔서 죽음에 이르기까지 십자가 죽음에 이르기까지 순종하셨습니다.)

†††   1998년 6월 7일

사랑의 제물로 바치면, 네 생명은 천주 성삼으로 가득 채워지게 될 것이다. 너는 아버지의 사랑으로 충만해지고, 아들의 자비로 충만해지고, 성령의 선물과 은총으로 충만해진다.
네가 사랑으로 네 자신을 진실로 바친다면, 네 생명은 천주 성삼과 하나가 된다.

†††   1998년 6월 9일

진리는 네가 항상 그 위에 서 있어야 하는 주춧돌이다.
왜냐 하면 진리는 예수이며, 예수로부터 모든 진리가 나오기 때문이다.

(잠언 8 : 7 ─── 내 입은 진실을 말하고 내 입술은 불의를 역겨워한다.)
(욥기 21 : 9 ─── 그들의 집은 평안하여 무서워할 일이 없고 하느님의 회초리는 그들 위에 내리지도 않아.)

† † †

††† 1998년 6월 9일

기쁨 중의 기쁨, 사랑 중의 사랑.
희망 중의 희망인 나의 아들 예수는 그의 사랑 안에 있기를 희망하는 사람들의 삶에 기쁨을 준다.

(예레미야 17 : 7 —— 그러나 주님을 신뢰하고 그의 신뢰를 주님께 두는 이는 복되다.)

††† 1998년 6월 10일

나와 함께 사랑 안에 있는 것은 나의 창조물 모두를 사랑하는 것을 뜻한다.
만약 네가 사랑으로 내가 창조한 것을 사랑하지 않는다면, 어떻게 나를 사랑할 수 있겠느냐?

(집회서 1 : 8 —— 지극히 경외해야 할 지혜로운 이 한 분 계시니, 당신의 옥좌에 앉으신 분이시다.)

††† 1998년 6월 12일

하느님을 믿는 사람은, 절대로 버림을 받지 않는다!

(마태오 21 : 22 ── 그리고 너희가 기도할 때에 믿고 청하는 것은 무엇이든지 다 받을 것이다.)

✝✝✝　1998년 6월 12일

구하여라, 그러면 너는 받을 것이다.
믿어라, 그러면 너는 은총을 받을 것이다.
신뢰하여라, 그러면 너는 응답을 받을 것이다.

(애가 3 : 25 ── 당신을 바라는 이에게, 당신을 찾는 영혼에게 주님께서는 좋으신 분.)

✝✝✝　1998년 6월 12일

폭식(과식)은 죄이다.
다른 사람들은 굶주리고 있는 데도 과식하는 사람은 이것을 명심해야 한다.

(욥기 20 : 15 ── 그는 집어삼켰던 재물을 토해 내야 하느니 하느님께서 그것을 그의 뱃속에서 밀어내시기 때문이지.)

✝ ✝ ✝

††† 1998년 6월 12일

　　마음 속에 사랑을 간직한 삶은 기쁨이 된다. 마음 속에 사랑을 간직한 모든 사람은 형제나 자매가 된다.
　　마음 속에 사랑을 간직한 너는 매순간마다 기쁨을 느끼고, 모든 사람에게서 경이를 보면서 참된 삶을 산다.

　　(1 고린토 15 : 58 ── 그러므로 사랑하는 형제 여러분, 굳게 서서 흔들리지 말고 언제나 주님의 일을 더욱 많이 하십시오. 여러분의 노고가 헛되지 않음을 여러분은 알고 있습니다.)

††† 1998년 6월 16일

　　인간이 나에게 더 가까이 다가올 수 있는 것은, 7성사를 통해서이다.
　　왜냐 하면, 모든 성사는 은총과 선물로 충만해서 나에게 마음을 열게 하기 때문이며, 나의 사랑으로 삶을 가득 채워주기 때문이다.
　　또한 7성사는 모든 사람이 나의 은총으로 충만해질 수 있도록 나의 아들 예수의 사랑 안에 계신 성령의 충만한 선물이다.

　　(2 역대기 6 : 6 ── 다만 내 이름이 머무를 예루살렘을 선택하고, 내 백성 이스라엘을 다스릴 다윗을 선택하였다.)

††† 1998년 6월 16일

내 안에서 평화를 누려라. 내 안에서 안전을 누려라.
7성사를 통해서 내 안에서 굳세어져라.

(마태오 6 : 11 ── 오늘 저희에게 일용할 양식을 주시고,)

††† 1998년 6월 19일

남을 비판하지 않는 것이 현명하다. 동요를 보이지 않는 것이 최선이다. 남을 비판하지 않거나, 남이 저지른 조그만 실수에 동요를 나타내지 않는 것이 좋다.
네가 해야 할 가장 좋은 일은 다른 사람들을 위해 기도를 하는 것과 진리를 볼 수 있도록 사랑으로 격려하는 것이다.

(시편 53 : 4 ── 모두가 빗나가 온통 썩어버려 착한 일 하는 이가 없도다. 하나도 없도다.)
(시편 108 : 7 ── 당신의 사랑받는 이들이 구원되도록 당신의 오른팔로 도우시고 저에게 응답하소서.)

††† 1998년 6월 19일

만약 네가 디딤대가 많이 떨어져 나간 사다리를 올라 간다면, 꼭대기까지 올라 가는 것이 불가능하지는 않다 하더라도, 대단히 어렵다는 것을 알게 될 것이다.

천국에 올라 가는 것도 그와 같다. 만약 기도와 7성사가 결여되어 있다면, 꼭대기에 도달하는 것이 훨씬 어려울 것이다. 그리고 자칫 잘못하다가는 올라 가는 도중에 나락 속으로 떨어져 버릴 지도 모른다.

(요나 2 : 11 —— 주님께서는 그 물고기에게 분부하시어 요나를 육지에 뱉어내게 하셨다.)

††† 1998년 6월 19일

그 이유가 무엇이든 그것은 중요하지 않다. 그것을 어떻게 합리화하든 그것은 중요하지 않다. 그것을 잘못이라고 아무도 믿지 않더라도 그것은 중요하지 않다.

죄는 언제나 죄이기 때문에, 무슨 수를 써서라도 죄를 피해야 한다.

(시편 148 : 8 —— 불이며 우박, 눈이며 안개 그분 말씀을 수행하는 거센 바람아 ······찬양노래이어라.)
(시편 148 : 9 —— 산들과 모든 언덕들 과일나무와 모든 향백나무들아 ······찬양노래이어라.)
(마태오 24 : 45 —— 주인이 종에게 자기 집안 식구들을 맡겨 그들에게 제때에 양식을 내주게 하였으면, 어떻게 하는 종이

충실하고 슬기로운 종이겠느냐?)

††† 1998년 6월 19일

오늘 날, 수많은 이른바 예언자들과 신비가들은 복음과 상반되는 주장을 하고 있다.

심지어 어떤 때는 나의 아들 예수가 말씀한 것과 반대되는 말을 하고 있다. 그러나 많은 신자들은 그들의 말을 듣고 아무런 잘못을 보지 못하고, 심지어는 그 메시지를 퍼뜨리고 다닌다.

──복음과 상반되는 것은 모두 잘못된 것이다.

나의 아들 예수가 말씀한 것과 반대되는 말은 모두 잘못된 것이다. 그리고 진리에 어긋나는 것은 모두 속임수에 지나지 않으며, 악마에게서 나온 것이다.

오늘 날 많은 사람들은 진리를 향해 다시 눈을 뜰 필요가 있으며, 그 거짓말을 받아들이는 것을 중지해야만 한다.

왜냐 하면, 오늘 날에는 일부 신자들이 이단을 퍼뜨리고 다니고 있기 때문이다.

(필립비 1 : 15 ── 사실 어떤 이들은 시기심과 경쟁심으로 그리스도를 선포하지만, 어떤 이들은 선의로 그 일을 합니다.)
(필립비 1 : 17 ── 그러나 다른 이들은 이기심이라는 불순한 동기로 그리스도를 선포합니다. 그들은 나의 감옥 생활에 괴로움을 더할 궁리를 하는 것입니다.)

††† 1998년 6월 22일

　　네 기도를 항상 내가 듣고 있다. 네 기도는 항상 나의 성심으로 파고들어온다.
　　네 기도를 항상 나는 최선의 방법으로 응답하고 있다.

　　(욥기 9 : 16 —— 내가 불러 그분께서 대답하신다 해도 내 소리에 귀를 기울이시리라고는 믿지 않네.)

††† 1998년 6월 22일

　　묵주 기도 속에는 많은 은총이 있다.
　　묵주 기도 속에는 많은 선물이 있다. 묵주 기도 속에는 하느님의 사랑을 알 수 있는 많은 길이 있다.

　　(이사야 56 : 2 —— 행복하여라, 이를 실천하는 사람 이를 준수하는 인간 안식일을 지켜 더럽히지 않는 이 어떤 악행에도 손대지 않는 이!)

††† 1998년 6월 22일

　　나의 말씀이 퍼져 나가 듯이 사랑도 퍼져나간다. 나의 사랑이 퍼져 나가 듯이 참된 삶도 퍼져나간다. 참된 삶이라는 나의 선물이 퍼져나가 듯이 평화도 퍼져나간다.
　나의 말씀은 예수이며, 예수의 사랑이 퍼져나갈 때, 평화는 그 말씀을 듣는 모든 사람의 삶에 파고 들어갈 것이다.

　(시편 103 : 6 ── 주님께서는 정의를 실천하시고 억눌린 이들 모두에게 공정을 베푸시는도다.)

†††　1998년 6월 22일

　나는 선을 가져온다. 나는 사랑을 가져온다.
　나는 평화를 가져온다. 그것이 바로 나이기 때문이다.

　(집회서 3 : 9 ── 아버지의 축복은 자녀들의 집안을 튼튼하게 해주고 어머니의 저주는 집안을 뿌리째 뽑는다.)

†††　1998년 6월 29일

　매일은 하나의 선물이다. 매일 즐겨라.
　매일 사랑을 함께 나누어라. 그러면 너는 매일 선물, 곧 사랑의 선물을 받는 기쁨 속에서 참되게 살게 될 것이다.

　(시편 19 : 3 ── 낮은 낮에게 말을 건네고 밤은 밤에게 지식을 전하는도다.)

††† 1998년 6월 29일

너는 사랑의 희생이 되는 것을 받아들여라.
왜냐 하면, 나의 아들 예수가 이 세상에서 행한 일이기 때문이다.

(바룩 3 : 37 —— 그분께서 슬기의 길을 모두 찾아내시어 당신 종 야곱과 당신께 사랑받는 이스라엘에게 주셨다.)

††† 1998년 6월 29일

나의 자비는, 십자가 위의 내 아들의 희생에 의해서 보여 주었다.
왜냐 하면, 이 희생에 의해서 나의 자비가 용서와 함께 모든 죄인에게 흘러 들어갔기 때문이다.

(2 마카베오 2 : 18 —— 우리는 하느님께서 곧 자비를 베푸시어, 우리를 하늘 아래 온 땅에서 거룩한 곳으로 모아 들이시리라고 희망합니다. 그분께서 우리를 큰 불행에서 건져 주시고 이 곳을 정화시켜 주셨기 때문입니다.)

†††

††† 1998년 6월 29일

은행 구좌를 온전히 보전하는 것보다는 마음을 온전히 보전하는 것이 더 낫다.

(시편 73 : 5 —— 인간의 괴로움이 그들에게는 없으며 다른 사람들처럼 고통을 당하지도 않는도다.)

††† 1998년 7월 5일

모든 결정에 사랑이 개입되고, 사랑이 모든 판단의 초점으로 작용할 때만 정의는 이루어질 수 있다.

(잠언 8 : 12 —— 나 지혜는 영리함과 함께 살며 지식과 현명함을 얻었다.)

††† 1998년 7월 5일

다른 사람들에게서 나쁜 점만 보지 않도록 특히 조심해야 한다.
왜냐 하면, 다른 사람들에게서 뿐아니라 모든 사람에게는 항상 좋은 점이 있기 때문이다.

(1 고린토 7 : 5 —— 그 뒤에 다시 합치십시오. 여러분이 결제하지 못하는 틈을 타 사탄이 여러분을 유혹할 수 있기 때문입니다.)

††† 1998년 7월 7일

자기 자신을 남들보다 위에 있다고 생각하지 말아라.
자기 자신을 남들보다 밑에 두고, 나의 사랑 안에서 그들에게 봉사하여라.

(에페소 5 : 2 —— 그리스도께서 우리를 사랑하시고, 또 우리를 위하여 당신 자신을 하느님께 바치는 향기로운 예물과 제물로 내놓으신 것처럼, 여러분도 사랑 안에서 살아가십시오.)

††† 1998년 7월 8일

모든 사람에게 공평한 마음을 갖도록 하여라.
왜냐 하면, 다른 사람이 너에게 가져주기를 원하는 마음이기 때문이다.

† † †

††† 1998년 7월 8일

기도 안에서 너는 평화를 찾을 것이다. 평화 안에서 너는 사랑을 찾을 것이다.
——사랑 안에서 너는 나를 찾을 것이다.

††† 1998년 7월 10일

친구들에게 사랑을 보여주어라. 가족에게 친절을 보여주어라. 모든 사람에게 사랑과 친절을 보여주고, 그들을 모두 친구로 만들어라.
왜냐 하면, 그들은 모두 네 가족이기 때문이다.

††† 1998년 7월 12일

내가 이 세상에 보내는 모든 메시지는 가톨릭 신앙의 진리를 강화하고 지지해줄 것이다.
——그렇지 않은 것은 나의 메시지가 아니다.

(예레미야 16 : 19 —— 저희 조상들은 정녕 쓸모없는 헛것만 물려주었습니다.)

†††

††† 1998년 7월 12일

　　네가 나를 섬기려고 한다면, 언제나 진리와 사랑 안에서 행해야 한다.
　　그렇지 않으면, 오로지 네 자신에 봉사하게 될 것이다.

　　(이사야 30 : 21 —— '이것이 바른길이니 이리로 가거라.' 하시는 말씀을 네 귀로 듣게 되리라.)

††† 1998년 7월 20일

　　사랑하는 사람을 기억하는 것은 중요한 일이다.
　　모든 사람을 네가 사랑하는 사람으로 만들고, 네가 행하는 모든 일에서 항상 그들을 기억하도록 하여라.

　　(오바디야 1 : 15 —— 모든 민족에게 주님의 날이 가까웠으니 네가 한 그대로 너도 당하고 너의 행실이 네 머리 위로 돌아가리라.)

††† 1998년 7월 20일

　　네가 혼란에 빠졌을 때는 기도하면서, 묵상하면서 머리가 명석해질 때까지 차분히 기다려라.

(시편 18 : 31 —— 하느님의 길은 결백하고 주님의 말씀은 순수하며 그분께서는 당신께 피신하는 모든 이에게 방패가 되시는도다.)

✝✝✝　1998년 7월 20일

천국에는 수많은 성인들이 있다. 그리고 내 사랑의 은총에 의해서 앞으로 훨씬 더 많아질 것이다.

(시편 18 : 26 —— 당신께서는 충실한 이에게는 충실하신 분으로, 결백한 사람에게는 결백하신 분으로 당신을 나타내시고,)

✝✝✝　1998년 7월 29일

겸손하게 나의 일을 행하는 사람들에게는 나는 그들이 필요로하는 모든 것을 준다. 교만하게 나의 일을 행하는 사람들에게는 나는 거의 아무 것도 주지 않는다.
왜냐 하면, 그들은 자신들이 필요로하는 것을 이미 갖고 있다고 믿고 있기 때문이다.

(예레미야 17 : 10 —— 내가 바로 마음을 살피고 속을 떠보는 주님이다. 나는 사람마다 제 길에 따라, 제 행실의 결과에 따라 갚는다.)

††† 1998년 7월 30일

　　보다 깊은 영성은 기도와 7성사, 그리고 네 삶에 하느님의 사랑이 없으면 무엇으로도 채울 수 없는 공허만 있게 된다는 것을 깨닫는 것으로부터 나온다.

　　(유다서 1 : 19 —— 저들은 분열을 일으키는 자들로서, 현세적 인간이며 성령을 지니지 못한 자들입니다.)

††† 1998년 7월 30일

　　말과 생각과 행동에서 정직한 것은, 네가 나를 섬기기를 원한다면 반드시 지켜야 할 유일한 길이다.

　　(집회서 40 : 21 —— 피리와 수금이 감미로운 소리를 내지만 이 둘보다 부드러운 말이 낫다.)

††† 1998년 7월 30일

　　호흡 하나하나는 선물이다. 심장의 고동 하나하나는 선물이다. 네 삶의 매순간은 선물이다.
　　——그것들을 현명하게 사용하여라.

　　(에페소 6 : 18 —— 여러분은 늘 성령 안에서 온갖 기도와 간

구를 올려 간청하십시오. 그렇게 할 수 있도록 인내를 다하고 모든 성도들을 위하여 간구하며 깨어 있으십시오.)

††† 1998년 8월 1일

네가 드리는 모든 기도는, 네가 받는 7성사는, 네가 행하는 모든 희생은, 너를 나에게 한 걸음 더 다가서게 해 준다.

(애가 3 : 25 ── 당신을 바라는 이에게, 당신을 찾는 영혼에게 주님께서는 좋으신 분.)

††† 1998년 8월 1일

나의 아들 예수가 십자가 위에서 고통을 당할 때, 나도 예수와 함께 고통을 당했다.
나의 아들 예수의 성심이 인류가 지은 죄로 인하여 고통으로 가득 채워졌을 때, 나도 그 고통을 함께 나누었다.
나의 아들 예수가 마지막 숨을 거두면서 성령 안에서 온 인류에게, "나는 너희를 사랑한다."고 외쳤을 때, 나는 예수와 함께 외쳤다.
그것이 어떻게 다른 것이 될 수가 있겠느냐? 나의 아들은 내 안에서 나와 하나이며, 나는 예수와 성령 안에서 그들과 하나이니, 그 외침이 어떻게 다른 것이 될 수 있겠느냐?

이 사랑의 삼위일체, 천주 성삼이 인류를 향해 십자가 위에서 외쳤으며, 성심으로부터 계속 외쳐대고 있다.

(로마서 9 : 30 —— 의로움을 추구하지 않던 다른 민족들이 의로움을, 믿음을 바탕으로 의로움을 얻은 것입니다.)

†††   1998년 8월 1일

누군가 다른 사람을 만날 때마다 나에 대한 네 사랑을 상기하여라. 그리고 또한 그 사랑을 가지고 그를 대하여라.

(지혜서 19 : 16 —— 그런데 저들은 자기들과 이미 권리를 공유하는 이들을 잔치를 베풀며 받아들이고서는 무서운 노역으로 못살게 굴었던 것입니다.)

†††   1998년 8월 1일

인간은 사랑을 할 때에만 오로지 참된 인간이 될 수 있는 것이다.

(집회서 30 : 22 —— 마음의 기쁨은 곧 사람의 생명이며 즐거움은 곧 인간의 장수이다.)

✝✝✝　1998년 8월 2일

　　삶에 있어서 유모어는 중요하다.
　　왜냐 하면, 유모어가 없으면 삶이 비참해지기 때문이다.
　　그러나 너의 유모어가 남의 약점이나 생김새, 마음의 상태, 가난, 가족, 친구, 잘못, 불운, 사회적인 지위 등을 유모어의 수단으로 이용해서 남의 삶을 비참하게 만들지 않도록 하는 것이 중요하다.
　　왜냐 하면, 그럴 경우에는 조금도 우습지 않을 뿐더러, 자칫 죄를 짓는 것이 되기 때문이다.

　　(잠언 15 : 28 —— 의인의 마음은 대답하기 전에 깊이 생각하지만 악인의 입은 악한 것을 내뱉는다.)

✝✝✝　1998년 8월 2일

　　매사에 말을 조심하는 것은 네 마음이 신중하다는 것을 의미한다.

　　(시편 37 : 30-31 —— 의인의 입은 지혜를 자아내고 그의 혀는 공정을 말하는도다. 자기 하느님의 가르침이 그의 마음에 있어 그 걸음이 흔들리지 않는도다.)

✝ ✝ ✝

††† 1998년 8월 2일

　절대로 남을 해치려는 의도로 말을 하지 말아라. 남의 품위를 떨어뜨리려는 생각으로 말을 하지 말아라.
　미움으로 가득찬 말을 하지 말아라.
　그러면, 너는 네 말에 죄로서 대답할 지도 모르는 사람들과 네 생활 속에서 많은 죄를 미연에 방지하게 될 것이다.
　말은 대단히 강력하다.
　왜냐 하면, 말은 사랑을 널리 퍼뜨릴 수가 있으며, 죄를 널리 퍼뜨릴 수도 있기 때문이다.
　무슨 말을 할 것인가와, 또 어떻게 말을 할 것인가에 대해서 신경을 쓰거라.

　(2 베드로 1 : 5-7 ── 그러니 여러분은 열성을 다하여 믿음에 덕을 더하고 덕에 앎을 더하며, 앎에 절제를, 절제에 인내를, 인내에 신심을, 신심에 형제애를, 형제애에 사랑을 더하십시오.)

††† 1998년 8월 6일

　마음 속에 기쁨을 가지고 있으면, 삶의 모든 순간을 이상적인 형태로 살 수가 있다.
　모든 사람은 나의 아들 예수 안에서 그 기쁨을 발견할 수가 있으며, 어떻게 삶을 살아야 하는가를 발견할 수 있다.

(1 고린토 15 : 22 —— 아담 안에서 모든 사람이 죽는 것과 같이 그리스도 안에서 모든 사람이 살아날 것입니다.)

††† 1998년 8월 6일

하느님 앞에 돈을 갖다 놓는 자는 천국 앞에 지옥을 갖다 놓는 위험을 무릅쓰고 있다.

(지혜서 19 : 15 —— 그뿐만이 아닙니다. 다른 자들도 이국인들을 적개심으로 대한 탓에 심판을 받게 될 것입니다.)

††† 1998년 8월 6일

마음 속에 평화를 느끼고 있으면, 네 삶은 나의 사랑에 대한 기쁨의 표현이 될 것이다.

(집회서 30 : 15 —— 건강한 삶은 온갖 귀금속보다 좋고 건전한 영은 헤아릴 수 없는 부보다 좋다.)
(루가 7 : 50 —— 예수님께서는 그 여자에게 이르셨다. '네 믿음이 너를 구원하였다. 평화로이 가거라.')

† † †

††† 1998년 8월 6일

　네가 겪는 모든 고통을 십자가 위의 나의 아들 예수에게 바치면, 다른 사람들을 위한 많은 은총을 받게 될 것이다.
　예수의 영광을 위하여 고통을 받아들임으로써, 너는 네 사랑을 나타내고, 십자가 위의 예수로부터 상을 받게 될 것이다.

　(애가 3 : 32 —— 고통을 주셨다가도 당신의 크신 자애로 불쌍히 여기시기 때문이네.)

††† 1998년 8월 6일

　자신의 죄를 되풀이해서 생각하는 것은 불필요하고, 마음의 혼란만 불러 일으킨다. 일단 고해 성사를 보고 용서를 받고 나면, 과거에 연연하며 과거 속에서 살지 말아라.
　똑같은 잘못을 되풀이하지 않도록 명심하여라. 그러나 과거의 잘못은 깨끗이 잊어버려라.

　(애가 3 : 20-21 —— 내 영혼은 생각을 거듭하며 안에서 녹아 내리네. 하지만 이것을 내 마음에 새겨 나는 희망하네.)

† † †

††† 1998년 8월 13일

　　모든 사람을 사랑을 가지고 대하여라. 모든 사람을 존경심을 가지고 대하여라.
　　모든 사람을 자신이 대접받고 싶은 식으로 대접하여라. 왜냐 하면, 그들도 역시 그것을 좋아하기 때문이다.

††† 1998년 8월 13일

　　나의 뜻을 행하도록 은총을 내려 달라고 기도하여라.
　　──그러면 너는 그 은총을 받을 것이다.

　　(이사야 58 : 11 ── 주님께서 늘 너를 이끌어주시고 메마른 곳에서도 네 넋을 흡족하게 하시며 네 뼈마디를 튼튼하게 하시리라.)

††† 1998년 8월 13일

　　다른 사람들의 필요를 깨닫고, 그것에 사랑을 가지고 응답하는 사람은 나의 아들 예수를 닮은 사람이다.

　　(마태오 25 : 46 ── 이렇게 하여 그들은 영원한 벌을 받는 곳으로 가고 의인들은 영원한 생명을 누리는 곳으로 갈 것

이다.)

††† 1998년 8월 13일

예수의 현존 안에서 평화롭게 살아라.

(시편 62 : 6 —— 내 영혼아, 오직 하느님을 향해 말없이 기다려라. 그분에게서 나의 희망이 오느니!)

††† 1998년 8월 13일

부드럽게 말하여라. 친절하게 말하여라.
애정을 담아서 말하여라.
왜냐 하면, 그것이 나의 아들 예수가 세상에 있을 때 행한 것이기 때문이다.

(1 고린토 13 : 4 —— 사랑은 참고 기다립니다. 사랑은 친절합니다. 사랑은 시기하지 않고 뽐내지 않으며,)

††† 1998년 8월 17일

매일 아침, 날마다 너에게 주는 나의 사랑의 선물을 기억하도록 하여라.

(시편 123 : 2 —— 몸종의 눈이 제 여주인의 손을 향하듯 그렇게 저희의 눈이 주 저희의 하느님을 우러르나이다. 저희를 불쌍히 여기실 때까지.)

†††　1998년 8월 18일

이따금 사람들은 사랑하는 것을 잊어 버리고, 그리고는 고통스러워하기 시작한다.

사랑이 떠났을 때, 오로지 고통만이 그 자리를 메우기 때문이다.

†††　1998년 8월 18일

다른 사람들을 어떻게 사랑할 수 있는가에 대해 생각해 보아라. 그리고 나의 사랑을 그들에게 전하여라.

그것은 봉사와 겸손과 마음의 배려에 의해서 이루어져야 한다.

(시편 116 : 16 —— 아, 주님 저는 정녕 당신의 종 저는 당신의 종, 당신 여종의 아들. 당신께서 저의 사슬을 풀어주셨나이다.)

††† 1998년 8월 18일

내 사랑의 확실성이 성인들을 떠받쳐 왔다. 그리고 너를 떠받치고 있는 것도 내 사랑의 확실성이어야 한다.

(시편 43 : 4 ── 저는 하느님의 제단으로, 제 기쁨과 즐거움이신 하느님께로 나아가리이다. 하느님, 저의 하느님 비파 타며 당신을 찬송하리이다.)

††† 1998년 8월 20일

옛날에는 많은 사람들이 나를 위해 생명을 바쳐 왔다.
오늘 날, 많은 사람들이 역시 그렇게 하고 있으며, 미래에는 더 많은 사람들이 그렇게 할 것이다.
어째서 많은 사람들이 나를 그처럼 사랑하는가? 왜 이런 식으로 그들은 나를 위해 희생하는가?
왜냐 하면, 마음으로 나를 사랑하고 나의 사랑을 갖는 것이 생명 자체보다 더 가치가 있다는 것을 발견했기 때문이다. 이것은 모든 사람이 찾기만 한다면, 발견할 수 있는 진리이다.

(시편 57 : 12 ── 하느님, 하늘 높이 일어나소서. 당신의 영광 온 땅 위에 떨치소서.)

† † †

††† 1998년 8월 20일

　　사랑은 모든 성체 안에 거처하고 있다. 사랑은 모든 성체 안에 존재하고 있다.
　　──사랑은 모든 성체 자체이다.

　　(이사야 30 : 20 ── 주님께서 너희에게 곤경의 빵과 고난의 물을 주시지만 너의 스승이신 그분께서는 더 이상 숨어계시지 않으리니 네 눈이 너의 스승을 뵙게 되리라.)

††† 1998년 8월 20일

　　사랑은 육체적인 매력이 아니라, 남녀 관계의 기초가 되어야 한다.

　　(에페소 5 : 33 ── 여러분도 저마다 자기 아내를 자기 자신처럼 사랑하고, 아내도 남편을 존중해야 합니다.)

††† 1998년 8월 25일

　　모든 사람이 삶을 살아가는 모습을 지켜보면서, 나는 내 사랑을 모든 사람에게 나누어 주기를 기다리며 사랑으로 바라본다. 모든 사람이 삶을 살아가는 모습을 지켜보면서, 나는 그들이 삶에서 덕행을 쌓을 때마다 기쁨에 차서 미소를 짓는다.

　　모든 사람이 삶을 살아가는 모습을 지켜보면서, 나는 그들이 그것을 받아들이고 알아보아주기를 희망하며, 모든 사람에게 도움을 준다.

　　나는 모든 사람을 사랑한다. 그리고 그들이 삶에서 덕행을 쌓도록 도와주기를 원한다. 그래야만 어느 날, 그들이 하늘에 있는 아버지인 나를 찾아올 수 있기 때문이다.

　　(시편 25:5 ── 당신의 진리 위에 저를 걷게 하시고 저를 가르치소서. 당신께서 제 구원의 하느님이시니 날마다 당신께 바라나이다.)

✝✝✝　1998년 8월 27일

　　삶을 살아가는 주된 이유가 나를 사랑하기 위한 것이라는 사람은, 슬기로운 사람이다. 삶을 살아가는 주된 이유가 나에게 봉사하기 위한 것이라는 사람은, 진실되게 사는 사람이다.

　　삶을 살아가는 주된 이유가 다른 사람들에 대한 봉사 속에서 나의 사랑을 함께 나누기 위해서라는 사람은, 삶을 슬기롭게 살고 있는 사람이다.

　　(다니엘 12:3 ── 현명한 이들은 창공의 광채처럼 많은 사람을 정의로 이끈 이들은 별처럼 영원 무궁히 빛나리라.)

††† 1998년 8월 27일

기도는 사랑으로 행하는 한 어느 곳에서든 어떤 방법으로든 할 수 있다.

(1 고린토 13 : 1 ── 내가 인간의 신령한 언어와 천사의 신령한 언어로 말한다 하여도 나에게 사랑이 없으면 나는 요란한 징이나 소란한 꽹과리에 지나지 않습니다.)

††† 1998년 8월 28일

하루하루를 바라볼 때 경이를 가지고, 기쁨을 가지고 그리고 사랑을 가지고 보아라.
그러면 아침이 밝아올 때마다, 혹은 저녁이 찾아올 때마다 너에게 베풀어준 것을 감사하기 시작하게 될 것이다.

(예레미야 23 : 24 ── 사람이 은밀한 곳에 숨는다고 내가 그를 보지 못할 줄 아느냐? 주님의 말씀이다. 내가 하늘과 땅을 가득 채우고 있지 않느냐? 주님의 말씀이다.)

††† 1998년 8월 28일

나의 사랑의 기쁨은 너와 사람들이 찾아보기만 하면, 모든 사람 안에서 발견할 수 있다.

(이사야 33 : 17 —— 네 눈은 수려한 모습의 임금을 바라보리라. 널리 펼쳐진 땅을 보리라.)

††† 1998년 8월 31일

나를 사랑하는 것은 얼마나 기쁜 일인가! 나를 아는 것은 얼마나 마음에 평화를 가져다 주는 일인가!
나를 믿는 것은 얼마나 희망을 안겨주는 일인가!

(시편 107 : 1 —— 주님께 감사드려라, 선하신 분이시니 그분의 자애는 영원하시니.)

††† 1998년 9월 1일

아버지로서 나는 너를 사랑한다. 아버지로서 나는 너에게 기대를 건다. 아버지로서 나는 너와 모든 사람에게 도움을 주기를 원한다.
왜냐 하면, 나는 모든 사람을 사랑하기 때문이며, 자신의 삶에 나의 도움을 받아들이기를 기대하고 있다.

(스바니야 2 : 10 —— 이것은 그들의 교만의 대가이니, 그들이

만군의 주님의 백성을 모욕하며 으스댄 탓이다.)

††† 1998년 9월 1일

내 성령의 힘과 내 아들의 사랑의 은총에 의하여 나의 모든 자녀들은 살고 있다.
따라서 그것에 대해 하느님에게 영원히 감사해야 한다.

(시편 33 : 9 ── 그분께서 말씀하시자 이루워졌고 그분께서 명령하시자 생겨났기 때문이로다.)

††† 1998년 9월 2일

남이 말하는 것에 따라서 행동하기 전에 신중을 기하지 않으면 안 된다.

(2 베드로 2 : 3 ── 그들은 또 탐욕에 빠져, 지어 낸 말로 여러분을 속여 착취할 것입니다.)

††† 1998년 9월 2일

자비로운 마음은 모든 사람을 용서하고, 사랑하고 환영한다. 이것이 나의 아들 예수의 마음이다.

(1 베드로 1 : 3 —— 하느님께서는 당신의 크신 자비로 우리를 새로 태어나게 하시어, 죽은 이들 가운데에서 다시 살아나신 예수 그리스도의 부활로 우리에게 생생한 희망을 주셨다.)

††† 1998년 9월 2일

영적인 선물이 준비되어 있다. 영적인 은총이 준비되어 있다. 영적인 상이 준비되어 있다. ——7성사 안에.

(로마서 16 : 2 —— 성도들의 품위에 맞게 그를 주님 안에서 맞아들이고, 그가 여러분의 도움이 필요하게 되면 무슨 일이든 도와 주십시오.)

††† 1998년 9월 2일

진리에 대한 확고한 믿음을 가진 사람, 그는 영원히 살 것이다.

(디도 1 : 9 —— 가르침을 받은 대로 진정한 말씀을 굳게 지키는 사람이어야 합니다. 그래야 건전한 가르침으로 성도들이 품위에 맞게 그를 주님 안에서 맞아들이고, 그가 여러분 남을 격

려할 수도 있고 반대자들을 꾸짖을 수도 있습니다.)

✝✝✝ 1998년 9월 2일

예수의 성심 안에는 모든 사람을 위한 자리가 마련되어 있다. 그러므로 모든 사람의 마음 안에도 예수를 위한 자리를 마련해야만 한다.

(마르코 12 : 30 ── 너는 마음을 다하고 영혼을 다하고 정신을 다하고 힘을 다하여 주 너의 하느님을 사랑해야 한다.)

✝✝✝ 1998년 9월 6일

나의 사랑의 신비는 영원하고 보편적이어서 아무도 부인할 수가 없다. 나의 사랑의 신비는 모든 것이 나의 사랑으로부터 나오고 나의 사랑 안에 존재한다는 것이다.
나의 사랑의 신비는 모든 사람이 나의 사랑을 영혼 속에 간직하고 있다는 것이다.
나의 그 신비스러운 사랑은 바로 예수이다.

(골로사이 1 : 15-16 ── 그분은 보이지 않는 하느님의 모상이시며 모든 피조물의 맏이이십니다. 하늘에 있는 것이든 땅에 있는 것이든 만물이 그분 안에서 창조되었기 때문입니다.)

††† 1998년 9월 12일

이 세상의 모든 사람은 나의 자녀이다. 따라서 네가 나를 사랑한다면 너는 그들 모두를 사랑해야 한다.
왜냐 하면, 그들은 모두 나에게서 나왔기 때문이다.

(마태오 6 : 18 —— 네가 금식하는 것을 사람들에게 드러내 보이지 말고, 숨어 계신 네 아버지께 보여라. 그러면 숨은 일도 보시는 네 아버지께서 너에게 갚아 주실 것이다.)

††† 1998년 9월 13일

네가 다른 어느 때보다도 더 많은 사랑과 친절을 보여줄 필요가 있는 것은 어려움에 처해 있을 때이다.

(집회서 42 : 1 —— 다음 것들에 대해서는 부끄러워하지 말고 체면 때문에 죄를 짓지 말아라.)

††† 1998년 9월 20일

네가 너무 바쁘다고 해서 기도를 절대로 뒤로 미루지 말아라. 기도를 할 시간은 언제든지 있으며, 여러 가지 방법도 있다. 기도할 마음과 노력만 있다면 말이다.

(집회서 38 : 9 —— 아들아, 네가 병들었을 때 지체하지 말고 주님께 기도하여라. 그분께서 너를 고쳐주시리라.)

✝✝✝　1998년 9월 20일

　　네가 모든 곤란을 통해서 사랑을 나타내 보일 때야말로 바로 참된 사랑을 나타내 보이는 것이다.

✝✝✝　1998년 9월 20일

　　네가 삶의 모든 순간을 나의 것이라고 생각한다면, 그렇게 된다!

　　(1 고린토 7 : 17 —— 아무튼 주님께서 각자에게 정해 주신 대로, 하느님께서 각자를 부르셨을 때의 상태대로 살아가도록 하십시오.)

✝✝✝　1998년 9월 20일

　　나의 사랑 안에서는 모든 사람이 다 친구이며, 모든 사람이 한 가족이다. 그리고 모든 사람은 사랑받는다.

(예레미야 30 : 22 ── 너희는 내 백성이 되고, 나는 너희의 하느님이 되리라.)

††† 1998년 9월 20일

나의 사랑이 머무는 곳이라면, 어떤 집에서나 너는 자기 집에 있는 것 같은 평안함을 느낄 것이다.

††† 1998년 9월 23일

두려움 속에서 악은 자란다. 의심 속에서 악은 용기를 얻는다. 불확실성 속에서 악은 생존을 위해 발버둥친다.

(집회서 8 : 1 ── 권세가와 겨루지 말아라. 네가 그의 손아귀에 떨어질라.)

††† 1998년 9월 23일

두려움을 통하여 악은 많은 사람에게 죄를 짓도록 한다.
믿음 안에서 많은 사람들은 죄를 극복하고, 내 안에서 안전을 찾도록 하여라.

(집회서 2 : 13 —— 믿지 않는 까닭에 유약한 마음은 불행하다! 이 때문에 보호받지 못하리라.)

††† 1998년 9월 23일

네 마음 안에는 관용이 있다.
——그것을 숨기려고 하지말아라.

(잠언 22 : 9 —— 어진 눈길을 지닌 이는 복을 받으리니 제 양식을 가난한 이에게 나누어 주기 때문이다.)

††† 1998년 9월 24일

사랑을 마음 속에 간직하고 매일을 맞이하여라. 그리고 이렇게 말하여라. "주님, 이것을 당신께 드립니다. 모든 순간과 제가 행하는 모든 것을 드립니다."
——그러면 매일은, 기도가 될 것이다.

(사도행전 13 : 52 —— 제자들은 기쁨과 성령으로 가득 차 있었다.)

† † †

††† 1998년 9월 27일

그 날을 시작하는 기도. 온종일을 통해서 하는 기도.
그 날을 마감하는 기도. 이것이 기도를 하는 방법이다.

(다니엘 13 : 12 —— 그러면서도 그들은 그 여인을 보려고 매일 부지런히 기회를 엿보았다.)

††† 1998년 9월 27일

네 뜻이 이루어질 때, 나의 뜻은 이루어지지 않는다. 네 필요가 선행될 때, 다른 사람들의 필요는 뒷전으로 밀려난다. 네 생명이 가장 중요한 것이 될 때, 봉사란 있을 수가 없다.
　네 자신을 옆으로 젖혀 두고, 네 삶에서 나의 뜻을 따르라. 나를 섬기고 다른 사람들의 필요를 위해 봉사하여라.
　하느님을 맨앞자리에 모시는 일을 네 삶에서 가장 중요한 일로 삼으라. 그러면 너는 천국에서 기다리고 있는 영원한 사랑의 상을 받게 될 것이다.

(요한 12 : 26 —— 누구든지 나를 섬기려면 나를 따라야 한다. 내가 있는 곳에 나를 섬기는 이도 함께 있을 것이다. 누구든지 나를 섬기면 아버지께서 그를 존중해 주실 것이다.)

† † †

✝✝✝　1998년 9월 28일

　　어떤 방식으로든 믿음을 방해하지 말아라.
　　──항상 사랑과 친절로 믿음을 격려해 주어라.

　　(시편 141 : 4 ── 제 마음이 악한 일에 기울어 나쁜 짓 하는 사내들과 함께 불의한 행동을 하지 않게 하소서. 저들의 진미를 즐기지 않으리이다.)

✝✝✝　1998년 9월 29일

　　네가 만나는 모든 사람을 사랑하여라. 네가 보는 모든 사람을 사랑하여라. 존재하고 있는 모든 사람을 사랑하여라.
　　왜냐 하면, 모든 사람은 나에게서 나왔기 때문이다.

　　(전도서 5 : 19 ── 정녕 하느님께서 그를 제 마음의 즐거움에만 몰두하게 하시니 그는 제 인생의 날 수에 대하여 별로 생각하지 않는다.)

✝✝✝　1998년 9월 29일

　　모든 창조물에 대해 사랑을 가지고 있다면, 너는 나에 대한 사랑을 가지고 있는 것이다.

(루가 1 : 47-48 —— 내 영혼이 주님을 찬송하고 내 마음이 나의 구원자 하느님 안에서 즐거워하니 그분께서 당신 종의 비천함을 굽어 보셨기 때문입니다.)

††† 1998년 10월 1일

천사들이 나의 옥좌 주위에 모여서 나를 찬미하는 노래를 부를 때, 나는 천사들을 바라보고, 나에 대한 사랑을 보고, 나에 대한 경배를 즐긴다. 인류가 합류하여 나를 영원히 찬미하는 천사들과 하나가 되었을 때도 마찬가지이다.

나는 그것을 얼마나 좋아하고, 그들이 보여 주는 사랑을 얼마나 즐기는 지 모른다.

(요한 묵시록 7 : 15 —— 그들은 하느님의 어좌 앞에 있고 그분의 성전에서 밤낮으로 그분을 섬기고 있다.)

††† 1998년 10월 1일

천국의 천사들은 나의 사랑 안에서 빛난다. 천국의 천사들은 나의 은총 안에서 빛을 발한다.

천국의 천사들은 나의 영광 안에서 존재한다.

(루가 1 : 26 —— 하느님께서는 가브리엘 천사를 갈릴래아 지

방 나자렛이라는 고을로 보내시어,)

††† 1998년 10월 1일

오늘은 천국이 기뻐하는 날, 천국이 노래하는 날, 천국이 나의 훌륭한 종, 성녀 데레사를 축하하는 날이다.

(말라기 3 : 22 —— 너희는 나의 종 모세의 율법, 내가 호렙에서 온 이스라엘을 위하여 모세에게 내린 규정과 법규들을 기억하여라.)

††† 1998년 10월 2일

나의 사랑의 선물은 너를 돌보고, 그리고 너를 위해 보낸 것이다.
수호 천사의 선물은 모든 사람에게 사랑으로 베풀어준다.

(2 디모테오 1 : 6 —— 그러한 까닭에 나는 그대에게 상기시킵니다. 내 안수로 그대가 받은 하느님의 은사를 다시 불태우십시오.)

† † †

††† 1998년 10월 3일

베푸는 자는 항상 받게 될 것이다.
받는 자는 항상 베풀어야만 한다.

(시편 143 : 8 —— 당신을 신뢰하오니 아침에 당신의 자애를 입게 하소서. 당신께 제 영혼을 들어 올리오니 걸어야 할 길 제게 알려 주소서.)

††† 1998년 10월 10일

죄를 보고 그것에 의해 끌리는 것은, 오로지 인간이 진리를 보고 진리를 사는 것을 방해할 뿐이다.

(예레미야 3 : 23 —— 분명 언덕에서 나오는 것은 거짓이요 산 위에는 소란뿐입니다. 분명 이스라엘의 구원은 주 저희 하느님 안에만 있습니다.)

††† 1998년 10월 10일

진리를 위해 살지 못하는 사람, 그는 재난을 자초하는 사람이다.

(에페소 5 : 15 ── 그러므로 미련한 사람이 아니라 지혜로운 사람으로서 어떻게 살아가야 하는지 잘 살펴보십시오.)
(마태오 6 : 1 ── 너희는 사람들에게 보이려고 그들 앞에서 의로운 일을 하지 않도록 조심하여라. 그렇지 않으면 하늘에 계신 너희 아버지에게서 상을 받지 못한다.)
(1 고린토 7 : 5 ── 여러분이 절제하지 못하는 틈을 타 사탄이 여러분을 유혹할 수 있기 때문입니다.)

✝✝✝ 1998년 10월 10일

두려워하는 것은 나를 신뢰하지 않기 때문이다. 의심하는 것은 나를 믿지 않기 때문이다. 걱정을 하는 것은 네 자신을 나에게 맡기지 않기 때문이다.
나를 신뢰하면 아무 것도 두려워할 것이 없다. 그리고 나를 믿으면, 네 삶에 어떤 일이 일어날지에 대해 전혀 의심이나 걱정을 하지 않게 될 것이다.

(잠언 3 : 5 ── 네 마음을 다하여 주님을 신뢰하고 너의 예지에는 의지하지 말아라.)

✝✝✝ 1998년 10월 10일

자유로와지기 위해서는 너는 반드시 내 안에서 살아야 한다. 그 밖의 모든 것은 너를 속박할 뿐이다.

> (로마서 8 : 15 ── 여러분은 사람을 다시 두려움에 빠뜨리는 종살이의 영을 받은 것이 아니라, 여러분을 자녀로 삼도록 해주시는 영을 받았습니다. 이 성령의 힘으로 우리가 '압바! 아버지!' 하고 외치는 것입니다.)

††† 1998년 10월 11일

생명의 귀중한 선물을 절대로 거부해서는 안 된다.
왜냐 하면, 어떤 이유에서든 그것을 거부하는 것은, 네 하느님인 나를 부인하는 것이며, 받고 싶지 않는 벌을 네 자신에게 과하는 것이 되기 때문이다.

> (이사야 17 : 11 ── 네가 심은 그날로 자라게 하고 씨앗을 뿌린 그 아침으로 싹이 트게 하여도 그것이 병드는 날 수확은 사라져 너에게 회복할 수 없는 고통이 되리라.)

††† 1998년 10월 11일

눈에 사랑을 담으면, 너는 모든 곳에서 사랑을 볼 수가 있다. 죄로 사랑을 감추고 있는 사람들의 마음 속에서도 사랑을 볼 수 있다.

(요한 18 : 8 ── 예수님께서 말씀하셨다. '나다.'라고 하지 않았느냐? 너희가 나를 찾는다면 이 사람들은 가게 내버려두어라.)

††† 1998년 10월 24일

오늘 날 생명의 기적은 종종 자연적인 과정으로 간주되고, 그리고 내가 준 선물은 종종 무시되고 있다. 첫 심장 박동, 첫 호흡은 단순히 신체적인 행위로써 일어나는 것이 아니다.
왜냐 하면, 그런 일이 일어나기 위해서는 무엇인가가 필요하기 때문이다.
그 무엇인가는 내가 모든 존재에 불어 넣은 생명의 불이다. 그리고 그것은 이 세상에서 신체적인 방식으로 나타나게 되어 있다.
이 불은 꺼지지 않은 채, 추위를 본래 있어야 할 공허 속에 남겨두고, 이 지상의 창조물을 특별한 방법으로 따뜻하게 하기 위해 활활 불타오르게 해야 한다.
생명은 귀중한 사랑의 선물이다. 그러나 오늘 날 이 생명이 이기심, 교만 그리고 증오의 악에 의해서 공격을 당하고 있다.
오늘 날 이 세상이 그토록 고통을 당하는 것은 무리가 아니다. 그리고 인류가 그 귀중한 생명을 감사해하고 귀하게 여기고 축복하지 않는다면, 내일은 더 많은 고통을 당하게 될 것이다.

(지혜서 12 : 15 —— 당신께서는 의로우신 분으로 만물을 의롭게 관리하시니 징벌을 받을 까닭이 없는 이를 단죄하는 것을 당신의 권능에 맞지 않는 일로 여기십니다.)
(잠언 9 : 12 —— 네가 지혜로우면 너를 위해 지혜로운 것이 되지만 네가 빈정대면 너 혼자 그 책임을 져야 한다.)

††† 1998년 10월 24일

친절함은 사랑을 나타낸다. 이기심은 죄악을 나타낸다.

(시편 103 : 8 —— 주님께서는 자비롭고 너그러우시며 분노에 더디시고 자애가 넘치시는도다.)

††† 1998년 10월 24일

남을 절대로 깔보지 말아라.
왜냐 하면, 나의 눈에는 모든 사람이 동등하기 때문이다.

(로마서 12 : 6 —— 우리는 저마다 하느님께서 베푸신 은총에 따라 서로 다른 은사를 가지고 있습니다. 그것이 예언이면 믿음에 맞게 예언하고,)
(야고보서 4 : 6 —— 하느님께서는 교만한 자들은 적대하시고 겸손한 이들에게는 은총을 베푸신다.)

††† 1998년 10월 24일

모든 호흡은 내가 너에게 주는 선물이다. 모든 심장의 박동은 너에 대한 내 사랑의 징표이다. 네가 살고 있는 모든 순간은 내가 너에게 주는 생명의 선물이다.

이러한 모든 것을 가지고 네가 나의 뜻을 행할 때, 내 사랑을 너의 사랑으로 감싸서 나에게 돌려주는 것이다.

(시편 68 : 20 —— 주님께서는 나날이 찬미받으실지어다. 우리 위하여 짐을 지시는 하느님께서 우리의 구원이시로다.)

††† 1998년 10월 24일

내가 요구하는 것은 너의 사랑이다. 내가 주는 것은 나의 사랑이다. 그러므로 나의 사랑을 받아들이면서 네 사랑을 나에게 주면, 이 결합이 너에게 참된 생명을 가져다줄 것이다.

(로마서 8 : 28 —— 하느님을 사랑하는 이들, 그분의 계획에 따라 부르심을 받은 이들에게는 모든 것이 함께 작용하여 선을 이룬다는 것을 우리는 압니다.)
(잠언 2 : 20 —— 너는 선인들의 길을 걷고 의인들의 행로를 따라야 한다.)

††††

††† 1998년 10월 26일

　　하나이고, 거룩하고, 보편적이고, 사도로부터 전승된 교회는 나의 아들 예수가 세운 교회이다. 그리고 하느님을 사랑하는 모든 사람이 속해 있는 교회이다.
　　왜냐 하면, 하느님의 교회이기 때문이다.

　　(이사야 56 : 6 ── 주님을 섬기고 주님의 이름을 사랑하며 그분의 종이 되려고 그분을 따르는 이방인들, 안식일을 지켜 더럽히지 않고 나의 계약을 준수하는 모든 이들.)

††† 1998년 10월 26일

　　기도 안에서 나의 사랑을 느껴라. 기도 안에서 나의 현존을 느껴라.
　　기도 안에서 나의 은총이 너를 가득 채우는 것을 느껴라.

　　(마태오 6 : 5 ── 너희는 기도할 때에 위선자들처럼 해서는 안 된다. 그들은 사람들에게 드러내 보이려고 회당과 큰길 모퉁이에 서서 기도하기를 좋아한다. ……그들은 자기들이 받을 상을 이미 받았다.)

† † †

††† 1998년 10월 29일

네 마음 한가운데에 사랑을 가지고 있으면, 네 마음은 예수와 하나가 된다.
왜냐 하면 예수는 사랑이요, 예수의 사랑은 성체 안에서 발견되기 때문이다. 그러므로 네 마음을 예수로 가득 채우거라.

(요한 5 : 42 —— 나는 너희에게 하느님을 사랑하는 마음이 없다는 것을 안다.)

††† 1998년 10월 29일

이 세상에서는 악과 선의 끊임없는 싸움이 벌어지고 있다. 이 싸움은 모든 사람의 삶의 한 부분이다. 그러므로 모든 사람이 나의 아들 예수의 십자가상 승리를 받아들이는 결단을 내리면, 삶에서의 싸움에서 승리할 수 있다.
악이 패할 적마다 이 세상은 전체적으로 변해 간다. 그리고 선은 더욱 굳세어져 간다. 어느 날, 모든 악이 이 세상에서 떠날 때까지——.
모든 사람이 이런 사실을 아는 것이 중요하다. 그리고 삶에서 죄의 쇠사슬을 끊도록 노력하여라. 그렇게 하면, 모든 사람은 내 아들의 십자가상의 희생을 통해서, 성공이 보장된 사랑의 군대의 일원이 될 수 있다.

(시편 1 : 4 —— 악인들은 그렇지 아니하니 바람이 흩어버리는 겨와 같도다.)

††† 1998년 10월 29일

만약 네가 사랑에 대하여 이야기한다면, 만약 네가 사랑 안에서 살려고 노력한다면, 만약 네가 사랑만을 구한다면, 너는 아무 것도 두려워할 것이 없다.
왜냐 하면, 예수가 자신의 성스러운 사랑 안에 너와 함께 있을 것이기 때문이다.

(1 데살로니카 1 : 4 —— 하느님께 사랑받는 형제 여러분, 우리는 여러분이 선택되었음을 압니다.)

††† 1998년 10월 29일

삶은 영원 속의 한 순간에 지나지 않는다. 그 삶을 지혜롭게 살아가거라.
그렇지 않으면, 영원한 암흑 속에 그 삶을 잃어 버릴 위험이 있도다.

(지혜서 5 : 15 —— 좋은 노력의 결과는 영광스럽고 예지의 뿌리는 소멸되지 않는다.)

††† 1998년 10월 30일

나는 나약한 사람들에게 내 안에서 강해지라고 요구한다. 그러나 계속해서 나는 그들에게 약점을 상기시켜주고 있다.
내 안에서 모든 것이 나온다는 것을 알게 하기 위해서다.

(집회서 1 : 1 ── 모든 지혜는 주님에게서 오고, 영원히 그분과 함께 있다.)

††† 1998년 10월 30일

사랑이 내 마음 속에 항상 머물러 있도록 해야 한다.
왜냐 하면, 한 순간이라도 사랑이 없으면, 악이 쳐들어오기 때문이다.

(욥기 9 : 4 ── 지혜가 충만하시고 능력이 넘치시는 분, 누가 그분과 겨루어서 무사하리요?)

††† 1998년 11월 1일

성인들은 나에 대한 믿음과 어려운 순간들을 통한 인내를 가지고, 어떻게 삶이 내 사랑의 기적적인 반영이 될 수 있는가를 보여주고 있다.

(예레미야 31 : 21 —— 너 자신을 위하여 길에 이정표를 세우고 푯말을 박아놓아라. 네가 다녔던 큰길 작은길을 깊이 헤아려보아라.)

††† 1998년 11월 2일

네가 기도를 드리는 모든 성스러운 영혼들이, 천국에서 너를 기억하고, 그들에게 합류할 수 있도록 너를 위해 기도해 줄 것이다.

(시편 32 : 6 —— 당신께 충실한 이들 모두가 곤경의 때에 기도드리나이다. 큰물이 닥친다 하더라도 그에게는 미치지 못하리이다.)

††† 1998년 11월 2일

마음 속 깊은 곳으로부터 네가 사랑으로 나에게 손을 뻗는다면,
　나는 네가 이해할 수 없는 방법으로, 그러나 너에게 오로지 행복과 사랑을 가져다 주는 방법으로 응답한다는 것을 알게 될 것이다.
　──잘 알아들어라.

(요한 17 : 22 ── 아버지께서 저에게 주신 영광을 저도 그들에게 주었습니다. 우리가 하나인 것처럼 그들도 하나가 되게 하려는 것입니다.)

✝✝✝ 1998년 11월 2일

이 날을 나의 것으로 만들기 위하여, 네가 만나는 사람을 모두 사랑하여라.
그리고 내 사랑을 그들에게 전해 주는 방식으로 그것을 행하여라.

(시편 128 : 3 ── 네 집 안방에는 아내가 풍성한 포도나무 같고 네 밥상 둘레에는 아들들이 올리브나무 햇순들 같도다.)

✝✝✝ 1998년 11월 6일

기도하기가 어려울 때에는, 그 순간에 내가 너와 함께 있으며 너를 도와주고 있다는 것을 생각하여라. 그리고 그 순간에 의해서 내가 네 마음을 굳세게 해준다는 것을 알아라.

(예레미야 51 : 29 ── 땅이 흔들리고 뒤틀리니 바빌론을 치려는 주님의 계획이 이루어졌기 때문이다. 그 계획이란 바빌론 땅을 인적없는 폐허로 만드는 것이다.)

††† 1998년 11월 6일

네 마음 속에 지니고 있는 사랑은 나에 대한 봉사와 다른 사람들에 대한 봉사로 성장해 갈 것이다.

(전도서 11 : 5 —— 바람의 길을 네가 알 수 없고 임산부의 뱃속에 든 몸이 어떻게 되는지를 알 수 없듯 그렇게 모든 것을 행하시는 하느님의 일을 너는 알 수 없다.)

††† 1998년 11월 6일

나의 계명에 따라서 살려고 노력하는 것은 참된 지혜이다. 그리고 계명을 어기는 것은 어리석은 짓이다.

(전도서 4 : 17 —— 하느님의 집으로 갈 때 네 발걸음을 조심하여라. 말씀을 들으러 다가가는 것이 어리석은 자들이 제물을 바치는 것보다 낫다. 그들은 악을 행하면서도 알지 못하기 때문이다.)

††† 1998년 11월 9일

인간은 자신이 진 빚을 갚아야 한다. 그렇지 않으면 남들을 이용하게 되기 때문이다.

(욥기 31 : 28 ── 이 또한 심판받아 마땅한 죄악이니 내가 위에 계시는 하느님을 배신하는 일이기 때문일세.)

††† 1998년 11월 17일

하루가 시작되거든 사랑으로 나에게 바쳐라. 하루가 지나가거든 사랑으로 나에게 바쳐라.
하루가 끝나거든 사랑으로 나에게 바쳐라.
그러면 너는 진정으로 너의 날들을 나의 것으로 만든 것이다.

(시편 91 : 16 ── 내가 그를 오래 살게 하여 흡족케 하고 내 구원을 그에게 보여주리라.)

††† 1998년 11월 17일

모든 사람의 마음에는 사랑받고 싶은 욕구가 있다. 그리고 그 욕구는 나의 아들 예수 안에서만 진실로 채울 수 있도다.

(루가 16 : 15 ── 너희는 사람들 앞에서 스스로 외롭다고 하는 자들이다. 그러나 하느님께서는 너희 마음을 아신다. 사실 사람들에게 높이 평가되는 것이 하느님 앞에서는 혐오스러운 것이다.)

††† 1998년 11월 20일

　나는 이 세상을 바라보고, 많은 사랑이 헛되이 버려지고, 많은 죄가 받아들여지는 것을 안다.
　나는 얼마나 손쉽게 선이 물리쳐지고, 악이 받아들여지는지를 슬픈 눈으로 바라본다.
　나는 많은 사람들이 마음을 바꾸어서, 내가 베푸는 사랑을 받아들이고, 내가 준 생명의 놀라운 선물을 낭비하는 것을 중지하게 되기를 희망하면서 바라보고 있다.

　(시편 100 : 3 ── 너희는 알아라, 주님께서 하느님이심을. 그분께서 우리를 만드셨으니 우리는 그분의 것, 그분의 백성, 그분 목장의 양떼로다.)

††† 1998년 11월 20일

　시간은 나의 아들 예수에 대해서는 아무런 힘도 갖고 있지 못하다.
　왜냐 하면, 시간은 예수 안에 있고, 예수를 통해서 생겨난 것이기 때문이다.
　한 처음부터 예수는 나와 함께 있었고, 영원히 나와 함께 있을 것이고, 나의 성령과 내 사랑 안에서 하나이다.
　그리고 예수는 모든 시대의 주인이다. 시간은 하느님의 종이지만, 하느님은 시간의 종이 아니다.

(욥기 8 : 7 ── 자네의 시작은 보잘것없겠지만 자네의 앞날은 크게 번창할 것이네.)
(시편 24 : 1 ── 주님의 것이로다. 세상과 그 안에 가득 찬 것들 누리와 그 안에 사는 것들.)
(집회서 39 : 20 ── 그분께서는 영원에서 영원까지 내려다보시니 그분 앞에는 신기한 것이 도무지 없다.)

✝✝✝ 1998년 11월 20일

매일은 기적이다. ──이것을 절대로 잊지 말아라.

(집회서 7 : 36 ── 모든 언행에서 너의 마지막 때를 생각하여라. 그러면 결코 죄를 짓지 않으리라.)

✝✝✝ 1998년 11월 20일

신뢰하는 것은 어리석은 짓이 아니다. 그러나 누구를 신뢰할 것인가에 대해 신중한 태도를 취하는 것은 지혜로운 일이다.

(필립비 2 : 22 ── 여러분은 디모테오가 믿을 수 있는 사람이라는 것을, 그가 나와 함께 마치 자식과 아버지처럼 복음을 위하여 일하였다는 것을 알고 있습니다.)

††† 1998년 11월 20일

나의 아들 예수 안에서 시간이 나뉘어지지만, 여전히 하나이다.

(집회서 1 : 1 —— 모든 지혜는 주님에게서 오고 영원히 그분과 함께 있다.)

††† 1998년 11월 22일

온 인류가 예수를 왕으로 받아들일 때, 평화가 이 세상을 지배하게 될 것이다.

(사도행전 15 : 17 —— 그리하여 나머지 다른 사람들도, 내 이름으로 불리는 다른 모든 민족들도 주님을 찾게 되리라.)

††† 1998년 11월 23일

나의 사랑의 불길이 기도의 힘에 의해서 많은 사람의 마음을 사로잡을 수 있다.
그러므로 이런 일이 일어나도록 기도를 결코 중단해서는 안 된다.

(마태오 6 : 6 —— 너는 기도할 때 골방에 들어가 문을 닫은 다음, 숨어 계시는 네 아버지께 기도하여라. 그러면 숨은 일도 보시는 네 아버지께서 갚아 주실 것이다.)

††† 1998년 11월 26일

사랑의 삼위일체는 인간의 이해력을 뛰어넘는 것이다.
왜냐 하면, 인간의 이성과 과학과 지능은 하느님의 절대적인 진리를 받아들일 능력이 없기 때문이다.

(마르코 7 : 18-19 —— '너희도 그토록 깨닫지 못하느냐? 밖에서 사람 안으로 들어가는 것은 무엇이든 그를 더럽힐 수 없다는 것을 알아듣지 못하느냐? 그것이 마음 속으로 들어가지 않고 뱃속으로 들어갔다가 뒷간으로 나가기 때문이다.' 예수님께서는 이렇게 모든 음식이 깨끗하다고 밝히신 것이다.)

††† 1998년 11월 26일

나의 사랑의 힘은 예수 안에서 보여지고 있다. 나의 사랑의 위력은 예수 안에서 보여지고 있다.
나의 사랑의 자비는 예수 안에서 보여지고 있다.
예수는 나의 사랑이다. 그리고 예수는 나의 사랑이 악에 대해 갖는 힘을 보여주었다. 그리고 나의 사랑의 위력을 가지고 예수는 나의 자비를 이 세상에 아낌없이 주었다.

(에페소 6 : 22 —— 그 때문에 내가 디키고를 여러분에게 보냅니다. 우리의 형편을 알리고 여러분의 마음을 격려하게 하려는 것입니다.)

✝✝✝　1998년 11월 26일

마음 속의 기도로, 네 마음이 나에게 열려진다.

(집회서 39 : 35 —— 이제 온 마음과 입을 모아 찬미가를 부르고 주님의 이름을 찬양하여라.)

✝✝✝　1998년 11월 27일

네 삶에서 예수를 본받으려면, 아무런 불평도 하지 말고 너의 십자가를 짊어지고 가거라.

(예레미야 6 : 7 —— 웅덩이에 물이 고여있듯 예루살렘에 악이 고여 있다. 폭력과 파괴가 그 안에서 들려오고 질병과 상처가 언제나 내 앞에 보인다.)

✝ ✝ ✝

††† 1998년 11월 29일

모든 사람 안에는 귀중한 선물이 있다. 그리고 이것을 네가 만나는 모든 사람에게서 볼 수 있으면, 너는 그들을 진심으로 사랑하기 시작할 수 있다.

(1 디모테오 4 : 4 —— 하느님께서 창조하신 것은 좋은 것으로, 감사히 받기만 하면 거부할 것이 하나도 없습니다.)

††† 1998년 11월 29일

다른 사람들의 관심사를 중요하지 않다고 무시해 버리지 말아라.
왜냐 하면, 그들에게는 대단히 중요하기 때문이다. 그리고 그것이 그들의 믿음을 강화하거나 약화시키는 방법이 될 수 있기 때문이다.

(2 고린토 4 : 16 —— 그러므로 우리는 낙심하지 않습니다. 우리의 외적 인간은 쇠퇴해 가더라도 우리의 내적 인간은 나날이 새로워집니다.)

† † †

††† 1998년 12월 1일

　예수의 사랑으로 에워싸여 있으면, 그의 사랑을 받아들이는 너와 모든 사람은 안전하고, 악으로부터 보호받게 된다.

　(시편 138 : 7 ── 제가 비록 곤경 속을 걷는다 해도 당신께서는 제 원수들의 분노를 거슬러 저를 살리시나이다. 당신 손을 뻗치시어 당신 오른손으로 저를 구하시나이다.)

††† 1998년 12월 1일

　돈이 네 눈을 흐리게 만들면, 사랑은 곧 도망쳐 버릴 것이다.

　(시편 73 : 7 ── 그들의 눈은 비계로 불거져나오고 그들의 마음에서는 온갖 환상이 흘러나오는도다.)

††† 1998년 12월 1일

　사랑은 모든 사람에게 거저 주어야 한다. 사랑은 너에게 가까운 사람들에게만 주어서는 안 된다. 사랑은 모든 사람과 함께 나누어야 한다.
　만일 사랑을 네 자신과 그리고 가까운 사람들을 위해 아껴 둔다면, 그것은 전혀 참된 사랑이 아니고, 이기적인 사랑이기 때문이다.

(하깨 2 : 19 —— 곳집에 씨앗이 없지 않느냐? 포도나무, 무화과나무, 석류나무, 올리브나무에 열매가 없지 않느냐? 오늘부터 내가 너희에게 복을 내리리라.)

††† 1998년 12월 1일

하느님을 사랑한다고 공언한 사람들은 나를 사랑하도록 다른 사람들을 데려 와야 한다.
그렇지 않으면, 그들의 사랑은 자기 중심적인 사랑이며, 내가 나의 자녀들이 갖기를 원하는 사랑이 아니다.

(시편 103 : 2 —— 내 영혼아, 주님을 찬미하여라. 그분께서 해주신 일 하나도 잊지 말아라.)

††† 1998년 12월 9일

나의 모든 자녀들이 나의 사랑을 기꺼이 받아들인다면, 모두 행복해질 것이다.

(잠언 8 : 32 —— 그러니 이제, 아들들아, 내 말을 들어라. 행

복하여라. 내 길을 따르는 이들!)

†††　1998년 12월 9일

　　나는 나의 사랑으로 동물들을 창조했다.
　　그러므로 나를 사랑한다면, 너는 내가 창조한 것들을 사랑하고, 그것들을 존경심을 가지고 대해야 한다.

　　(시편 33 : 4 —— 주님의 말씀은 올바르고 그분의 행적은 모두 진실하기 때문이로다.)

†††　1998년 12월 9일

　　너의 길을 나의 길로 만들어라.
　　그러면 네 삶이 좋은 결실을 맺게 될 것이다.

　　(에제키엘 17 : 23 —— 이스라엘의 드높은 산 위에 그것을 심어놓으면 햇가지가 나고 열매를 맺으며 훌륭한 향백나무가 되리라.)

†　†　†

✝✝✝   1998년 12월 10일

고결함은 나의 뜻에 대한 완전한 순종을 통해서 나온다.
성스러움은 나에 대한 완전한 사랑에서 나온다.
성인은, 인간이 나의 사랑 안에서 나의 뜻을 행하려고 노력하면서 살고, 이것을 삶의 완전한 진리로 받아들일 때, 태어난다.

(집회서 46 : 6 ── 그러하여 이민족들은 그의 무장을 보면서 자신들이 주님을 거슬러 싸우고 있다는 사실을 깨닫게 되었다. 참으로 그는 전능하신 분을 충실히 따르고 있었던 것이다.)

✝✝✝   1998년 12월 10일

누군가 병이 들었을 때는 그들을 도와주어야 한다. 그것이 마음의 병이든, 신체의 병이든 혹은 영혼의 병이든 간에, 그들에게 등을 돌려서는 안 된다.
모든 사람을 도와주어야 한다.
왜냐 하면, 나를 사랑하는 것의 일부분이기 때문이다.

(로마서 8 : 9 ── 하느님의 영이 여러분 안에 사시기만 하면, 여러분은 육 안에 있지 않고 성령 안에 있게 됩니다. 누구든지 그리스도의 영을 모시고 있지 않으면, 그는 그리스도께 속한 사람이 아닙니다.)

††† 1998년 12월 10일

자신을 괴롭히는 사람들에게 인내심을 가지고 대하여라.
왜냐 하면, 그들은 자신의 내면에 문제를 안고 있으며, 도움을 필요로하고 있을 지도 모르기 때문이다.
그러므로 비난을 하지 말아라.

(마태오 5 : 44 —— 너희는 원수를 사랑하여라. 그리고 너희를 박해하는 자들을 위하여 기도하여라.)

††† 1998년 12월 10일

마음 속의 비참함은 네 삶의 죄악으로부터 나온다.
왜냐 하면, 죄악은 행복이 아니라 오로지 고통과 괴로움만을 가져다주기 때문이다.

(애가 3 : 39 —— 살아 있는 인간이 무엇을 한탄하리오? 각자 제 잘못을 한탄할 수밖에.)
(시편 51 : 18-19 —— 당신께서는 제사를 즐기지 않으시기에 제가 번제를 드려도 당신 마음에 들지 않으시리이다. 하느님께 맞갖는 제사는 부서진 영. 부서지고 꺾인 마음을 하느님, 당신께서는 업신여기지 않으시나이다.)

† † †

††† 1998년 12월 11일

오늘은 다른 모든 날과 마찬가지로 선물이다.
그러므로 오늘을 주신 것에 감사하고 충분히 즐겨라. 네가 나의 모든 선물에 대해서 그랬던 것처럼——.

(말라기 3 : 23 —— 보라, 주님의 크고 두려운 날이 오기 전에 내가 너희에게 엘리야 예언자를 보내리라.)

††† 1998년 12월 11일

이민을 온 사람은 자신의 유산이나 떠나 온 나라와 국민을 무시하거나 잊으려고 노력해서는 안 된다.
왜냐 하면, 어느 문화에나 배워야 할 것이 많이 있기 때문이다.
이런 것들을 무시하거나 잊어 버리면, 종종 너무나 많은 것들을 잃게 되고, 여러 세대가 살아 오면서 물려준 것들과, 내가 사랑으로 보다 나은 생활을 하도록 도와주기 위해 준 것들을 내버릴 위험이 있다.

(욥기 8 : 13 —— 하느님을 잊은 모든 자들의 길이 이러하고 불경스런 자의 소망은 무너져 버린다네.)

† † †

††† 1998년 12월 12일

온화함은 항상 많은 것을 극복한다.
부드러움은 항상 많은 것을 이긴다.
사랑은 항상 많은 것에 승리를 거둔다. 그리고 바로 이것이 나의 아들 예수가 자신의 삶을 통해서 보여준 것이다.

(루가 1 : 25 —— 내가 사람들 사이에서 겪어야 했던 치욕을 없애 주시려고 주님께서 굽어보시어 나에게 이 일을 해 주셨구나.)

††† 1998년 12월 13일

만일 비록 의도적인 것이 아니라 하더라도, 다른 사람들을 마음 아프게 했다면, 그들이 그 아픔을 극복할 수 있도록 돕기 위해 온힘을 기울여야 한다.
그리고 해칠 의사가 없었다는 것을 전력을 다해 보여주어야 한다.

(시편 81 : 7 —— 내가 그의 어깨에서 짐을 풀어주고 그의 손에서 광주리를 내려주었도다.)

†††

††† 1998년 12월 15일

친절함은 사랑을 낳는다.
노여움은 미움을 낳는다.

(디도서 3 : 2 —— 남을 중상하지 말고 온순하고 관대한 사람이 되어 모든 이를 아주 온유하게 대하게 하십시오.)

††† 1998년 12월 15일

이 땅 위에서 사는 나의 자녀들이 나를 아버지로 받아들여주고, 내가 요구하는 대로만 살아준다면, 이 세상은 고통의 길이 아니라 행복의 길이 될 것이다.

(이사야 58 : 2 —— 그들은 마치 정의를 실천하고 자기 하느님의 공정을 저버리지 않는 민족인 양 날마다 나를 찾으며 나의 길 알기를 갈망한다. 그들은 나에게 의로운 법규들을 물으며 하느님께 가까이 있기를 갈망한다.)

††† 1998년 12월 16일

순진한 마음, 순진한 정신, 순진한 영혼——,
이것들은 어린이들에게서 찾아볼 수 있는 것들이다.

기도와 인도와 도움으로 어린이들은 계속 순진할 수가 있는 것이다.

(1 고린토 9 : 11 —— 우리가 여러분에게 영적인 씨를 뿌렸다면, 여러분에게서 물질적인 것을 거둔다고 해서 그것이 일이겠습니까?)
(지혜서 9 : 4 —— 당신 어좌에 자리를 같이한 지혜를 저에게 주시고 당신의 자녀들 가운데에서 저를 내쫓지 말아 주십시오.)

✝✝✝　1998년 12월 16일

네가 나를 사랑한다면,
미래는 항상 밝게 보일 것이다.

(요한 14 : 15 —— 너희가 나를 사랑하면 내 계명을 지킬 것이다.)

✝✝✝　1998년 12월 16일

네 마음을 언제나 열어 놓도록 해야 한다. 그리고 만나는 사람 모두에게 사랑을 베풀어야 한다. 그러면 너는 나의 아들 예수를 닮기 시작할 것이다.

예수의 성심은 누구에게나 지금까지 닫힌 일이 없으며, 앞으로도 영원히 닫히지 않을 것이다.

(1 고린토 9 : 14 ── 마찬가지로, 주님께서는 복음을 전하는 이들에게 복음으로 생계를 꾸려 가라고 지시하셨습니다.)

†††　1998년 12월 16일

가난한 사람들이 많이 있다. 그러나 아직도 자신이 필요한 것보다 더 많이 가진 사람들이 많이 있다.

고통을 받는 사람들이 많이 있다. 그러나 아직도 이 세상에는 그 고통을 방지하거나 경감시킬 수 있는 사람들이 많이 있다.

배를 굶주리는 사람들이 많이 있다. 그러나 아직도 가난한 사람들을 먹일 수 있는 것을 함부로 버리는 사람들이 많이 있다.

고통을 방지할 수 있고, 배고픈 사람을 먹일 수 있고, 가난한 사람의 필요를 채워줄 수 있는 사람들이 자신의 책임을 받아들여 그렇게 행할 때까지는, 죄악은 이 세상에서 결코 떠나지 않을 것이다.

(나훔 1 : 7 ── 주님께서는 선하신 분 환난의 날에 피난처가 되어 주시는 분 당신께 피신하는 이들을 알아 주시는 분이시다.)

††† 1998년 12월 16일

　　네가 참례하는 모든 미사는 나에게 다가오는 발걸음이다. 네가 영하는 모든 성체는 너를 나에게 가까이 데려다준다.
　　미사 때 성체를 영할 적마다 너는 나의 아들 예수에 의해서 나에게 한 걸음 더 가까이 다가온다.
　　── 예수는 곧 성체이기 때문이다.

　　(마태오 27 : 59-60 ── 요셉은 시신을 받아 깨끗한 아마포로 감싼 다음, 바위를 깎아 만든 자기의 새 무덤에 모시고 나서, 무덤 입구에 큰 돌을 굴려 막아 놓고 갔다.)
　　(2 베드로 1 : 1 ── 예수 그리스도의 종이며 사도인 시몬 베드로가, 우리 하느님이시며 구원자이신 예수 그리스도의 의로움 덕분에 우리처럼 귀한 믿음을 받은 이들에게 이 편지를 씁니다.)

††† 1998년 12월 17일

　　새로운 날이 밝아서 네 사랑을 나에게 보여줄 새로운 기회를 준다. 그리고 나의 사랑을 다른 사람에게 가져다줄 새로운 기회도 준다.

　　(요한 1 : 31 ── 나도 저분을 알지 못하였다. 내가 와서 물론 세례를 준 것은, 저분께서 이스라엘에 알려지도록 하기 위해서

였다.)

✝✝✝　1998년 12월 17일

　　모든 사람의 내면에는 사랑을 받고 사랑을 하고 싶은 갈망이 있다. 모든 사람의 내면에는 남의 배려를 받고 배려를 할 누군가를 갖고 싶은 갈망이 있다. 모든 사람의 내면에는 나를 알고 나를 사랑해야만 진정으로 만족할 수 있는 갈망이 있다.
　　그렇지 않으면, 이 갈망은 이기심이 되어 버릴 지도 모르고, 이기심과 함께 찾아오는 죄악의 두터운 표피 아래 숨어 버릴 지도 모른다.

　　(시편 118 : 8 ── 주님께 피신함이 더 낫네, 사람을 믿기보다.)

✝✝✝　1998년 12월 17일

　　이 세상에서는 수많은 재난이 일어나고 있다.
　　그러나 그 모든 재난은 사람들이 서로에게 자신의 사랑과 마음의 배려를 나타내 보여줄 기회이기도 하다.

　　(에페소 5 : 16 ── 시간을 잘 쓰십시오. 지금은 악한 때입니다.)

††† 1998년 12월 21일

역사를 통해서 나는 모든 계층의 사람들에게 나의 말씀을 전파하라고 호소해 왔다.
그리고 역사를 통해서 많은 사람들은 그렇게 하기를 거부해 왔다.

(이사야 9 : 10 ── 그래서 주님께서는 그들을 거슬러 적들을 일으키시고 원수들을 부추기셨다.)

††† 1998년 12월 21일

오늘 날, 진리에 의해서 사는 것은 많은 사람들에게 어려운 일이다. 그 대신 죄의 속임수에 의해서 사는 것은 훨씬 쉬운 것처럼 보인다. 이 세상이 고통에 차 있는 것도 놀랄 일은 아니며, 너무나도 많은 사람이 절망하는 것도 무리가 아니다.
악의 보상은 너무나 명백하다.
왜냐 하면, 이 세상의 어디에서나 찾아볼 수 있기 때문이다. 그러나 인간은 계속 속임수에 넘어가고 있으며, 자기 파멸의 길로 걸어가고 있다.
이제는 눈을 똑바로 뜨고 무엇이 진리인가를 볼 때가 되었다.
그 진실이란 무엇인가 하면, 인간이 나의 아들 예수를 통하여 나에게 돌아오지 않으면, 자기 자신에게 더욱 깊은 시련과 고통을 가져다줄 것이고, 많은 사람들은 천국에서 나와 함께하는 영원한 생명을 부인하게 될 것이라는 사실이다.

(이사야 17 : 10 —— 정녕 너는 네 구원이신 하느님을 잊어버리고 나의 피난처이신 반석을 기억하지 않았다.)
(잠언 13 : 15 —— 좋은 식견은 호의를 불러오지만 배신자들의 길은 파멸에 이른다.)

††† 1998년 12월 21일

사랑으로 영성체를 하여라. 그러면 성체 안의 예수의 사랑으로 충만해질 것이다.

(루가 11 : 3 —— 날마다 저희에게 일용할 양식을 주시고,)

††† 1998년 12월 23일

만약 다른 사람에 대해서 노여운 생각을 품고 있다면, 조심을 하지 않으면 너를 곧 죄악으로 이끌어갈 수 있다.
만일 노여운 생각을 품고 있다면, 네가 어떻게 나를 섬길 수 있겠느냐?
만일 노여운 생각을 품고 있다면, 나의 예수를 어떻게 본 받을 수 있다고 생각하느냐?

(전도서 10 : 20 —— 네 마음속으로라도 임금을 저주하지 말고 네 침실에서라도 부자를 저주하지 마라. 하늘의 새가 소리를 옮기고 날짐승이 말을 전하기 때문이다.)
(집회서 16 : 18 —— 보라, 하늘과 하늘 위의 하늘을! 심연과 땅이 그분의 오심에 떨게 되리라. 과거와 현재의 세계 전체가 그분의 뜻에 달려 있다.)

✝✝✝　1998년 12월 23일

　　마음의 평화가 흐트러지는 것을 내버려 둔다면, 너는 악에게 길을 열어 주는 셈이다.

(이사야 26 : 3 —— 한결같은 심성을 지닌 그들에게 당신께서는 평화를, 평화를 베푸시니 그들이 당신을 신뢰하기 때문이옵니다.)

✝✝✝　1998년 12월 27일

　　어느 날, 어떤 사람이 길을 가다가 길가에 떨어져 있는 죽은 새를 보게 되었다.
　　그 사람은 새를 내려다 보면서 이렇게 아름다운 새가 죽은 것에 대하여 슬픔을 느꼈다. 그 사람은 새의 색깔을 자세히 살펴보고, 그 색깔의 오묘함과 자연스러운 아름다움에 깊은 감동을 느꼈다.

"이 얼마나 슬픈 일인가!" 하고 그 사람은 생각했다.

"이 새는 이제 더 이상 아름다움을 세상에 전해줄 수 없게 되었구나!"

바로 그때, 그 사람은 다른 새가 가까운 나무 가지에서 노래하는 것을 듣고 위를 올려다 보았다. 그리고 머리 위의 나무 가지에 죽은 새와 비슷한 새가 앉아 있는 것을 보았다.

그 새의 색깔은 죽은 새와 거의 똑 같았다. 그러나 그 새는 살아 있어서 그런지 색깔이 한결 더 활기차게 보였다.

그 사람은 이렇게 생각하면서 미소를 지었다. "그래, 하느님께서는 우리에게 많은 아름다운 선물을 주셨어. 이제 죽은 새의 시간이 다하니까, 여기에 다른 새를 보내신 거야. 하느님의 사랑의 선물은 끊어질 날이 없구나."

그 사람은 몸을 구부려서 작은 구멍을 파고 죽은 새를 그 속에 묻었다. 그리고, "주님, 이 선물을 주신 것에 감사드립니다. 그리고 우리에게 주신 모든 선물에 대해 감사드립니다." 하고 기도했다. 그 사람이 이 기도를 하는 동안, 나무 위의 새는 즐거운 듯이 노래를 하고 있었다.

그 사람은 혼자 생각했다. "저 새는 삶을 즐기고 있구나. 그리고 이 죽은 새도 살아 있을 때에는 그랬을 거야. 이 새들은 장래에 대한 걱정은 조금도 하지 않고, 매순간을 즐겁게 살아 가고 있는 것처럼 보이는구나.

이 새들은 어디를 가나 자기 안에 하느님의 선물을 간직하고 살아 가고 있구나. 어쩌면 나도 저렇게 살아야 하는 것 아닐까?

장래에 대해 지나친 걱정을 하지 말고, 매순간을 하느님이 내려 주신 선물이라고 생각하며 살고, 어디를 가나 하느님의 사랑의 선물을 나의 삶 속에서 보여 주려고 노력해야겠구나."

그 사람은 자기 주위에 있는 나무 위에 많은 새들이 있는 것을 보면서 걸었다. 그리고 그 새들의 아름다운 노래 소리에 흠뻑 젖어 있었다.

"이제부터는," 하고 그 사람은 혼자 생각했다. "저도 어디를 가나 하느님께 저의 영혼으로부터 나오는 아름다운 노래를 불러 드려야겠다. 그리고 하느님의 은총에 의해서 어쩌면 저도 남들에게, 저 새들이 저에게 기쁨을 가져다 준 것처럼 기쁨을 가져다 줄 수 있을 지도 몰라!"

얼굴에 미소를 띤 채 그 사람은 계속 길을 걸어갔다. 그 걸음은 그 사람을 하느님에게 다가가게 하였고, 그의 삶과 그가 만나는 사람들의 삶을 더욱 기쁘게 해주는 걸음, 그 걸음이었다.

(신명기 32 : 3 —— 내가 주님의 이름을 부르면 너희는 우리 하느님께 영광을 드려라.)

††† 1998년 12월 27일

「성가정」이, 모든 가정들은 나의 선물이라는 것을 보여주었다. 그리고 사랑 안에서 살았던 「성가정」이 일반 가정들을 성화시켜 줄 것이다.

(골로사이 3 : 2 ── 이 땅에 있는 것이 아니라 저 위에 있는 것만 생각하십시오.)

✝✝✝   1998년 12월 27일

가정 안에 사회의 기초가 있다.
왜냐 하면 가정이 사랑 속에서 살고, 다른 사람과 그 사랑을 함께 나눌 때, 그 사회 자체는 사랑의 사회가 되기 때문이다.

(1 베드로 3 : 8 ── 여러분은 모두 생각을 같이하고 서로 동정하고 형제처럼 사랑하고 자비를 베풀며 겸손한 사람이 되도록 하십시오.)

✝✝✝   1998년 12월 31일

두려움이 네 영혼에게 덫을 놓는다. 그러나 나를 굳게 믿으면, 그 덫에서 해방될 수 있다.

(마태오 27 : 42-43 ── 다른 이들은 구원했으면서 자신은 구원하지 못하는군. 이스라엘의 임금이시니까 지금 십자가에서 내려와 보시지. 그러면 우리가 믿을 터인데. 하느님을 신뢰한다고 하니, 하느님께서 저자가 마음에 드시면 지금 구해 내 보

시라지. '나는 하느님의 아들이다.' 하였으니 말이야.)

✝✝✝ 1998년 12월 31일

    죄악의 굴레에서 벗어나라는 것은, 죄악에 빠지지 말라는 예수의 제자들에 대한 부르심이다.

    (마르코 9 : 42 —— 나를 믿는 이 작은 이들 가운데 하나라도 죄짓게 하는 자는, 연자매를 목에 걸고 바다에 던져지는 편이 오히려 낫다.)

✝✝✝ 1998년 12월 31일

    내가 진리라는 것을 이해하고, 그것을 믿고 진리 안에 살면, 너는 악을 결코 두려워하지 않게 될 것이다.
    왜냐 하면, 진리는 항상 승리하기 때문이다.

    (사도행전 18 : 9-10 —— 두려워하지 마라. 잠자코 있지 말고 계속 말하여라. 내가 너희와 함께 있다. 아무도 너에게 손을 대어 해치지 못할 것이다. 이 고을에는 내 백성이 많기 때문이다.)

✝ ✝ ✝

✝✝✝   1999년 1월 2일

교회는 성체가 되어야 한다.
사람들은 성체의 참된 삶을 살아야 한다. 그러면 이 세상이 바뀌고, 모든 사람이 성체로 인해서 새롭게 달라질 것이다.

(시편 95 : 7 —— 그분께서는 우리의 하느님, 우리는 그분 목장의 백성, 그분 손수 이끄시는 양떼로세.)

✝✝✝   1999년 1월 4일

자주 기도하여라.
사랑을 가지고 기도하여라.
희망을 가지고 기도하여라.
그리고 내가 네 기도에 기꺼이 응답해 준다는 것을 믿어라. 왜냐 하면, 나는 기꺼이 응답해 주기 때문이다.

(바룩 4 : 21 —— 아이들아, 용기를 내어 하느님께 부르짖어라. 그분께서 너희를 억압에서, 원수들의 손에서 빼내 주시리라.)
(필립비 1 : 4 —— 기도할 때마다 늘 여러분 모두를 위하여 기쁜 마음으로 기도를 드립니다.)

✝ ✝ ✝

††† 1999년 1월 5일

경직된 마음은 죄로 이끌려 가기가 쉽다.
그리고 자기 자신과 많은 사람들에게 고통을 가져다주는 고통받는 마음이 된다.

(루가 24 : 38-39 —— 왜 놀라느냐? 어찌하여 너희 마음에 여러 가지 의혹이 이느냐? 내 손과 내 발을 보아라. 바로 나다. 나를 만져 보아라. 유령은 살과 뼈가 없지만, 나는 너희도 보다시피 살과 뼈가 있다.)
(예레미야 17 : 4 —— 너는 내가 너에게 준 상속재산에서 손을 떼게 되리라. 나는 네가 자신도 모르는 땅에서 원수들을 섬기게 하리라. 내 분노로 불이 당겨져 그 불이 영원히 타오를 것이기 때문이다.)

††† 1999년 1월 5일

마음의 배려와 사랑을 가지고, 모든 사람은 애당초 타고난 것처럼 하느님의 참된 자녀가 될 수 있다.

(에페소 1 : 14 —— 우리가 하느님의 소유로서 속량될 때까지, 이 성령께서 우리가 받을 상속의 보증이 되어 주시어, 하느님의 영광을 찬양하게 하십니다.)

††† 1999년 1월 5일

네가 나에게 정성껏 기도를 바치면, 네가 행하는 모든 일이 기도가 된다는 것을 명심하여라.
── 모두 명심하여라.

††† 1999년 1월 5일

지혜는 나이를 먹는다고 해서 생기는 것이 아니다. 지혜는 사랑에서 나오는 것이다.

> (예레미야 22 : 16 ── 가난하고 궁핍한 이의 송사를 들어주었기에 그는 모든 일이 잘된 것이다. 이야말로 나를 알아 모시는 일이 아니냐? 주님의 말씀이다.)
> (욥기 34 : 2 ── 현인들이여, 제 말을 들으십시오. 유식한 이들이여, 저에게 귀를 기울이십시오.)

††† 1999년 1월 6일

여러 차례에 걸쳐서 나는 사람들에게 나의 일을 행하도록 기회를 주어왔다. 그러나 그 기회를 받아들인 사람들은 종종 마지막에 가서는 자신들이 원하는 것을 하곤 했다…….
항상 기도와 7성사와 성서와 교회에 대한 순종에 의해서 나의 뜻을 행하도록 노력하여라.

    (신명기 5 : 32 —— 너희는, 주 너희 하느님께서 너희에게 명령하신 대로 그것들을 명심하여 실천해야 한다. 너희는 오른쪽으로도 왼쪽으로도 벗어나서는 안 된다.)
    (신명기 5 : 33 —— 너희는, 주 너희 하느님께서 너희에게 명령하신 길을 따라 걸어야 한다. 그러면 너희가 차지할 땅에서 너희가 살 수 있을 뿐만 아니라, 잘 되고 오래 살 것이다.)

†††   1999년 1월 6일

나를 알지 못한 채 참된 사랑을 안다는 것은 불가능한 일이다.
    왜냐 하면, 내가 바로 사랑이기 때문이다.

    (사도행전 4 : 20 —— 우리로서는 보고 들은 것을 말하지 않을 수 없습니다.)

†††   1999년 1월 6일

    사랑이 없는 삶을 산다면, 너는 나로부터 멀리 떨어져서 살게 될 것이다.
    나는 사랑이기 때문에, 네 마음 속에 살지 않으면 안 되고, 네 삶을 꽉 채우지 않으면 안 되며, 네가 살아가는 이유가 되지 않으면 안 된다. 그렇지 않으면, 너는 진정으로 나의 것이라고 주장할 수 없음을 명심하여라.

(1 고린토 2 : 9 ── 어떠한 눈도 본 적이 없고 어떠한 귀도 들은 적이 없으며 사람의 마음에도 떠오른 적이 없는 것들을 하느님께서는 당신을 사랑하는 이들을 위하여 마련해 두셨다.)

✝✝✝　1999년 1월 7일

인간이 일을 하지 않으면, 자신의 존엄성의 일부를 잃게 된다. 인간이 일을 하지 않으면, 때때로 자신은 가치가 없는 존재라고 느끼게 된다. 인간이 일을 하지 않으면, 종종 다른 사람에게 부담스러운 짐이 된다.
　　인간은 자기 자신의 선을 위해서라도, 또 다른 사람의 선을 위해서라도 부지런히 일을 하지 않으면 안 된다.

(잠언 26 : 16 ── 게으름뱅이는 재치있게 대답하는 사람 일곱보다 자기가 더 지혜로운 줄 안다.)

✝✝✝　1999년 1월 7일

교회는 바깥 세상이 아무리 공격해 오더라도 나의 진리와 사랑 위에 굳건히 서 있어야 한다.

인간의 자주 변하는 의견과 법률은 나의 진리를 바꿔 놓지 못한다. 인간의 죄는 나의 사랑을 바꿀 수가 없도다.

그리고 나의 교회도 마찬가지다. 교회는 인간의 구미에 맞도록 바뀌어서는 안 된다.

교회는 절망으로 가득 차 있는 이 세상에서 희망의 보루가 되어야 한다. 교회는 이 세상의 혼란 속에서 우뚝 높이 서 있어야 한다.

교회는 나의 뜻에 순종해야 한다. 그리고 그 순종에 의해서 모든 사람을 순종하게 만든다.

교회는 모든 사람을 위한 것이어야 하며, 아무도 거부해서는 안 된다. 교회는 사랑으로 양팔을 활짝 벌려야 한다. 가장 강력한 적수에게도 양팔을 벌려야 한다.

교회는 내가 내려준 은총과 사랑을 이 땅의 구석구석까지 전달해야 한다. 교회는 나에 대한 사랑으로 보편적이어야 하고, 나의 아들 예수가 내려준 지침을 지켜야 한다.

교회는 가톨릭이라는 이름에 계속 충실해야만 한다.

왜냐 하면, 교회는 이 세상에서 나의 빛이며, 내가 바라는 대로 찬란하게 빛나야 하기 때문이다.

(1 데살로니카 4 : 2 —— 우리가 주 예수님의 권위로 여러분에게 지시해 준 것들을 여러분은 잘 알고 있습니다.)

(2 요한 1 : 3 —— 하느님 아버지와 그분의 아드님이신 예수 그리스도께서 내려 주시는 은총과 자비와 평화가 진리와 사랑 안에서 우리와 함께 있을 것입니다.)

††† 1999년 1월 8일

진리는 아주 조금이라도 바꾸어서는 안 된다.
그렇게 하면, 더 이상 진리가 아니라 속임수이기 때문이다.

(요한 18 : 37 ── 내가 임금이라고 네가 말하고 있다. 나는 진리를 증언하려고 태어났으며 진리를 증언하려고 세상에 왔다. 진리에 속한 사람은 누구나 내 목소리를 듣는다.)

††† 1999년 1월 8일

죄를 이용하여 죄를 극복하려고 시도하는 것은 악을 더욱 조장하고 죄를 키우도록 도와줄 뿐이다.

(루가 6 : 35 ── 너희는 원수를 사랑하여라. 그에게 잘해 주고 아무것도 바라지 말고 꾸어 주어라. 그러면 너희가 받을 상이 클 것이다.)
(이사야 48 : 2 ── 이들은 거룩한 성읍의 백성이라 자처하고 그 이름 만군의 주님이신 이스라엘의 하느님께 의지한다고 하는구나.)

†††

††† 1999년 1월 8일

사랑은 용서하는 것이다. 사랑은 이해를 하는 것이다.
사랑은 곤궁에 빠진 사람에게 도움을 주고, 사람들이 죄를 짓게 된 이유를 이해하고, 다시는 죄를 짓지 않도록 도와준다.

(필레몬 1 : 9 —— 사랑 때문에 명령보다는 부탁을 하려고 합니다. 나 바오로는 늙은이인데다가 이제는 그리스도 예수님 때문에 수인까지 된 몸입니다.)

††† 1999년 1월 8일

누군가가 좋은 충고를 듣지 않는다면, 그것은 그들의 선택이다. 그들을 강요할 수는 없다.
그들에게 충고하고, 그들을 위해 기도하여라. 그리고 그들에게 결정을 내리게 하여라.
왜냐 하면, 선택을 하는 것은 그들의 권리이기 때문이다.

(욥기 5 : 8 —— 그렇지만 나라면 하느님께 호소하고 내 일을 하느님께 맡겨드리겠네.)

†††

✝✝✝   1999년 1월 9일

화(火)는 마음을 더 좋게 바꾸어 놓지 못한다. 오히려 더 나쁘게 만들 뿐이다.

(예레미야 6 : 24 —— 저희는 그 소식을 듣고 손을 떨구었습니다. 아이 낳은 여인의 진통과 같은 괴로움이 저희를 사로잡았습니다.)

✝✝✝   1999년 1월 9일

나의 아들 예수가 죽을 때, 나의 성스러운 사랑이 예수의 상처를 통해서 넘쳐흘렀다. 그리고 예수의 성스러운 사랑과 하나가 되어 이 세상에 용서를 쏟아부었다.

(히브리서 9 : 20 —— '이는 하느님께서 너희에게 명령하신 계약의 피이다.' 하고 말하였습니다.)

✝✝✝   1999년 1월 11일

이따금 너는 내가 너로부터 멀리 떨어져 있다고 느낄 것이다. 그러나 나는 그 어느 때보다도 가까이 있다는 것을 잊지 말아라.

(1 고린토 8 : 8 —— 음식이 우리를 하느님께 가까이 데려다 주지 않습니다. 그것을 먹지 않는다고 우리의 형편이 나빠지는 것도 아니고, 그것을 먹는다고 우리의 형편이 나아지는 것도 아닙니다.)

✝✝✝　1999년 1월 11일

　　빛이 이 세상에 비쳐들고 있지만, 많은 사람들은 아직도 어둠 속에 그대로 남아 있다. 빛이 이 세상에 비쳐들고 있지만, 어둠은 그것을 가리려고 안간힘을 쓰고 있다. 빛이 이 세상에 비쳐들고 있기 때문에, 어둠은 더 이상 남아 있을 수가 없도다. 어둠이 아무리 진리를 가리려고 안간힘을 쓰더라도 말이다.

　　(요한 8 : 12 —— 예수님께서 다시 그들에게 말씀하셨다. '나는 세상의 빛이다. 나를 따르는 이는 어둠 속을 걷지 않고 생명의 빛을 얻을 것이다.')

✝✝✝　1999년 1월 11일

　　성인들은, 내가 요구한 대로 살려고 노력하기만 한다면, 모든 사람이 나의 사랑 안에서 영원히 살 수 있다는 증거이다.

　　(요엘 2 : 11 —— 주님께서 당신 군대 앞에서 크게 소리를 지

르신다. 정녕 그분의 군대는 많기도 하고 그분의 명령을 수행하는 이는 막강하기도 하다!)

✝✝✝   1999년 1월 12일

    네가 행하는 모든 일에 충분히 시간을 들여라.
    서두르다가는 빨리 끝내려고 하는 욕심 때문에 실수를 저지르기 쉽다.

    (잠언 18 : 2 —— 우둔한 자는 슬기를 좋아하지 않고 제 생각을 내세우기만 좋아한다.)

✝✝✝   1999년 1월 12일

    네 손바닥을 자세히 들여다 보아라. 그리고 내가 너에게 준 정교한 선물을 보아라.
    인간은 모든 과학과 기술을 가지고도 이 손바닥과 비교할 수 있는 그 어떤 것도 만들 수가 없음을 상기하여라.

    (2 고린토 5 : 1 —— 우리의 이 지상 천막집이 허물어지면 하느님께서 마련하신 건물 곧 사람 손으로 짓지 않은 영원한 집을 하늘에서 얻는다는 사실을 우리는 압니다.)

✝✝✝   1999년 1월 12일

　　한 송이의 꽃을 바라보고 나의 사랑을 알려면, 너는 눈을 크게 뜨고 진리를 보아라.
　　눈을 크게 뜨고도 아무 것도 볼 수 없다면, 너는 진실로 장님이라고 할 수 밖에 없도다.

　　(사도행전 26 : 18 ── 그들의 눈을 뜨게 하여, 그들이 어둠에서 빛으로, 사탄의 권세에서 하느님께로 돌아와 죄를 용서받고 나에 대한 믿음으로 거룩하게 된 이들과 함께 상속 재산을 받게 하려는 것이다.)

✝✝✝   1999년 1월 12일

　　모든 사람은 자신의 삶 속에서 소명을 받는다.
　　어떤 사람은 교회 안에서 일하는 소명을 받고, 다른 사람은 가족 안에서나 혹은 사회 안에서 일하는 소명을 받는다.
　　그러나 모든 사람은 현세의 삶 속에서 나를 섬기는 장소와 방법을 반드시 찾아낼 수 있다.

　　(신명기 5 : 33 ── 너희는 주 너희 하느님께서 너희에게 명령하신 길을 따라 걸어야 한다. 그러면 너희가 차지할 땅에서 너희가 살 수 있을 뿐만 아니라, 잘 되고 오래 살 것이다.)

††† 1999년 1월 12일

기도는 종종 과소평가되는 선물인양 생각한다.
그러나 종종 과대평가되는 일은 거의 없도다.

(골로사이 4 : 2 ── 기도에 전념하십시오. 감사하는 마음으로 기도하면서 깨어 있으십시오.)

††† 1999년 1월 16일

매일은 내가 너에게 준 선물이다. 그러나 네가 노력을 하면, 네 사랑으로 감싸서 나에게 돌려줄 수 있는 선물이다.

(마태오 5 : 23-24 ── 그러므로 네가 제단 위에서 예물을 바치려고 하다가, 형제가 너에게 원망을 품고 있는 것이 거기에서 생각나거든, 예물을 거기 제단 앞에 놓아 두고 물러가 먼저 그 형제와 화해하여라. 그런 다음에 돌아와서 예물을 바쳐라.)

††† 1999년 1월 16일

사랑은 십자가로부터 이 세상으로 쏟아져 내려 왔다. 따라서 이 세상 사람들은 구원받기 위해 그 쏟아져 내리는 사랑의 소낙비 아래 서 있기만 하면 된다.

그 핏방울 하나하나는 사랑의 방울이었으며, 마음과 영혼을 채워주기 위해 기다리고 있다. 그 핏방울 하나하나는 용서의 강물이었으며, 하느님의 자비로 인간의 생명을 가득 채워주기 위해 기다리고 있다.

그 핏방울 하나하나는 나의 아들 예수가 모든 사람을 향해 "나는 너희를 사랑한다."고 외치는 호소였다.

(필립비 2 : 17 —— 내가 설령 하느님께 올리는 포도주가 되어 여러분이 봉헌하는 믿음의 제물 위에 부어진다 하여도, 나는 기뻐할 것입니다. 여러분 모두와 함께 기뻐할 것입니다.)

††† 1999년 1월 18일

모든 곳에서 사랑을 보는 것. 모든 것에서 기쁨을 느끼는 것. 모든 사람을 위해 배려를 하는 것.
이것이 많은 성인들이 행한 일이다. 그리고 오늘 날, 사람들이 행할 필요가 있는 일들이다.
—— 만일 그들이 성인이 되기를 원한다면 말이다.

(1 베드로 2 : 21 —— 바로 이렇게 하라고 여러분은 부르심을 받았습니다. 그리스도께서도 여러분을 위하여 고난을 겪으시면서, 당신의 발자취를 따르라고 여러분에게 본보기를 넘겨 주셨습니다.)

†††   1999년 1월 18일

그 상황이 어떻든 관계 없이 언제나 사랑하여라. 만일 사랑을 하지 않는다면, 너는 나로부터 한 걸음 더 멀어지기 때문이다. ──그러므로 항상 사랑하여라.

(1 디모테오 2 : 15 ── 그러나 여자가 자식을 낳아 기르면서, 믿음과 사랑과 거룩함을 지니고 정숙하게 살아가면 구원을 받을 것입니다.)

†††   1999년 1월 18일

나의 사랑에 대해 이야기를 많이하면 할수록, 나의 말씀은 그것에 귀를 기울이는 사람들의 마음을 더욱더 감동시킬 것이다.

(신명기 6 : 6 ── 오늘 내가 너에게 명령하는 이 말을 마음에 새겨 두도록 하여라.)

†††   1999년 1월 18일

성서 안에서, 너는 살아가는 데 필요한 모든 것을 발견할 수 있을 것이다. 성서 안에서, 너는 성장하는 데 필요한 모든 것을 발견할 수 있을 것이다. 성서 안에서, 너는 천국으로 올라가는 데 필요한 모든 것을 발견할 수 있을 것이다.

　왜냐 하면 성서 안에서, 내가 너에게 나의 아들 예수를 통하여 천국을 발견하는 방법을 가르쳐주고 있기 때문이다.

　(시편 103 : 7 —— 당신의 길을 모세에게, 당신의 업적을 이스라엘 자손들에게 알리셨도다.)

✝✝✝　1999년 1월 18일

　사랑으로 나에게 다가오너라. 그러면 네 사랑이 조금씩, 빠르게 성장하는 것을 알게 될 것이다.

　(1 데살로니카 4 : 10-12 —— 사실 여러분은 온 마케도니아에 있는 모든 형제에게 그것을 실천하고 있습니다. 그러나 형제 여러분, 여러분에게 권고합니다. 더욱더 그렇게 하고, 우리가 여러분에게 지시한 대로, 조용히 살도록 힘쓰며 자기 일에 전념하고 자기 손으로 제 일을 하십시오. 그러면 바깥 사람들에게 품위있게 처신할 수 있고 아무에게도 신세를 지는 일이 없을 것입니다.)

✝ ✝ ✝

††† 1999년 1월 20일

순종이야말로 네가 반드시 걸어야 할 유일한 길이다. 순종 없이는 너는 쓰러지고 넘어질 것이다.

(집회서 3 : 6 —— 아버지를 영광스럽게 하는 이는 장수하고 주님의 말씀에 귀기울이는 이는 제 어머니를 평안하게 하리라.)

††† 1999년 1월 20일

어떤 사람들의 마음 속에는 장애물이 있고, 다른 사람들의 마음 속에는 장애물이 없다.
이것은 인간이 지니고 있는 자유의 일부분인데, 그것은 나를 사랑하는 것을 자유롭게 선택(자유의지)할 수 있도록 하기 위해 내가 준 훌륭한 선물이다.

(1 요한 3 : 1 —— 아버지께서 우리에게 어떠한 사랑을 주시어 우리가 하느님의 자녀라 불리게 되었는지 보십시오. 과연 우리는 그분의 자녀입니다. 세상이 우리를 알지 못하는 까닭은 세상이 그분을 알지 못하였기 때문입니다.)

†††

††† 1999년 1월 20일

나에게 순종하면서 걸어가는 것은, 성스러움을 향해 걸어가는 것을 뜻한다.

(2 역대기 35 : 26-27 —— 요시야의 나머지 행적과 주님의 율법에 쓰인 대로 한 그의 충직한 행실과, 그의 업적은 처음부터 끝까지 이스라엘과 유다 임금들의 실록에 쓰여 있다.)

††† 1999년 1월 22일

병들었을 때나 건강할 때나 인간은 나를 사랑하는 것을 잠시라도 중단해서는 안 된다. 즐거울 때나 곤경에 처했을 때나 인간은 나를 사랑하는 것을 잠시라도 중단해서는 안 된다.
부유할 때나 가난할 때나 인간은 나를 사랑하는 것을 잠시라도 중단해서는 안 된다.
만일 그렇게 한다면, 인간은 이 세상에서 가장 귀중한 보물, 곧 나의 사랑을 잃게 되는 위험을 무릅쓰게 된다.

(시편 31 : 24 —— 주님께 충실한 이들아, 모두 주님을 사랑하여라. 주님께서는 진실한 이들은 지켜주시나 거만하게 구는 자에게는 호되게 갚으시는도다.)

† † †

††† 1999년 1월 22일

　　오늘 날, 일이 주는 압박감이 많은 사람들의 생활에 괴로움을 가져다준다. 오늘 날, 재정적인 곤란이 많은 사람들의 생활에 절망감을 가져다준다. 먹을 음식을 가질 권리, 살 집을 가질 권리, 생활에서 안정을 느낄 권리가 사람들의 생활에 큰 재정적인 부담을 가져다주어서는 안 된다. 또한 자신이 할 수 있는 능력 이상의 일을 해서 압박감을 느껴서도 안 된다.
　　지나치게 많은 대가를 치루지 않고도 잘 사는 것이 모든 사람의 권리이다. 그러므로 힘을 가진 사람들이 불우한 사람들로부터 수탈을 하려고 노력하는 권리, 하느님으로부터 받은 권리를 누군가로부터 빼앗아가는 권리는 죄악이며, 그것은 응분의 대가를 치루어야 한다.

　　(지혜서 4 : 17 —— 그들은 현인의 죽음을 보면서도 주님께서 그에게 무엇을 바라셨는지, 그를 왜 안전한 곳으로 데려가셨는지 깨닫지 못한다.)

††† 1999년 1월 22일

　　다른 사람들이 내린 결정을 가지고 사람들과 고집스럽게 다투는 것은 오로지 그들의 마음을 더욱 경직시킬 뿐이다.
　　사랑과 인내를 가지고 상대방의 감정을 상하지 않도록 겸손하게 응답하는 것이, 상대방으로 하여금 마음을 바꾸어 올바른 결정을 내리도록 유도하는 방법이다.

(집회서 7 : 17 —— 너 자신을 한껏 낮추어라. 불경한 자에 대한 벌은 불과 구더기이기 때문이다.)

††† 1999년 1월 24일

네 생활 속에 소죄를 받아들이는 것조차도 악이 발판을 마련하는 것을 허용하는 것이다.
더구나 악에게 너를 영원한 고통 속으로 몰아넣을 기회를 제공하는 것임을 항상 명심하여라.

(호세아 1 : 2 —— 너는 가서 창녀와 창녀의 자식들을 맞아들여라. 이 나라가 주님에게 등을 돌리고 마구 창녀짓을 하기 때문이다.)

††† 1999년 1월 26일

사랑은 선택적인 것이 아니다. 사랑은 한정적인 것이 아니다. 사랑은 파괴적인 것이 아니다.
진정으로 사랑할 때, 네 마음은 모든 사람에게 열려 있다. 그리고 네 사랑으로부터 아무도 제외시키지 않는다. 진정으로 사랑할 때, 누구를 사랑하느냐의 선택이란 있을 수 없다. 왜냐 하면, 너는 모두를 사랑하기 때문이다.

진정으로 사랑할 때, 다른 사람의 삶을 파괴하지 않는다. 오히려 그들을 일으켜 세워주고 격려를 해준다. 왜냐 하면, 너는 그들이 자기 자신만큼 중요하다는 것을 깨닫고 있기 때문이다.

> (요한 15 : 17 ── 내가 너희에게 명하는 것은 이것이다. 서로 사랑하여라.)
> (2 고린토 10 : 8 ── 내가 우리의 권위를 좀 지나치게 자랑한다 하여도, 그것은 주님께서 여러분을 무너뜨리라고 주신 것이 아니라 여러분을 성장시키라고 주신 것이므로, 나는 부끄러움을 당하지 않을 것입니다.)

✝✝✝ 1999년 1월 26일

인간의 마음은 가는 곳이 어디든 사랑을 가지고 가라고, 나의 사랑으로 창조되었다. 인간의 마음은 이 세상의 삶을 통하여 사랑 안에서 성장하라고, 나의 사랑으로 창조되었다. 인간의 마음은 이 세상의 때가 다하면 나의 사랑으로 돌아오라고, 나의 사랑으로 창조되었다

어디를 가든 나의 사랑을 가지고 감으로써 인간의 마음은 사랑 안에서 성장할 수 있다. 그러면 그 사람은 천국의 기쁨을 영원히 함께 나누기 위해 반드시 나에게 돌아올 수가 있다.

(이사야 56 : 7 —— 나는 그들을 나의 거룩한 산으로 인도하고 나에게 기도하는 집에서 그들을 기쁘게 하리라. 그들의 번제물과 희생제물들은 나의 제단 위에서 기꺼이 받아들여지리니 나의 집은 만민을 위한 기도의 집이라 불릴 것이기 때문이다.)

††† 1999년 1월 30일

성체를 영하면서, 예수가 성체를 통하여 너에게 주는 것, 곧 예수가 자신의 몸을 준다는 것을 생각하면, 그 순간마다 은총이 더 자라날 것이다!

(1 디모테오 4 : 4 —— 하느님께서 창조하신 것은 다 좋은 것으로, 감사히 받기만 하면 거부할 것이 하나도 없습니다.)

††† 1999년 1월 31일

교회는 7성사로 살아가고 있다. 사람들은 7성사 없이는 진실로 살아갈 수가 없다.
교회는 사람들이 성사적인 생활을 할 때, 살아있는 교회는 이 세상을 바꿀 수가 있다!

(시편 103 : 2 —— 내 영혼아, 주님을 찬미하라. 그분께서 해주신 일 하나도 잊지마라.)

††† 1999년 2월 2일

기도는 믿음을 굳세게 해준다. 기도는 성장을 하게 해준다. 기도는 사랑을 하게 해준다.

마음 속으로부터 기도를 하면, 너는 나의 사랑 안에서 성장하고, 나의 뜻을 행하는 데 필요한 힘을 얻게 될 것이다.

(1 디모테오 4 : 4-5 —— 하느님께서 창조하신 것은 다 좋은 것으로, 감사히 받기만 하면 거부할 것이 하나도 없습니다. 사실 그것들은 하느님의 말씀과 기도로 거룩해집니다.)

††† 1999년 2월 2일

나의 아들 예수의 길은 모든 사람이 따라야 하는 길이다. 왜냐 하면, 그것은 나의 길이기 때문이며, 천국에 이르는 다른 길은 없기 때문이다.

(지혜서 19 : 17 —— 짙은 암흑이 사방을 에워싸자 저들은 모두 제 집 문마저 더듬어 찾아야 했습니다.)

††† 1999년 2월 4일

내가 인간을 위해 갖고 있는 사랑은 성서 속에서 발견할 수 있다. 나의 사랑은 나의 아들 예수의 삶 속에 명백하고 극명하게 나타나 있다.

　　인간이 열린 마음으로 보기만 한다면, 내가 너를 얼마나 사랑하고 있는지를 알게 될 것이며, 내가 인간들이 나를 얼마나 사랑해주기를 열망하고 있는지를 알게 될 것이다.

　　(마태오 20 : 34 —— 예수님께서 가엾은 마음이 들어 그들의 눈에 손을 대시자, 그들이 곧바로 다시 보게 되었다. 그리고 그들은 예수님을 따랐다.)

†††　1999년 2월 4일

　　네가 사랑하는 누군가가 행복으로 가득 차 있는 것을 볼 때 느끼는 기쁨은 나의 사랑의 선물이다.
　　네가 누군가가 행복한 것을 볼 때마다 이런 식으로 느낌으로써 그 선물이 성장하도록 도와야만 한다.
　　왜냐 하면, 너는 그들 모두를 사랑해야 하기 때문이다.

　　(이사야 66 : 14 —— 이를 보고 너희 마음은 기뻐하고 너희 뼈마디들은 새 풀처럼 싱싱해지리라.)
　　(시편 90 : 14 —— 아침에 당신의 자애로 저희를 배불리소서. 저희의 모든 날에 기뻐하고 즐거워하리이다.)

†　†　†

††† 1999년 2월 5일

모든 나라 안에, 모든 도시 안에, 모든 사람의 생명 안에, 내가 있다.
왜냐 하면, 나는 모든 곳에 있기 때문이다.

††† 1999년 2월 5일

사람을 볼 때, 그 아름다운 외면만 보는 것은 마음의 눈이 멀었기 때문이다.
다른 사람을 볼 때는 내면을 보고, 그 참된 아름다움을 보아야 한다. 슬쩍 표면에 나타나 있는 것만 보지 말아라.

(마태오 7 : 5 —— 위선자야, 먼저 네 눈에서 들보를 빼내어라. 그래야 네가 뚜렷이 보고 형제의 눈에서 티를 빼낼 수 있을 것이다.)

††† 1999년 2월 5일

네 마음 속으로 사랑을 가지고 성인들에 대한 생각을 할 때마다, 성인들은 나에게 바치는 선물로, 자신들의 것을 합친 사랑을 가져다준다.

††† 1999년 2월 10일

이 세상에는 수많은 신앙이 있다. 그러나 그 가운데 단 하나만 진실한 것이다. 예수는 나의 외아들이고, 성령과 함께 내 안에서 하나라는 신앙이다.
그리고 다른 신앙은 어둠에서 나온 것인데, 영혼을 파괴하기 위한 것이다.

(바룩 6 : 72 —— 그러므로 우상을 갖지 않은 의로운 사람이 더 낫다. 그는 수치와 거리가 멀기 때문이다.)

††† 1999년 2월 10일

용감한 사람이란, 모든 반대를 무릅쓰고 나를 사랑하는 사람을 말한다.

(집회서 22 : 23 —— 이웃이 궁핍할 때 그의 신임을 얻어라. 그가 잘될 때 함께 배부르게 되리라. 시련을 당하는 이웃 곁에 머물러 있어라. 그가 유산을 상속받을 때 너도 한몫을 얻으리라. 사실 겉만 보고 경멸해서도 안되고 지각없는 부자를 보고 경탄해서도 안된다.)

†††

††† 1999년 2월 10일

──정직한 사람은 언제나, 언제나 안전하도다.

(즈가리야 5 : 10 ── 나는 나와 이야기하던 천사에게, '저들이 뒤주를 어디로 가져 가는 것입니까?' 하고 물었다.)

††† 1999년 2월 12일

예수의 몸과 피에 의해서 인간은 나와 하나가 되었다. 인간은 자유로운 선택에 의해서만 이 유대를 깨뜨릴 수 있다.

(요한 19 : 11 ── 예수님께서는 그에게 대답하셨다. '네가 위로부터 받지 않았으면 나에 대해 아무런 권한도 없었을 것이다. 그러므로 나를 너에게 넘긴 자의 죄가 더 크다.')

††† 1999년 2월 12일

내가 너에게 준 생명의 선물은 소중히 다루고 내 사랑으로 키워야만 한다.
왜냐 하면, 성장하여 본래 대로 내 사랑의 축복이 되어야 하기 때문이다.

(잠언 29 : 13 ── 서로 마주치는 가난한 이와 학대하는 사람 그 두 사람 눈에 빛을 주시는 분은 주님이시다.)
(마태오 10 : 39 ── 제 목숨을 얻으려는 사람은 잃고, 나 때문에 제 목숨을 잃는 사람은 얻을 것이다.)

††† 1999년 2월 12일

나의 아들 예수를 제외하고는 어느 누구도 본받아서는 안 된다. 자기 자신의 삶에서 오직 예수를 본받으려고 노력하여라.

(루가 1 : 75 ── 한평생 당신 앞에서 거룩하고 의롭게 당신을 섬기도록 해 주시려는 것입니다.)

††† 1999년 2월 14일

신뢰하는 것은 사랑의 증표이다.
왜냐 하면, 신뢰 없이 어떻게 진실로 사랑을 할 수 있겠느냐?

††† 1999년 2월 14일

모든 사람에게 똑같은 사랑을 보여 주어야 한다. 어떤 사람들을 더 좋아해서는 안 된다.
　이와 같이 행할 수 있을 때, 너는 나의 사랑을 본받게 되는 것이다.
　왜냐 하면, 나는 모든 사람을 똑같이 사랑하기 때문이다.

　(필립비 3 : 17 —— 형제 여러분, 다 함께 나를 본받는 사람이 되십시오. 여러분이 우리를 본보기로 삼는 것처럼, 그렇게 살아가는 다른 이들도 눈여겨보십시오.)

††† 　1999년 2월 15일

　늘 기도를 드리는 사람, 성서를 읽는 사람, 성사적인 사람 또한 사랑하는 사람은, 곧 하느님의 사람이다.

　(1 디모테오 2 : 15 —— 그러나 여자가 자식을 낳아 기르면서, 믿음과 사랑과 거룩함을 지니고 정숙하게 살아가면 구원을 받을 것입니다.)

††† 　1999년 2월 16일

　나의 빛에 대하여 생각한다면, 미래는 밝아 보일 것이다.
　이기심과 죄에 대하여 생각한다면, 미래는 어둡게 보일 것이다.

(이사야 58 : 10 —— 굶주린 이에게 네 양식을 내어주고 고생하는 이의 넋을 흡족하게 해준다면 네 빛이 어둠 속에서 솟아오르고 암흑이 너에게는 대낮처럼 되리라.)

✝✝✝　1999년 2월 17일

　　네가 죄 속에서 살지 않는다면, 진리는 결코 너를 해치지 않을 것이다.

✝✝✝　1999년 2월 17일

　　오늘 날, 많은 사람들은 섹스를 인간의 쾌락을 위한 것일 뿐, 거의 아무 의미도 없는 것이라고 믿음으로써 성적으로 상당히 혼란을 일으키고 있다.
　　섹스는 결혼한 부부의 사랑의 표현이 되어야 하며, 혼배성사에 의해서 성화(聖化)되었다.
　　섹스는 인간이 나의 창조적인 사랑에 동참할 수 있도록 하기 위해 내가 내려 준 선물이다.
　　섹스가 본래의 사랑의 선물이라는 의미를 상실할 때, 사탄이 의심을 하지 않는 사람들을 속여 영혼을 팔도록 유혹할 수 있는 수단이 된다.

　　(2 마카베오 6 : 1 —— 그 뒤에 얼마 되지 않았을 때, 임금은

아테네의 원로 한 사람을 보내어 유다인들이 조상들의 법을 버리고 하느님의 법대로 살지 못하도록 강요하였다.)

††† 1999년 2월 20일

영적인 은총은, 기도를 할 때마다 내려 준다.
──그러므로 기도를 결코 멈추지 말아라.

††† 1999년 2월 24일

모든 사람이 짊어지고 가는 십자가는, 나의 아들 예수를 통해서 내려 준 사랑의 은총이다.
이 십자가를 받아들이고 그것을 사랑으로 예수에게 바칠 때, 너는 은총 안에서 더 성장할 것이다.

††† 1999년 2월 25일

네 삶의 평화는, 네 마음 안에 있는 나의 아들 예수와 함께 진리의 길을 걸을 때만 찾아온다.

(욥기 11 : 19 ── 자네가 누우면 무섭게 하는 자 없고 많은 이들이 자네 비위를 맞추려 할 것일세.)

††† 1999년 2월 25일

인간의 내면에는 수많은 약점이 있다. 그러나 나의 사랑 안에서 그 약점들을 모두 극복할 수 있다.

(에제키엘 17 : 24 —— 그제야 들의 모든 나무가 알게 되리라. 높은 나무는 낮추고 낮은 나무는 높이고 푸른 나무는 시들게 하고 시든 나무는 무성하게 하는 이가 나 주님임을 알게 되리라. 나 주님은 말하고 그대로 실천한다.)

††† 1999년 2월 25일

자연 속에서 자세히 보면, 너는 도처에서 나의 사랑을 보게 될 것이다. 너는 오로지 사랑으로 사물을 보아야 한다.

(예레미야 11 : 17 —— 너를 심어주신 만군의 주님께서 너에게 재앙을 선포하신다. 바알에게 향을 피워 나를 진노케 한 이스라엘 집안과 유다 집안의 사악함 때문이다.)

††† 1999년 2월 25일

다른 사람에 대하여 좋지 않은 말을 하느니, 차라리 입을 다물고 있는 것이 현명하다.

††† 1999년 2월 27일

내가 너를 사랑하고 있다는 것을 알면, 마음이 평화로와질 것이다.

††† 1999년 2월 27일

너는 사랑에 의해서 살아야 한다……. 나의 사랑.
너는 믿음에 의해서 살아야 한다……. 나에 대한 믿음.
너는 희망에 의해서 살아야 한다……. 너에 대한 나의 사랑을 믿으면, 내가 너에게 삶에 필요한 모든 것을 줄 것이라는 희망을 아는가? ……!

††† 1999년 2월 28일

──사랑으로서 인내하여라.
왜냐 하면, 그것이 진실로 천국에 이르는 유일한 길이기 때문이다.

(시편 71 : 6 ── 저는 태중에서부터 당신께 의지하여 왔고 제 어미 뱃속에서부터 당신께서는 저의 보호자시니 저의 찬양이 항상 당신께 향하나이다.)

††† 1999년 2월 28일

오로지 나의 뜻을 행하는 일에만 온 마음으로 힘써라. 그러면 다른 모든 것을 너에게 내려줄 것이다.

(로마서 7 : 25 —— 우리 주 예수 그리스도를 통하여 나를 구해 주신 하느님께 감사 드립니다. 이렇게 나 자신이 이성으로는 하느님의 법을 섬기지만 육으로는 죄의 법을 섬깁니다.)

††† 1999년 3월 1일

모든 기도는 내가 듣고, 최선의 방법으로 응답할 것이다. 네 기도가 미약하다고 생각될 때라도 내가 꼭 듣고 있다는 것을 알아라.
　——모두들, 모두들 명심하여라.

††† 1999년 3월 1일

나에게 오는 모든 계단은 영원한 기쁨을 위한 계단이다. 그리고 모든 계단은 사랑의 계단이어야 한다. 그렇지 않으면, 그것은 나에게서 멀어져가는 계단인 것이다.

†††

††† 1999년 3월 4일

배불리 먹어서 포만감을 느낄 때에는 굶주린 배를 움켜쥐고 있는 사람들과, 삶에서 절망 밖에 느끼지 못하는 사람들에 대해 생각하고 또 생각하여라.
그리고 그들을 어떻게 도와줄 수 있는가에 대해서도 생각해 보아라.
──결심하게 되면, 행동으로 옮겨라!

※ 이 메시지는 계속됩니다.

성삼위 묵주 기도의 유래

동정 성모 마리아께서 1993년에 저에게 처음으로 모습을 나타내셨을 때, 당시 제가 하고 있던 15단 묵주 기도보다 더 나은 기도를 시작할 것을 명하셨다. 나는 기도(祈禱)의 다른 방법(方法)을 많이 몰랐기 때문에, 성모님께서 저에게 "성삼위 묵주 기도"를 바칠 것을 명하셨다.

왜 여기에는 "성모송(聖母誦)"이 들어 있지 않느냐고 물으니까, 이 묵주 기도를 드리는 사람이 저나 또 다른 누구든 간에, 또 언제 드리든 간에 상관없이, 성모님께서 그 기도에 동참(同參)한다고 말씀하시고, 우리는 하느님을 함께 찬미(讚美)하는 것이라고 말씀하셨다. 성모님은 또 이 묵주 기도를 드리면서 모든 영혼이 성삼위(聖三位)를 찬미하는 것을 보는 것은, 성모님 자신에게 커다란 기쁨을 가져다 준다고 말씀하셨다.

저는 "성삼위 묵주 기도(聖三位 默珠祈禱)"가 저의 기도 생활을 깊이 하는 데 큰 도움이 된다는 것을 발견했기 때문에, 보다 깊은 영성(靈性)을 추구하는 사람에게는 이 기도를 드리라고 권한다. "성삼위 묵주 기도"는 기도하는 사람들에게 수많은 은총을 내려 주시는 하느님께 대한 하나의 기도요 명상(瞑想)이다.

이 기도는 어느 때나 드릴 수가 있다. 그러나 저는 "성삼위 묵주 기도"를 드리는 가장 좋은 때는, 그 날의 정례적인 기도와 묵주 기도를 마친 직후가 가장 좋다고 권하고 싶다.

1996년 8월 8일, 성모님께서는 이「성삼위 묵주 기도」를 드리는 사람에게 다음과 같은 은총을 약속하셨다.

(1) 연옥에 있는 사람들에게 ; "성삼위 묵주 기도(聖三位默珠祈禱)"를 통해서 은총이 내려진다.
(2) 고통받는 사람들에게 ; "성삼위 묵주 기도"를 통해서 은총이 내려진다.
(3) 하느님께 더욱 가까이 다가가기를 원하는 사람들에게 ; "성삼위 묵주 기도"를 통해서 은총이 내려진다.

◉ 성삼위 묵주 기도

이 기도는 "성호경"으로 시작한다.

열 한 번 : "주님의 기도" (하느님 아버지께 대한 묵상)
한 번 : "영광송"

열 한 번 : "주님의 기도" (예수님께 대한 묵상)
한 번 : "영광송"

열 한 번 : "주님의 기도" (성령님께 대한 묵상)
한 번 : "영광송"

한 번 : "성모송" "성호경"으로 끝낸다.

성가정 기도문 405

주님께 나라와 권능과

아 멘

지존하신 천주 성모

Choral
이문근 편곡

1. 지 존 한 천 주 성 모 여 하 늘 의 문 바 다 의 별 네
2. 동 정 녀 모 친 되 시 니 천 하 의 만 물 놀 랐 네 모
3. 천 신 이 하 례 함 같 이 은 총 이 가 득 한 모 여 우

자 녀 들 을 함 정 에 빠 지 지 말 게 하 소 서
친 이 여 동 정 이 니 능 하 신 주 찬 미 하 세
리 의 자 모 되 시 니 은 총 을 내 려 주 소 서

예수님의 눈으로 시리즈
예수님의 눈으로 5

1999년 9월 15일   교회 인가
서울 대교구 정진석 대주교

2003년 10월 30일   1판 1쇄
2011년 10월 10일   1판 4쇄

지은이 엘렌 에임스
옮긴이 정성호
편 집 안철구
펴낸이 한상천
펴낸곳 가톨릭 크리스챤

142-806 서울 강북구 미아9동 103-127
등록   1993.10.25 제7-109호
전화   987-9333~4 팩스 987-9334
우리은행 (송금) 1002-533-493419 한상천

값 13,000원